Ouvertures politiques

THOMAS FRINAULT
AURÉLIA TROUPEL
SÉBASTIEN VIGNON

SOCIOLOGIE des élus locaux

de boeck SUPÉRIEUR

Pour toute information sur notre fonds et les nouveautés dans votre domaine de spécialisation, consultez notre site web : **www.deboecksuperieur.com**

Maquette intérieure et couverture : cerise.be
Mise en page : SCM, Toulouse

1re édition

Dépôt légal :
Bibliothèque nationale, Paris : novembre 2024
Bibliothèque royale de Belgique, Bruxelles : 2024/13647/152

ISSN 2030-8892
ISBN 978-2-8073-3777-0

Sommaire

PARTIE 2
Sociographie et représentativité des élus locaux

Introduction générale

L'extrême densité de son maillage politique et territorial aboutit à ce que la France abrite une démographie impressionnante d'élus locaux. Mais leur nombre ne dit évidemment pas tout de leur poids. Celui-ci se rapporte tout autant aux responsabilités croissantes que la décentralisation contemporaine leur permet d'exercer. Comme le suggère le préfixe « dé-centralisation » (Regourd, 2015), la « décentralisation » peut être définie en creux comme un processus de sortie de la centralisation qui postule cette dernière comme donnée préalable. Il est ici possible de considérer l'idéal institutionnel révolutionnaire de la centralisation (Ohnet, 1997) comme un point de départ, même si la centralisation politique de la France sous l'Ancien Régime était déjà remarquable en comparaison des autres pays européens. Jusqu'à la Ve République, l'État, la nation, la République ont largement éclipsé des imaginaires plus territorialisés, la puissance du concept de République aménageant une prépondérance politique qui s'impose alors à la géographie et à l'histoire (Sadran, 2015). À la fin de la IVe République, le système français combinait ainsi un centralisme politique, une déconcentration administrative et une décentralisation limitée. Ce jacobinisme apparent était cependant « apprivoisé » (Grémion, 1976) par l'existence d'une cogestion des territoires, fondée sur l'interaction complice entre fonctionnaires d'État et élus-notables locaux, la régulation croisée (Thoenig, Crozier, 1975) atténuant les défauts de la centralisation et lui assurant en retour sa longévité.

Malgré l'ancienneté historique des libertés locales, c'est avec l'Acte I (1982-1985)[1] que le mouvement décentralisateur a connu une accélération considérable, signant la fin de l'hégémonie bureaucratique de l'État dans les affaires locales (Epstein, 2020). Rompant avec le centralisme et la toute-puissance des services de l'État dans la définition des politiques publiques, la décentralisation vise alors à revitaliser la démocratie locale, par plus de proximité entre élus et citoyens, et à renouveler des modèles de développement territorial en donnant la possibilité aux acteurs locaux de s'engager dans des stratégies de développement endogène appuyées sur les ressources différenciées des territoires (Epstein, Frinault, Pinson, 2021). Elle éloigne le cas français d'une situation historique dans laquelle le rôle des gouvernements locaux relevait davantage du registre de la représentation (politique) que celui de la production (de services). Les gouvernements locaux sont ainsi confirmés dans leur rôle politique, d'éche-

1. Cette expression intervient *a posteriori*, au moment du vote de la loi constitutionnelle du 28 mars 2003, alors présentée comme l'Acte II de la décentralisation. La scansion qui sous-tend cette métaphore théâtrale escamote le caractère ininterrompu du mouvement décentralisateur (avec des temps forts et des temps faibles), et son antériorité.

lons essentiels de la vie démocratique et les édiles locaux sont désormais responsables du devenir des territoires dont ils ont la charge.

Pour séquencer la dynamique décentralisatrice, il convient de considérer le double registre de la compétence, avec les matières transférées d'un côté, et les instruments juridiques et financiers de la responsabilité de l'autre. Dans le premier cas, il s'agit pour l'État de transférer en droit la conception et la gestion de politiques, avec une autonomie décisionnelle variable selon les matières. Dans certains cas, les politiques locales sont si étroitement enserrées dans une codification nationale que les collectivités se voient assimilées à des quasi-agences (à l'image des politiques départementales d'aide sociale). Pratiquement jamais les transferts de matière n'ont correspondu au schéma théorique des blocs de compétences, empruntant la métaphore d'un jardin à la française des compétences, soit une organisation délimitant parfaitement et nettement les responsabilités respectives des institutions locales entre elles et vis-à-vis de l'État. Au contraire, nous avons eu affaire à une « nature proliférante » selon les termes du rapport *Refonder l'action publique locale* de la Commission Mauroy (2000), faite de chevauchements incessants. L'une des principales causes a résidé dans le bénéfice partagé de la clause générale de compétence, principe cardinal qui permet aux pouvoirs locaux d'agir au-delà des énumérations textuelles en s'emparant de tout ce qui n'est pas interdit ou expressément attribué à un autre niveau, et qui revêt un intérêt local. Mais depuis la promulgation de la loi NOTRe du 7 août 2015, son bénéfice est désormais réservé aux seules communes.

Le second registre de la compétence recouvre les instruments juridiques et financiers de la responsabilité. En l'absence de pouvoir législatif de proximité, du moins en métropole, les collectivités territoriales disposent d'un pouvoir réglementaire d'adaptation, voire de bout de chaîne. Si nous considérons par exemple le bloc communal, ces leviers réglementaires concernent la détermination des recettes (redevance d'occupation du domaine), l'accompagnement de projets (règlements d'aide aux clubs sportifs), la gestion des espaces et des flux (règlement de voirie, plans d'urbanisme, programme local d'habitat), l'organisation d'un service public local (règlement de la médiathèque, conditions de fonctionnement du centre communal d'action sociale), ou encore le pouvoir de sanction (police de l'assainissement, distribution des secours nécessaires, en cas d'accidents et de fléaux calamiteux). Quant à l'autonomie financière des collectivités, elle ressort de manière significative si nous nous en tenons à la définition juridique. Ainsi, les ressources propres des collectivités territoriales doivent représenter « une part déterminante de l'ensemble de leurs ressources »[2], la « part déterminante » signifiant qu'elle ne peut descendre en-dessous des seuils observés en 2003 par catégorie de collectivités[3]. Quant aux ressources propres, elles ont été définies de manière très extensive puisqu'elles incluent les impositions dont la loi « détermine par collectivité, le taux ou une part locale d'as-

2. Formule introduite par la Loi constitutionnelle du 28 mars 2003 relative à l'organisation décentralisée de la République.

3. La retenue de ce seuil renvoie à la décision DC 2004-500 du conseil constitutionnel.

siette »[4]. Sont finalement exclus de la catégorie « ressources propres » les emprunts et recettes de trésorerie, les subventions et dotations versées par l'État ou d'autres collectivités. Parce que cette base n'offre aux collectivités que de faibles garanties[5], les ratios d'autonomie financière ont pu progresser après 2003 : 70,9 % pour le bloc communal en 2020 (contre 60,8 % en 2003) ; 74,7 % pour les Départements (contre 58,6 %) ; 73,9 % pour les Régions (contre 41,7 %).

Malgré la portée relative de ces instruments juridiques et financiers, le processus décentralisateur a bel et bien mis les collectivités territoriales en situation de conduire des politiques publiques, sommant les élus de démontrer leur capacité à produire de l'action et des projets (Le Bart, 2009). L'intervention des élus locaux ressort incomparablement plus forte que leur rôle ancien d'intercesseur, de médiateur entre société locale et État, tout comme leur capacité d'intervention budgétaire. Depuis la mandature de N. Sarkozy [2007-2012], il semble cependant que le registre réformateur ait quelque peu délaissé la perspective décentralisatrice pour lui préférer une réforme territoriale dont les intentions et les résultats consistent prioritairement à remodeler le design institutionnel (au profit des intercommunalités et des régions), à bousculer la géographie institutionnelle locale (au moyen de processus fusionnels) ainsi qu'à rationaliser le cadre d'exercice des compétences (Frinault 2017, 2021).

Pour s'en tenir à quelques données chiffrées susceptibles d'objectiver l'extension des pouvoirs locaux, de leur capacité d'intervention, rappelons que les dépenses des administrations publiques locales sont passées de 56,4 milliards d'euros en 1982 (370 milliards de francs à l'époque) à 295,3 milliards d'euros en 2022, soit 11,2 % du PIB ou encore 19,2 % des dépenses publiques[6]. En miroir de la décentralisation, les chercheurs en sciences sociales ont semblé se détourner d'une analyse stato-centrique de l'action publique locale pour s'intéresser davantage aux élus, aux collectivités et aux relations entretenues avec leur environnement : *leadership* territorial, échange politique territorialisé, gouvernance urbaine, gouvernement par contrat... (Epstein, 2020). Bien que les divers moyens d'encadrement de l'État demeurent forts, c'est donc à la tête d'institutions locales et régionales considérablement renforcées que se trouvent placés les élus locaux.

Ces derniers forment un ensemble pléthorique puisque leur nombre dépasse le demi-million, chiffre – rapporté à la taille démographique – extrêmement élevé en comparaison des autres pays européens. Cette singularité s'explique par la permanence d'un très grand morcellement communal, héritage de la Révolution

4. Article 3 de la loi organique du 29 juillet 2004.

5. Une part importante des ressources propres locales relèvent en réalité d'une fiscalité dérivée sur laquelle les pouvoirs locaux ne disposent d'aucun pouvoir de modulation (*a fortiori* pour ce qui concerne les Régions).

6. Si la dépense publique locale a fortement crû dans son ensemble, celle par habitant varie significativement d'une région à l'autre. Pour s'en tenir au seul territoire hexagonal, on relevait en 2018 une dépense locale de 4028 euros par habitant en région Provence Alpes Côte d'Azur, contre 3182 euros en Bretagne.

(Frinault, 2019), dont la conséquence immédiate tient à la démultiplication des assemblées municipales. Au 30 novembre 2023, ils étaient au nombre de 493 949 élus municipaux recensés dans le répertoire national des élus (qui couvre la quasi-totalité des élus locaux), pour 4 055 conseillers départementaux et 1 753 conseillers régionaux. Il faut y ajouter quelques dizaines de représentants d'assemblées territoriales (Corse, Nouvelle-Calédonie, Polynésie, Wallis et Futuna). Les élus locaux français sont ainsi membres des conseils municipaux (maires, adjoints au maire et conseillers municipaux)[7], départementaux et régionaux (Présidents, vice-président, conseillers du conseil et conseillers régionaux) pour se limiter aux seules collectivités territoriales. Ajoutons que parmi les conseillers municipaux, 65 209 d'entre eux, recensés dans le répertoire, détiennent un mandat communautaire au sein d'établissements publics de coopération intercommunale (EPCI)[8].

Pléthorique, ce groupe des élus locaux forme aussi une « catégorie » très disparate, qui comprend un grand nombre d'« amateurs » (Marmont, 2010), s'adonnant à raison de quelques heures par semaine ou par mois à leur mandat électif, des « professionnels » de la politique (Offerlé, 1999), mais également des élus en voie de semi-professionnalisation sous l'effet des processus de recomposition territoriale (Troupel, 2020 ; Vignon, 2010). Tous ces élus siègent au sein d'assemblées locales ayant à connaître un fonctionnement analogue : elles règlent par leurs délibérations les affaires de la collectivité, se réunissent à intervalles réguliers, travaillent en commission (Troupel, 2020). Au-delà de l'apparente collégialité de ce type d'organisation, l'exercice des mandats varie selon la place occupée dans l'institution et selon le mode de gouvernance envisagé par le chef d'exécutif local. Si la désignation des maires et adjoints, ou présidents et vice-présidents, intervient formellement au cours de la première séance suivant l'élection, la procédure ratifie des négociations et accords précédemment scellés en campagne, voire avant. Au cours de cette première séance, la nouvelle assemblée connaît alors sa partition – souvent représentée spatialement dans la salle du conseil – avec les élus de la majorité et ceux de l'opposition, les « simples » conseillers et ceux exerçant des fonctions exécutives (adjoints/vice-présidents). Alors que les simples conseillers, appartenant à la majorité, exercent un rôle essentiellement consultatif (travail en commission débouchant sur des avis) et se plient le plus souvent à une discipline majoritaire, les conseillers d'opposition sont quant à eux relégués, souvent écartés des commissions phares, ne disposant d'aucun réel moyen pour infléchir les décisions et ayant un accès limité à l'administration. Tout le contraire des élus ayant des fonctions exécutives, dont le pouvoir se voit plus ou moins renforcé ou limité selon les marges de liberté qui leur sont conférées par le chef d'exécutif. C'est en effet à son sommet que le pouvoir local connaît une concentration, placé dans les mains des chefs d'exécutifs locaux. Cette réalité a été assez bien résumée par l'hypothèse du « prési-

7. Au 1er janvier 2024, on dénombrait 34 935 communes (Source : DGCL, Banatic. Résultats au 1er janvier de chaque année).

8. Au 1er janvier 2024, on dénombrait 1 254 EPCI à fiscalité propre (Source : DGCL, Banatic. Résultats au 1er janvier de chaque année).

dentialisme municipal » soulevée par Claude Sorbets (1983), à l'opposé de la réalité alors du pouvoir du maire britannique décrite comme suit par Yves Mény (dans le même numéro de la revue *Pouvoirs*) : « Le « mayor » britannique est à la mairie ce que la reine est au gouvernement du Royaume-Uni : un représentant sans pouvoirs » (1983, p. 21).

Pour étudier les élus locaux, nous nous proposons d'emprunter trois entrées successives.

La première ouvre sur les élections locales. Si l'élection ne saurait être assimilée à une séquence de concurrence pure et parfaite, tant une part essentielle se joue en amont à partir d'une combinaison de filtres, les luttes pour le pouvoir local demeurent *in fine* arbitrées par les votes citoyens, et ne sont ainsi jamais jouées d'avance (Cadiou, 2009b). Les élections locales sont d'abord une affaire de scrutins. Loin d'être de simples agencements techniques de calcul sans incidence sur le résultat du vote, ils représentent une contrainte majeure et façonnent en partie le système politique local. Ils sont autant le produit des systèmes politiques que l'inverse. Les modes de scrutin locaux, marqués par une forte hétérogénéité, sous-tendent tout un ensemble d'enjeux politiques et institutionnels qu'il s'agit de saisir en prêtant une attention particulière à leurs évolutions (Chapitre 1). Soulignons le caractère mouvant du droit s'agissant des scrutins locaux, avec de possibles évolutions à très court terme[9]. Outre l'analyse des caractéristiques des scrutins, qui participent de l'ADN politique et institutionnel local, il est nécessaire d'appréhender les élections locales, entendues comme les configurations politiques temporaires qui courent du dévoilement des candidats (casting électoral) et s'étendent jusqu'aux votes et à l'interprétation des résultats électoraux (Chapitre 2).

La seconde partie aura pour objectif de répondre à la question « Qui sont les élus locaux ? » au moyen d'un portrait sociologique prêtant attention à leur sexe (rapidement décliné en genre), à leur statut socio-professionnel, à leur âge ainsi qu'à leurs origines le cas échéant, autant de variables dont il s'agit de suivre les évolutions dans le temps tout autant que les déclinaisons selon les responsabilités exercées au sein des collectivités territoriales. Le passage en revue de la littérature scientifique aboutit au constat d'une asymétrie des travaux concernant les élus locaux qui se traduit par une surreprésentation des élus municipaux, maires en tête, et plus grande rareté sur les travaux autour des conseillers départementaux et régionaux. Derrière l'identification des diverses propriétés des élus locaux se pose la question de savoir jusqu'où le personnel politique local réfléchit dans sa composition la diversité du corps électoral. Jusqu'où législateur et forces politiques intègrent-ils les problématiques de représentati-

9. Outre le conseiller territorial, le rapport Woerth remis en mai 2024 propose de revoir les modes de scrutin pour les élections locales (abrogation de la loi Paris Lyon Marseille – loi PLM – et élection des maires de ces trois villes selon le droit commun, généralisation de l'élection au scrutin de liste pour l'ensemble des communes, réduction du nombre de conseillers municipaux). Le rapport ouvre également la voie au retour du cumul des mandats : les parlementaires pourraient (à nouveau) exercer le mandat de maire, d'adjoint au maire ou de président d'EPCI (rapport intitulé « Décentralisation : le temps de la confiance »).

vité de sorte qu'ils transforment l'existant ? Il faudra ici distinguer ce qui relève d'une évolution législative, qui contraint et organise la féminisation du champ politique local (Chapitre 3), des autres indicateurs de représentativité qui, sans être réglés par le droit, révèlent à la fois des formes de *statu quo* mais également des transformations (Chapitre 4).

Lorsqu'on cherche à étudier et à caractériser les élus locaux en France, autrement que par le recours à une prosopographie, deux termes s'imposent rapidement comme autant de prismes d'analyse : la « notabilisation » et la « professionnalisation ». Ce sont ces deux entrées que nous chercherons à privilégier, avant d'examiner la question du cumul des mandats qui alimente indistinctement les deux logiques précitées de notabilisation et de professionnalisation (Chapitre 5). Nous explorerons, enfin, les ressorts du travail politique local, qui englobent non seulement leurs activités gestionnaires mais aussi les rapports à leur(s) territoire(s) et les pratiques qu'ils y déploient. Cette perspective d'analyse nous invitera à évoquer de manière concomitante le rôle du capital d'autochtonie dans l'accès au pouvoir politique local, les interactions de proximité élus-citoyens saisies notamment par le prisme des dispositifs de démocratie participative à travers leurs représentations et leurs usages, mais aussi la place du personnel politique dans la gouvernance locale (Chapitre 6).

PARTIE 1

L'ACCÈS AUX RESPONSABILITÉS POLITIQUES LOCALES : SOCIOLOGIE DES ÉLECTIONS LOCALES

La France fait partie des pays européens dans lesquels le principe électif concernant les organes des collectivités territoriales a reçu une garantie constitutionnelle : « Dans les conditions prévues par la loi, ces collectivités s'administrent librement par des conseils élus » (article 72, al. 3 C). Participent à l'élection desdits conseils les électeurs qui satisfont à trois conditions : être majeurs[1], jouir de leurs droits civils et politiques (article 3 de la Constitution), et avoir la nationalité française. Si cette dernière condition représente traditionnellement un point de passage obligé pour l'accès à la citoyenneté dans la tradition française (Lochak, 1996), le scrutin municipal fait désormais exception depuis que le traité de Maastricht du 7 février 1992 prévoit la participation des ressortissants communautaires. Il convient ici de rappeler la réticence de la France à transposer la directive communautaire introduisant le droit de vote et d'éligibilité pour les ressortissants européens (Strudel, 2003). Dans l'Union européenne, d'autres modèles que l'interdit français – également observé en Allemagne ou en Italie – existent pour ce qui concerne le vote des étrangers extracommunautaires aux élections locales. Il se voit octroyé en fonction de conditions générales d'ancienneté de résidence (Belgique, Danemark, Pays-Bas, Suède) ou de conditions d'ancienneté pour les citoyens de certains pays (Espagne, Portugal, et le Royaume-Uni avant le Brexit). L'Irlande et le Luxembourg accordent le droit de vote aux élections locales à tous les étrangers, sans aucune durée minimale de résidence (Mugnier, 2024).

Il est possible de débuter l'étude des élections locales par l'analyse des scrutins proprement dits. L'exposé de leurs caractéristiques juridiques et techniques, avec leurs évolutions dans le temps, prend tout son intérêt dès lors qu'elles revêtent une signification politique, aussi bien du côté de leurs motivations que de leurs effets (Chapitre 1). C'est ensuite que nous investiguerons les élections proprement dites, c'est-à-dire les séquences électorales qui couvrent les campagnes électorales, les votes et leur interprétation. Il s'agit ici de questionner les propriétés des élections locales telles que Patrick Lehingue (2010) les avait énumérées : leur inscription chronologique dans un cycle électoral, structuré depuis 1965 par l'élection présidentielle ; les règles du jeu électoral, comme le mode de scrutin notamment, qui influencent les manières de jouer des joueurs ; l'intensité de la mobilisation que chaque élection suscite et derrière laquelle se découvrent des propriétés sociales de l'électorat changeantes ; la valeur politique des trophées qui y sont disputés (Chapitre 2).

1. Seuls trois pays ont ouvert le droit de vote à des électeurs plus jeunes que 18 ans : 16 ans pour l'Autriche et Malte, et dans certains Länder allemands pour les élections locales, et 17 ans en Grèce.

Chapitre 1

Les scrutins locaux : des caractéristiques techniques aux sens et aux effets politiques

Parce qu'ils pèsent sur la transformation des voix en sièges, les modes de scrutin obéissent à des choix politiques précis. Les arbitrages législatifs reviennent à privilégier certains principes comme la représentativité, l'efficacité, ou encore le rejet des extrêmes (Ghevontian, 2002). Ce lien entre répartition des suffrages et des sièges est traditionnellement conditionné par le choix entre deux grands types de représentation. D'un côté, la représentation majoritaire est justifiée par sa propension à dégager des majorités stables, au prix d'une transposition en sièges déformée par rapport aux suffrages exprimés. De l'autre côté, la représentation proportionnelle réfléchit au contraire plus fidèlement les forces sociales et politiques, au prix d'un éparpillement de la représentation (moindre besoin de construire des majorités électorales) et d'une réunion plus incertaine de majorités stables. Un système hybride de liste intégrant un correctif majoritaire (prime au vainqueur) s'intercale entre ces deux pôles alternatifs, constituant un niveau intermédiaire de disproportion entre la répartition des votes et celle des sièges (moindre que dans le système majoritaire mais plus importante que dans le système à la proportionnelle intégrale) (Bedock, 2017). Plus le résultat est serré entre le vainqueur et son second, plus la disproportion ressort dans la mesure où le vainqueur bénéficie d'une prime fixe en sièges avec quelques voix d'avance seulement.

Si on suit la thèse développée par Richard S. Katz et Peter Mair (1995) à propos du « parti cartel » et des phénomènes de cartellisation, l'État serait désormais dominé par des partis politiques – devenus des agences quasi étatiques – qui en définissent les modalités de fonctionnement. Il se mue en structure institutionnalisée de soutien en faveur des acteurs politiques les mieux établis, notamment à travers la définition de règles comme le financement de la vie politique, mais aussi les modes de scrutin. Les deux convergent fortement lorsqu'un scrutin concentre simultanément les gains politiques et économiques au profit des principales forces politiques. Ainsi, la détermination des règles d'un scrutin apparaît autant comme une affaire de convictions que d'intérêts politiques (et par ricochet financier).

Le choix entre un scrutin de liste et un scrutin majoritaire soulève la question de l'ancrage territorial de l'élection et des élus. Un candidat élu sur son seul nom – comme les conseillers départementaux[1] jusqu'à peu – sera particulièrement enclin à investir les activités de courtage (représenter les intérêts de son territoire) et de médiation (entre la collectivité dans laquelle il siège et la population qu'il représente). Le mode de scrutin ouvre ou restreint au contraire l'accès pour de nouveaux entrants en politique, et impacte en particulier l'intensité et les modalités de féminisation de la classe politique locale.

1. LES ÉLECTIONS MUNICIPALES : UN SCRUTIN DE LISTE PERSONNIFIÉ

Premières élections de la période révolutionnaire, les élections municipales de 1790 furent marquées par une forte participation, dans un contexte historique de large ouverture du suffrage masculin. Le principe électif permet aux citoyens de choisir leur conseil communal, leur maire et leur procureur. Le maire incarne alors cette société nouvelle où les pouvoirs échappent aux ordres privilégiés pour émaner désormais du choix du plus grand nombre (de Blic, 2020). Mais cet élan des libertés municipales fut interrompu par l'Empire napoléonien, soucieux de restaurer un contrôle étroit sur les institutions locales. C'est avec la révolution de juillet 1830, dite des « trois Glorieuses », que la porte à la contre-révolution se referma et que la vie politique fut remise sur la voie de 1789 (Agulhon, 1988). Le nouveau régime politique de Louis-Philippe accepta une charte révisée promettant « des institutions départementales et municipales fondées sur un système électif » (faute d'engager un réel mouvement décentra-

1. Jusqu'en 2015, on évoquait des « conseillers généraux », de même que la collectivité était appelée « conseil général ».

lisateur). Alors que l'ouverture du droit de suffrage sous le premier Empire (1805-1815) avait d'abord été formelle (les membres des collèges électoraux départementaux étant élus à vie), avant d'obéir à une logique censitaire très restrictive sous la Restauration, la loi du 21 mars 1831 sur les élections municipales ouvre le jeu électoral : aux 166583 électeurs politiques – ceux appelés à élire les députés – répondent désormais les 2,8 millions d'électeurs autorisés à voter aux élections municipales. L'originalité tient à l'existence d'un système proportionnel décroissant, la proportion d'électeurs par rapport à la population communale étant d'autant plus forte que la taille de la commune est restreinte (Guionnet, 1996).

Les travaux socio-historiques ont souligné l'influence décisive de cette réforme en matière d'apprentissage de la politique, qu'il s'agisse d'évoquer la réapparition « de la politique au village, ou de sa possibilité » (Agulhon, 1992 : 144), ou de mettre en exergue un « apprentissage très virulent de la politique par les électeurs des grandes villes » ou une « prise de conscience politique » dans les communes moins importantes (Vigier, 1973 : 279).

1.1. Représenter ou dégager des majorités : les équilibres changeants du scrutin municipal

Quelques décennies plus tard, la grande loi municipale du 5 avril 1884 devait instituer un régime juridique uniforme pour toutes les communes françaises (à l'exception de la ville de Paris), notamment en matière électorale. Le législateur retient l'élection des membres du conseil municipal au suffrage universel direct pour une durée de quatre ans, qui fut portée à six ans en 1929, sur la base d'un scrutin majoritaire plurinominal à deux tours avec panachage (cf. plus loin). C'est à partir des élections municipales de 1947 qu'une première dualisation est intervenue. Le système précédent est maintenu jusqu'à 9000 habitants, quand un scrutin de liste proportionnel à un seul tour est introduit au-delà. Réclamé par les communistes et le MRP, ce scrutin proportionnel favorise la présentation de listes autonomes, les regroupements se faisant au conseil municipal, au lendemain des élections, pour désigner le maire. Présents au sein des conseils, les communistes faisaient souvent les frais d'alliances de type troisième force au plan local (MRP, socialistes, radicaux, indépendants…) (Le Bart, 2003).

Mais le nouveau régime de la Ve République, soucieux de stabilité et acquis à la cause du scrutin majoritaire, n'a pas tardé à produire ses effets. L'ordonnance du 4 février 1959 rétablit le scrutin majoritaire pour toutes les communes de moins de 120000 habitants (scrutin majoritaire de liste à deux tours avec possibilité de panachage et de fusion entre les deux tours). La proportionnelle ne concerne plus qu'une douzaine de villes. Les élections municipales de mars 1965 se déroulent, elles, sous l'empire de la nouvelle loi électorale du 27 juin 1964 qui supprime complètement la proportionnelle. En-dessous de 30000 habitants est pratiqué le scrutin plurinominal majoritaire avec panachage. Ce dernier représente une méthode électorale qui autorise les électeurs à voter en faveur de candidats de listes différentes, voire de non-candidats alors.

Au-dessus, la liste majoritaire – majorité absolue au 1er tour, ou relative au second – remporte la totalité des sièges, à l'exception des municipalités de Paris, Lyon et Marseille où les sièges sont octroyés par secteur. Sans représentants, les oppositions municipales n'existent qu'à l'extérieur du conseil. Ce texte semblait motivé par les calculs politiques de l'UNR gaulliste, soucieux de contrarier les alliances Troisième Force entre socialistes et centristes, précédemment facilitées par le scrutin proportionnel (Le Bart, 2003) ou de participer à des coalitions antimarxistes. Si les gaullistes entendaient ancrer leur mouvement dans des municipalités qui leur échappaient, les élections municipales de 1965 décevront quelque peu leurs attentes.

La loi du 19 novembre 1982 a introduit un changement important, avec un scrutin dual jamais pris en défaut depuis, mais simplement réaménagé en termes de seuils démographiques. Le recours au scrutin plurinominal majoritaire est alors maintenu jusqu'à 3 499 habitants, au lieu des 30 000 précédemment, avant que ce plafond ne soit depuis abaissé à 999 habitants par la loi du 17 mai 2013 (appliquée aux élections municipales 2014). Au-dessus de ce seuil est pratiqué un scrutin de liste à la proportionnelle avec correctif majoritaire.

Avec le scrutin plurinominal majoritaire, pratiqué depuis longtemps, les candidatures individuelles sont autorisées, quand bien même l'offre électorale est dans les faits essentiellement organisée sous forme de listes. Une candidature est même possible au seul second tour dans l'hypothèse où le nombre de candidats au premier tour est inférieur au nombre de sièges à pourvoir. Les électeurs peuvent panacher eux-mêmes leur choix (candidats issus de plusieurs listes), rayer des noms ou en rajouter, y compris des personnes non candidates dans certains cas[2]. Depuis la loi du 17 mai 2013, les déclarations de candidature (avec dépôt en préfecture) sont désormais obligatoires. Par ailleurs, il n'est plus admis de voter pour un candidat non déclaré. Le caractère plurinominal du scrutin signifie que les voix sont décomptées par candidat (et non par liste). Il n'est ainsi pas rare qu'un candidat tête de liste ne soit pas le mieux élu de la liste. Tous les candidats ayant obtenu sur leur nom la majorité absolue des suffrages exprimés obtiennent un siège au conseil municipal dès le premier tour, à condition que ces suffrages équivalent à un quart au moins du nombre d'électeurs inscrits sur les listes électorales. En règle générale, et malgré une abstention croissante, le scrutin municipal mobilise suffisamment d'électeurs pour que cette dernière condition soit satisfaite. Lorsqu'un second tour doit être organisé, la majorité relative suffit pour être élu. La nature plurinominale du scrutin le fait échapper à l'obligation paritaire (cf. Chapitre 3).

Depuis la mise en œuvre de la loi du 17 mai 2013 au printemps 2014, le scrutin de liste s'impose dès 1 000 habitants, au lieu des 3 500 précédemment. Plusieurs éléments le distinguent du scrutin plurinominal : les listes de candidats doivent être complètes (autant de candidats que de sièges à pourvoir), et

2. Lorsque le scrutin plurinominal concernait les communes de moins de 3 500 habitants, les listes pouvaient être incomplètes en-dessous de 2 500 habitants, autorisant alors les électeurs à voter pour un non-candidat.

peuvent même – ce n'est pas obligatoire – faire figurer deux candidats supplémentaires[3] ; l'électeur doit accorder sa confiance à l'intégralité d'une liste (sauf à voter blanc) sans possibilité de panachage ; le décompte des suffrages se fait par liste (et non par candidat). Lorsqu'une liste réunit une majorité absolue de suffrages exprimés dès le premier tour, représentant au moins un quart des électeurs inscrits, le nouveau conseil municipal est connu et peut alors se réunir. Sinon, un second tour est organisé. Toutes les listes ayant obtenu au moins 10 % des suffrages exprimés au 1er tour peuvent y participer, quand celles ayant obtenu entre 5 et 10 % ont la possibilité de fusionner avec les précédentes si elles trouvent un accord politique. Cet entre-deux tours ouvre des questionnements et des tractations informées par des calculs politiques quant aux coûts et bénéfices (au sens large du terme) associés à un accord de fusion. Cela suppose à la fois d'anticiper le gain électoral et de trouver un accord sur la distribution des places éligibles et des futures responsabilités exécutives.

En 1982, la nouveauté de la loi n'a pas seulement consisté à abaisser le seuil de recours au scrutin de liste à 3 500 habitants. Elle résidait autant sinon plus dans le fait de réintroduire un principe de proportionnalité, permettant une représentation des oppositions municipales. Dans l'esprit du législateur, ce changement ne devait pas se traduire par une réduction proportionnelle du groupe majoritaire. C'est pourquoi les conseils municipaux ont enregistré une augmentation du nombre global de conseillers municipaux, avec une hausse concomitante du nombre d'adjoints au maire. Un pourcentage croissant de conseillers municipaux élus sur la liste du maire accèdent ainsi à un poste d'adjoints. À Besançon par exemple, au sortir des élections municipales de 1989, pas moins de 47,5 % du groupe majoritaire détenait un poste d'adjoint et/ou obtenait une délégation, soit pratiquement un sur deux (Borraz, 1998).

Cette réapparition d'une dose de proportionnelle cohabite avec un fort mécanisme majoritaire puisque la liste arrivée en tête – à la majorité absolue, ou simplement relative – se voit automatiquement attribuer la moitié des sièges au conseil. La seconde moitié est répartie au prorata du nombre de suffrages obtenus par les listes dépassant les 5 % des suffrages exprimés (selon la règle de la plus forte moyenne). L'octroi d'une telle prime au vainqueur engendre une importante disproportion entre la répartition des suffrages exprimés entre listes et la distribution des sièges (Tableau 1 *infra*). Prenons l'exemple des élections municipales lilloises de 2020. Avec 40,00 % des suffrages exprimés au second tour, la liste arrivée en tête, conduite par la maire socialiste sortante Martine Aubry, emporte 43 des 61 sièges, quand la liste arrivée en seconde position avec un total de voix à peine inférieure, de 39,41 % des suffrages exprimés, ne dispose que d'une douzaine de sièges. Ces majorités confortables mettent le maire

3. C'est une nouveauté introduite par la loi du 31 janvier 2018 sur le dépôt de candidatures, applicable aux communes de 1 000 habitants et plus. Elle vise à limiter la tenue d'élections partielles en cours de mandat. Les candidats supplémentaires ne seront élus que s'il y a des démissions (volontaires ou d'office) ou des décès conduisant à appeler à siéger au conseil municipal les « suivants de site ».

à l'abri d'éventuelles défections individuelles dans son camp pour continuer à gouverner.

Le déclenchement du scrutin de liste à partir de 1 000 habitants a bouleversé la physionomie des élections dans les communes comprises entre 1 000 et 3 499 habitants. En remettant de l'ordre dans ce qui pouvait passer pour de l'« anarchie électorale » (Barone, Troupel, 2008), la loi du 17 mai 2013 a en effet transformé nombre d'ingrédients, aussi bien pour les candidats (listes complètes, bloquées et paritaires) que pour les électeurs. On constate une augmentation des votes blancs (et de l'abstention) pour les élections du printemps 2014 : 8,7 % des inscrits au 1er tour dans les petites communes comprises entre 1 000 et 1 499 habitants. Plus qu'une « abstention cachée », souvent évoquée à propos du milieu rural, le vote blanc s'apparente à une forme de choix alternatif face à une offre électorale réduite. La difficulté de constituer des listes comprenant suffisamment de candidats et respectant une stricte parité, dans des territoires marqués par la crise des vocations, réduit d'autant la compétition électorale. Une seule liste fut présentée dans 41,5 % des communes entre 1 000 et 1 500 habitants. Ne pouvant plus panacher ni rayer les noms, les électeurs ne pouvaient plus que ratifier l'unique liste, s'abstenir ou voter blanc. Au final, l'abandon du panachage et du rayage a fait reculer le pluralisme politique (Troupel, 2021).

Pour rappel, le nombre de conseillers municipaux à élire, fixé par voie législative, dépend des strates démographiques elles-mêmes (Graphique 1 *infra*).

Graphique 1 – Nombre de conseillers municipaux selon la strate démographique communale

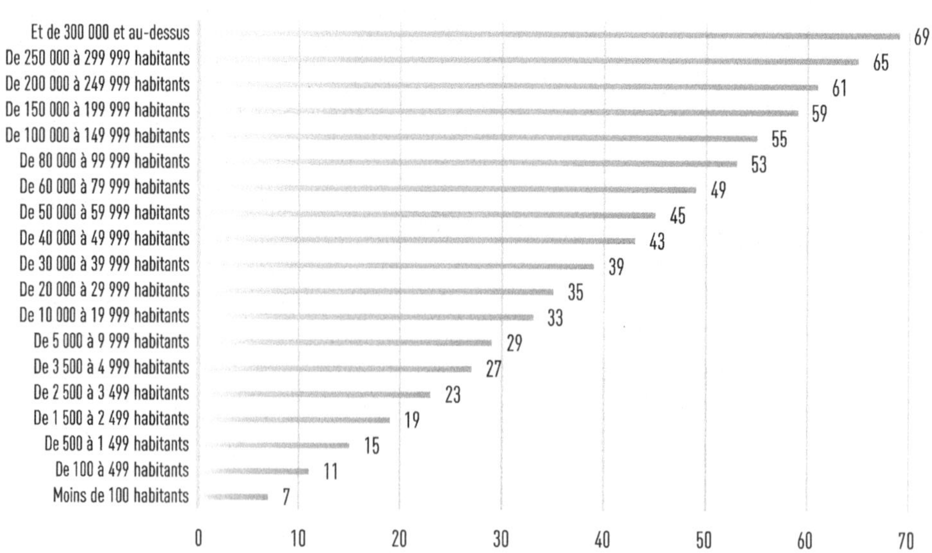

1.2. L'élection des maires : un témoignage du présidentialisme local

En Europe, plusieurs configurations concernant la désignation du chef d'exécutif municipal sont observables. Il y a d'abord les pays où le chef d'exécutif est nommé, comme ce fut historiquement le cas en France avant les changements intervenus dans les débuts de la IIIe République. Le 4 avril 1871, une loi municipale transitoire fut adoptée, réservant au gouvernement la nomination des maires dans les chefs-lieux de département, d'arrondissement et dans les communes de plus de 20 000 habitants. Le texte est en retrait par rapport à l'amendement, voté par une majorité de 285 députés issus de la gauche et du centre de l'Assemblée donnant à toutes les communes le droit d'élire leurs maires et leurs adjoints. Mais Adolphe Thiers, certes libéral mais d'abord homme d'ordre, devait soutenir la disposition additionnelle présentée, au nom de la majorité de la commission, par le député conservateur Auguste Paris : dans tous les chefs-lieux de département et d'arrondissement, ainsi que dans les communes de plus de 20 000 habitants, la nomination des maires et adjoints se fera provisoirement par décret gouvernemental. Ce qui constitue néanmoins une avancée décisive par rapport à la timidité du programme de Nancy (1865) qui admettait la nomination de tous les maires par le pouvoir exécutif, à condition qu'il soit choisi dans le conseil municipal. Pendant plus de dix ans, le maire fut en réalité élu ou nommé suivant que les royalistes gouvernent ou pas. Mais le triomphe du régime républicain a conduit à l'adoption définitive, par la loi du 28 mars 1882, du système de l'élection du maire (et des adjoints) par les conseillers municipaux dans toutes les communes. La ville de Paris est la seule à échapper à ce régime libéral au motif que si « une ville quelconque se soustrait à la loi de l'État, [...] la France reste la France. Mais que [si] dans Paris règne l'émeute ou l'insurrection [...] la révolution de Paris devient une révolution ou une contre-révolution dans toute la France[4] ». Ces dispositions seront confirmées par la grande loi municipale de 1884, les Parisiens ayant dû patienter jusqu'en 1977 pour élire indirectement leur maire.

Une procédure de nomination demeure aujourd'hui en vigueur dans une petite minorité de pays européens. Aux Pays-Bas, où existe depuis 2002 la séparation du conseil municipal et de l'exécutif municipal, chacun ayant une composition, des fonctions et des pouvoirs distincts, le bourgmestre est formellement désigné par décret royal même si, dans les faits, il est choisi sur la base d'une recommandation faite par le conseil municipal[5]. Au Luxembourg, tout l'organe exécutif se voit désigné parmi les membres de l'assemblée délibérante, ou en dehors de celle-ci, par une autorité spéciale (le Grand-Duc pour les villes et le ministre de l'Intérieur pour les autres communes).

Pour la grande majorité de pays européens, un mécanisme électif est à l'œuvre. Dans certains cas, l'élection du maire est à la fois directe et distinctive. En Italie

4. Délibération parlementaire de la Chambre des députés du 6 novembre 1883, p. 2270 (cité par Emmanuel Bellanger, 2014).

5. Si un maire perd la confiance du conseil municipal, il démissionne, et s'il ne le fait pas, le commissaire du Roi soulève la question de sa révocation par une décision centrale.

ou en Grèce, le scrutin lie l'élection du maire à celle de l'assemblée délibérante : le maire est élu sur le même bulletin de vote que le conseil municipal. Au Portugal, dans les municipalités ou dans les paroisses de moins de 200 électeurs, en Allemagne, dans certains Länder autrichiens et en Angleterre, l'organe exécutif de l'échelon communal est directement élu à l'occasion d'un scrutin parallèle à celui de l'assemblée délibérante. La France rejoint les États, les plus nombreux, dans lesquels l'organe exécutif de la commune, maire en tête, voit ses membres se faire élire par l'assemblée délibérante. Mais dans l'esprit des électeurs, l'élection du maire en conseil municipal ressort comme une simple formalité, même si cette représentation peut être contrariée par les faits en milieu rural. Tout se passe comme si les citoyens élisaient directement leur maire (Le Bart, 2003).

De manière presque contre-intuitive, le fait que le maire français doive son élection au conseil, et non à une élection directe, ne le place pas dans une position subordonnée, bien au contraire. Dans les faits, sa responsabilité politique n'est pratiquement jamais mise en cause. La logique majoritaire conduit à ce que sa majorité devienne souvent son obligée. Il peut retirer une délégation à un adjoint sans justification réelle. *A contrario*, dans une autre configuration où le maire est directement élu au suffrage universel, sans qu'il ne dispose de pouvoirs substantiels, la séparation des modes de désignation ne renforce pas tant l'indépendance du chef de l'exécutif local que celle du conseil vis-à-vis de ce dernier (comme aux États-Unis avec des maires ordinairement en conflit avec le conseil) (Mény, 1982).

2. L'ÉLECTION DES CONSEILLERS COMMUNAUTAIRES : ENTRE IMPÉRATIF DÉMOCRATIQUE ET PRÉSERVATION D'UN ORDRE MUNICIPALISTE

La préservation durable du legs révolutionnaire en matière de morcellement communal (Frinault, 2012, 2019) a fait de la coopération une sorte d'alternative douce aux fusions à travers la formule des établissements publics de coopération intercommunale (EPCI) à fiscalité propre : communautés de communes, communautés d'agglomération, communautés urbaines, métropoles. Ces intercommunalités, auxquelles se rattachent désormais l'intégralité des communes françaises[6], ont pris en charge un nombre croissant de compétences, qu'elles soient ou non obligatoires en droit. Elles ont ainsi capté fort logiquement une part croissante de la fiscalité locale et employé toujours plus d'agents. L'expression de « révolution silencieuse » utilisée par Éric Kerrouche (2008) rend bien compte du fait que le changement ne s'est pas opéré dans le cadre d'un moment critique unique, mais a correspondu à un changement graduel transformateur (Streeck, Thelen, 2005). Ce changement opère à travers une série de réformes

6. C'est la loi RCT du 16 décembre 2010 qui a rendu obligatoire le principe d'une adhésion des communes à une EPCI à fiscalité propre.

élaborées sous le contrôle du lobby des maires, qui cherchent à domestiquer, contrer, apprivoiser les réformes afin qu'elles ne bousculent pas leur pouvoir (Desage et Guéranger, 2011 ; Gaxie, 1997). La montée en puissance des intercommunalités dans le champ de l'action publique locale ne pouvait manquer de soulever l'enjeu de leur démocratisation dans le champ politique.

2.1. Démocratiser l'intercommunalité : une mise à l'agenda sans suites

Dans les années 1960 déjà, les débats autour de la création des communautés urbaines agitaient à l'idée d'élection directe par les citoyens, faisant écho au « modèle métropolitain » (Sharpe, 1995) soucieux de doter ce type d'institution d'une légitimité politique. L'élection sanctionnerait et légitimerait ses propriétés objectives : taille des groupements, importance des ressources budgétaires, rôle stratégique inhérent à la nature des compétences… Elle favoriserait une « conscience d'agglomération » (Desage 2005a). Une telle perspective fut mise en échec dans le cas des communautés urbaines françaises, comme dans celui des autres EPCI à fiscalité propre introduits plus tard. La représentation intercommunale est ainsi assise sur des bases géographiques et institutionnelles au détriment d'une représentation directe des populations. Ce schéma explique notamment qu'une représentation minimale d'un siège pour chaque commune membre soit reconnue en droit, contrairement à l'option initiale envisagée par exemple pour les communautés urbaines en faveur de conseils restreints (Desage, 2010).

C'est à la suite du vote des lois ATR (1992) et Chevènement (1999) que la question de la trop faible légitimité démocratique des intercommunalités françaises a véritablement été mise à l'agenda politique. Les élus communautaires n'étaient alors « que » des élus du suffrage universel indirect. Leur élection relève en droit de chaque conseil municipal nouvellement élu, quand leur sélection apparaît en pratique étroitement soumise au choix du maire, derrière lequel se range ordinairement une confortable majorité municipale. L'absence de scrutin direct étire ainsi la chaîne de délégation politique, engendre une faible « redevabilité » intercommunale aux élections municipales (Lefebvre, Vignon, 2023) et nourrit *in fine* le décalage entre l'espace d'agrégation des votes – où se départagent les options politiques proposées au scrutin – et l'espace institutionnel où se prennent les décisions. Aussi la démocratie intercommunale semble-t-elle « confisquée » (Desage, Guéranger, 2011) ou de « seconde zone » (Kerrouche, 2008). La question électorale n'épuise certes pas l'enjeu de démocratisation intercommunale, mais en constitue son totem le plus évident lorsqu'il s'agit de pallier le trop faible contrôle démocratique.

Au moment de l'élaboration de la loi Chevènement (1999), la mission d'information du Sénat présidée par Jean-Paul Delevoye[7] envisagea la perspective d'une future élection des délégués intercommunaux au suffrage universel direct, le jour où serait acquis le développement de l'intercommunalité de projet. De

7. Sénat n° 447, (1999-2000), Président : M. Jean-Paul Delevoye – Rapporteur : M. Michel Mercier.

son côté, le rapport *Refonder l'action publique locale* (2000), remis par la commission sur l'avenir de la décentralisation présidée par l'ancien Premier ministre Pierre Mauroy, proposa d'instaurer sans attendre ce mécanisme d'élection directe. Peu après, une version initiale du projet de loi relatif à la démocratie de proximité – porté par le ministre de l'Intérieur Daniel Vaillant – devait envisager ce scénario en le réservant aux seules agglomérations urbaines (laissant de côté les communautés de communes). L'amendement du député socialiste Bernard Roman entendait au contraire le généraliser à l'ensemble des EPCI à fiscalité propre. Au Palais du Luxembourg, le sénateur Jacques Oudin déposait une proposition de loi[8] qui instaurait un suffrage universel direct pour l'ensemble des EPCI, dont l'audace consistait à envisager des bulletins de vote distincts des bulletins de vote municipaux. Le souhait du Premier ministre Lionel Jospin de ne pas affronter une majorité sénatoriale hostile à l'élection directe, à quelques mois de l'échéance présidentielle, eut raison des diverses initiatives.

Dans le cadre de la discussion parlementaire de la future loi du 13 août 2004 relative aux libertés et responsabilités locales, le député René Dosière (apparenté PS) proposa sans succès de faire élire les membres des organes délibérants des EPCI à fiscalité propre le même jour que les conseils municipaux, en assurant la représentation de chaque commune. Son amendement est rejeté par le rapporteur de la loi à l'Assemblée nationale, le ministre Patrick Devedjian moquant pour sa part les « impatients de l'intercommunalité ». Les fenêtres d'opportunité législatives se raréfient, mais le sujet conserve une certaine actualité parlementaire. Dans son rapport d'information, *Gouverner en France : quel équilibre territorial des pouvoirs ?* (2006), le député Michel Piron (UDI) invite à réfléchir à une évolution du mode de désignation des élus intercommunaux. La même année, le député socialiste Jean-Pierre Balligand dépose une proposition de loi en faveur d'un modèle hybride : maintien d'une élection indirecte des conseillers communautaires, quand celle, directe, du président de l'EPCI serait organisée le même jour que les élections municipales. Cette proposition fut reprise par Dominique Perben, dans son rapport *Imaginer les métropoles de l'avenir*[9], pour être applicable aux seules communautés de plus de 500 000 habitants.

2.2. Du fléchage au jumelage : une concession minimale aux effets relatifs

Après environ une décennie une non-décision exemplaire (Jobert, 1993), au sens d'un écart entre une stratégie constamment affirmée comme nécessaire et une pratique constamment différente, c'est finalement avec la réforme territoriale inaugurée sous la mandature de N. Sarkozy que l'élection des conseillers communautaires a été réformée en droit. L'une des propositions du Comité pour la réforme des collectivités locales, dit comité Balladur[10], consista à faire

8. Proposition de loi annexée au procès-verbal de la séance du 20 juin 2001.

9. Assemblée nationale, janvier 2008.

10. Comité créé par décret du président de la République française Nicolas Sarkozy le 22 octobre 2008.

élire directement les conseillers communautaires selon la modalité du fléchage : à l'occasion des élections municipales, les conseillers communautaires seraient désignés par avance, à l'attention des électeurs, avec une flèche devant leur nom figurant sur le bulletin de vote pour l'élection municipale. Avec la loi RCT du 16 décembre 2010, le Parlement promeut ce moyen terme acceptable entre le *statu quo* et une élection propre au suffrage universel direct. Le fléchage maintient ainsi la position connexe du mandat intercommunal par rapport au mandat municipal (Portier, 2009), les élections communautaires étant assujetties à l'ordre municipal tant pour leur concomitance (même scrutin et même bulletin) que pour leur correspondance spatiale (la circonscription électorale demeure communale).

Aussi modeste soit-elle en apparence, l'adoption du fléchage n'en révèle pas moins des effets de conversion au Parlement[11], une forme de consensus étant par ailleurs observé lors du congrès annuel de l'AMF (2012). Cependant, des opposants demeurent, comme le sénateur Jean-Pierre Chevènement qui dit redouter l'introduction de « divergences idéologiques et politiques séparant les différentes listes » ainsi qu'une transformation de « l'esprit de l'intercommunalité qui ne sera plus une coopérative de communes, mais deviendra un quatrième niveau de collectivité »[12]. La solution du « fléchage » ne fut finalement jamais appliquée en l'état, amendée par la loi du 17 mai 2013 avant d'être mise en œuvre pour le scrutin municipal de 2014. Les conseillers communautaires sont désignés au sein du conseil municipal suivant l'ordre du tableau (maire, premier adjoint, second adjoint...) pour les communes de moins de 1 000 habitants[13] et au-dessus, et là se situe le principal changement, intervient un système de double liste : une seconde liste, extraite de la première, fait figurer distinctement et séparément les candidats ayant vocation à siéger à l'assemblée communautaire sur le même bulletin de vote qu'aux élections municipales. Cette double liste, changement modeste par rapport au fléchage initialement imaginé, suffit pourtant à déclencher la critique de l'AMF, soucieuse « de ne pas dissocier deux fonctions complémentaires, un élu communautaire étant lui-même obligatoirement élu municipal »[14]. La fusion de l'intercommunalité dans l'ordre communal s'étend jusque dans la présentation formelle du bulletin de vote.

Pour ces communes de plus de 1 000 habitants, les listes présentent un nombre de candidats aux fonctions de conseiller communautaire égal au nombre de sièges à pourvoir pour la commune, augmenté d'un candidat supplémentaire si

11. « Nous [l'Association des maires ruraux de France] avons été les seuls à proposer pendant longtemps ce qui semblait alors révolutionnaire [...] On ne pouvait laisser éternellement les intercommunalités souffrir d'un déficit démocratique » (prise de parole du sénateur socialiste Pierre-Yves Collombat).

12. Intervention en séance publique, Sénat, 27 janvier 2010.

13. Le seuil de 1 000 habitants remplace celui de 3 500 habitants. En deçà de ce seuil, il a été considéré qu'il serait trop difficile de trouver des candidats susceptibles de former des listes paritaires complètes. Ces communes de moins de 1 000 habitants pratiquant le scrutin plurinominal, avec un décompte des voix par candidat, ne pouvaient connaître le scrutin jumelé.

14. Communiqué de l'AMF du vendredi 12 avril 2013.

ce nombre est inférieur à cinq et de deux dans le cas inverse[15]. L'ordre de présentation sur la liste intercommunale doit être identique à celui dans lequel figurent les candidats au siège de conseiller municipal[16]. Par ailleurs, cette liste intercommunale sanctionne l'alternance des candidats de chaque sexe de manière à féminiser les assemblées communautaires (cf. Chapitre 3), sans garantir pour autant une stricte parité en raison de la présence de communes de moins de 1 000 habitants (non concernées) et de l'attribution fréquente d'un nombre impair de conseilleurs communautaires.

2.3. Un changement trop limité ?

Si ce scrutin jumelé transfère en droit aux électeurs le pouvoir de désigner par leurs votes ceux qui siègeront au sein des communautés, dans l'ordre des faits, cette élection « gigogne » laisse en réalité un choix fermé à l'électeur. Comme l'avait souligné le sénateur socialiste Jean-Pierre Sueur, à propos du premier système de fléchage introduit par la loi RCT du 16 décembre 2010, « les citoyens continueront de se prononcer sur des listes municipales, certains candidats ayant vocation, en cas d'élection, à siéger à l'échelon intercommunal »[17]. Le nouveau système ne met nullement l'intercommunalité à portée de bulletin et le « contrôle » que les citoyens exercent par leur vote sur la distribution du pouvoir politique intercommunal demeure sous contrôle des élus municipaux (Le Saout, 2014). La proposition sénatoriale de loi de Jacques Oudin (cf. *supra*) avait justement milité pour deux bulletins séparés afin de visibiliser les élections communautaires et éviter la confusion ambiguë entre campagne municipale et campagne intercommunale.

Le nouveau scrutin a-t-il néanmoins créé les conditions d'un débat démocratique autour de projets communautaires ? L'ouvrage collectif coordonné par Rémy Le Saout et Sébastien Vignon (2015) devait plutôt conclure à une euphémisation traditionnelle des enjeux intercommunaux que résume son titre : *Une invitée discrète. L'intercommunalité dans les élections municipales de 2014*. La campagne fait avant tout émerger une « démocratie de la pédagogie ». Les candidats auraient davantage insisté sur le rôle formel de ces institutions (type de compétences, organisation politique et administrative, budget...) que sur leur mode réel de fonctionnement. Plus qu'ils ne débattent de l'action publique intercommunale, et en font un enjeu majeur de campagne, les candidats sont plus souvent prompts à valoriser leur rôle de courtier au sein des arènes intercommunales, visant à capter de nouvelles ressources, ou à exprimer leur intention de lutter contre toute forme de dépossession municipale.

L'ambition limitée qui s'attache au scrutin jumelé explique la volonté politique de reprendre ce fil de la réforme. Conformément au souhait du Premier ministre Jean-Marc Ayrault d'aller plus loin pour les métropoles, un amendement gou-

15. Article L. 273-9 I 1° du code électoral.
16. Article L. 273-9 I 2° du code électoral.
17. Propos tenus lors de la première lecture sénatoriale du projet de réforme.

vernemental, adopté lors de l'examen de la future loi MAPTAM[18], établit une solution hybride : élection directe et distincte d'une moitié au moins des conseillers métropolitains à partir du scrutin de 2020. Cet amendement, qui devait ravir les deux « patrons » des associations d'élus urbains, Michel Destot (AMGVF) et Michel Delebarre (ACUF)[19], fut finalement retiré du texte de loi en raison d'une fronde politique transpartisane et de l'AMF. Davantage encore que les critiques à l'endroit du manque de discussion préalable de l'amendement en commission, c'est la perspective d'un affaiblissement communal qui est redoutée. La loi MAPTAM se limita à évoquer, sur un mode allusif, des conseils de métropoles élus au suffrage universel direct suivant des modalités particulières fixées par la loi avant le 1er janvier 2017. Cet enjeu a ensuite resurgi au cours des débats parlementaires de la loi NOTRe du 7 août 2015. La commission des lois de l'Assemblée nationale adopta un article selon lequel « les métropoles, les communautés urbaines, les communautés d'agglomération et les communautés de communes sont administrées par un organe délibérant élu au suffrage universel direct, suivant des modalités particulières fixées par la loi avant le 1er janvier 2017 ». Ce scénario d'une élection propre fut écarté en commission mixte paritaire, prix à payer pour parvenir à compromis avec le Sénat.

Seule exception qui confirme la règle, la Métropole de Lyon, collectivité à statut particulier[20], « bénéficie » d'une élection propre depuis le scrutin municipal de 2020[21]. Ses 150 conseillers métropolitains sont élus dans le cadre de 14 nouvelles circonscriptions, comportant de 7 à 17 élus. Les communes de la métropole ne sont ainsi plus représentées en tant que telles, mais intégrées à des circonscriptions qui les dépassent (Chabrot, 2017), correspondant tantôt à un regroupement de communes, tantôt à une commune seule, tantôt à une partie du territoire communal (pour le cas Lyon). Ces nouvelles circonscriptions électorales mettent fin à la représentation de toutes les communes[22]. Les élections de 2020 ont ainsi connu deux élections, largement complémentaires, se concurrencer. La métropole de Lyon est désormais un enjeu électoral qui compte, avec une scène de compétition propre et une hiérarchisation inédite, voyant certains maires accorder leur priorité à l'élection métropolitaine. Néanmoins, les enjeux municipaux demeurent prégnants, aussi bien pour les acteurs politiques qui continuent de jouer sur les deux scènes (si le cumul des fonctions de maire et de chef de la collectivité métropolitaine est interdit, il ne l'est pas pour les autres responsabilités) que pour les électeurs. Autant l'abstention du 1er tour pour le

18. Amendement adopté en première lecture le 18 juillet 2013 par les députés (61 voix contre 45).

19. Communiqué de presse commun en ce sens (19 juillet 2013).

20. La création de la Métropole de Lyon (loi MAPTAM) a consisté à faire absorber par cette dernière l'intégralité des compétences du conseil départemental du Rhône. C'est donc une institution gigogne, à la fois métropole et conseil départemental métropolisé.

21. Le scrutin est organisé selon les modalités arrêtées par l'ordonnance du 19 décembre 2014, n° 2014-1539.

22. Par exemple, les 25 communes de la circonscription Val de Saône sont représentées par 14 conseillers métropolitains, alors qu'elles l'étaient jusque-là par 26 délégués communautaires.

scrutin métropolitain n'est que légèrement supérieure à celle concernant le scrutin municipal, autant son abstention significative constatée au second tour s'explique en bonne partie par l'absence de scrutin concomitant pour les élections municipales dans une majorité de communes (conseil municipal élu au 1er tour dans 34 des 59 communes). En l'absence d'enjeu municipal, une partie de l'électorat se démobilise pour ce qui concerne le seul enjeu métropolitain (Cadiou, Desrumaux, 2023).

2.4. Un déficit démocratique fonctionnel

Pourquoi l'hypothèse d'un authentique scrutin communautaire, soit un vote sur bulletin séparé (des municipales) départageant des listes et projets communautaires dans le cadre de circonscriptions extra-municipales, est-elle si difficile à envisager ?

Les raisons peuvent être corporatistes. En continuant de fondre l'élection communautaire dans le scrutin municipal, le jumelage ménage la soustraction des responsabilités communautaires à l'application de la législation française sur le cumul des mandats. Pour rappel, la loi du 5 avril 2000 relative à la limitation du cumul des mandats électoraux n'avait pas intégré les fonctions communautaires à la liste régissant les incompatibilités. La proposition du comité Balladur d'intégrer les postes exécutifs intercommunaux dans le champ de limitation des cumuls est ensuite restée lettre morte. Enfin, la loi organique du 14 février 2014 a étendu les incompatibilités des mandats nationaux/locaux aux fonctions exécutives locales, y compris communautaires, mais a continué à ignorer ces dernières lorsqu'il s'agit de cumuls purement locaux. Ce qui desserre l'étau des incompatibilités (cf. Chapitre 5). Cette exclusion des mandats communautaires du champ d'application des cumuls serait en revanche plus difficilement défendable dans l'hypothèse d'une élection autonomisée.

Fondamentalement, les vetos semblent aussi imputables à la logique de préservation communale. « Pour préserver l'identité de la commune, la loi écarte l'électeur », écrivait le juriste Maurice Bourjol (1994 : p. 122). Lors d'un échange avec les autres directeurs des principales associations d'élus locaux organisé en juin 2014 par *La Gazette des communes*, Rollon Mouchel-Blaisot, directeur de l'AMF, indiquait que « la perspective d'une élection au suffrage universel direct de ces groupements est inacceptable pour l'Association des maires de France (AMF). Après des siècles de vie villageoise et paroissiale, les communes ont su se réinventer dans l'intercommunalité. Ces vingt dernières années, les maires ont dégagé des consensus en faveur de l'intérêt général. L'élection des intercommunalités au suffrage universel direct les mettrait à mal. Elle entraînerait des affrontements brutaux »[23]. En privant les intercommunalités d'une élection propre, le législateur préserve le monopole électif de la commune et sa prétention à figurer comme « cellule de base de toutes les démocraties » (Vandelli, 2000), tout en prévenant l'étiolement communal. En

23. Compte rendu publié le 16 juin 2014.

2001, au moment de la discussion du projet de loi relatif à la démocratie de proximité, le rapport sénatorial Hoeffel avait bien mis en exergue l'intimité du lien entre élection et statut : « Cependant, l'élection au suffrage universel direct des conseillers communautaires pourrait avoir des conséquences importantes, en particulier sur la création éventuelle d'un nouvel échelon territorial et sur l'avenir de nos communes, auxquelles nos concitoyens sont si attachés »[24]. Au cours des débats parlementaires de la loi MAPTAM en 2013, de vivres réactions se sont exprimées contre l'amendement prévoyant une élection directe et sans fléchage pour les métropoles (cf. *supra*). Le député Patrick Ollier (UMP) accuse le gouvernement de préparer « la mort annoncée des maires et des communes alors qu'il passe son temps à dire que les communes sont nécessaires à la démocratie »[25]. Le député Marc Dolez (Front de gauche) interpelle la ministre : « Lorsque toutes les métropoles – puisque toutes les métropoles sont concernées, celles d'exception et celle de droit commun – seront, pour partie et au moins pour moitié et probablement assez vite en totalité, élues au suffrage universel direct, quoi que vous en disiez, vous aurez créé une nouvelle catégorie de collectivités territoriales et ce sera la mort des communes et des départements »[26]. Pour Jacques Pélissard, député et président de l'AMF, « s'il y a un suffrage universel dans une métropole, c'est la mort des communes, c'est la mort des maires. C'est le tissu démocratique français qui est mis à mal »[27]. Une position que l'AMF aura l'occasion de réaffirmer lors de la discussion parlementaire autour de la loi NOTRe : « [...] l'élection au suffrage universel direct des élus intercommunaux sans fléchage à l'échéance 2020 créerait de fait une nouvelle collectivité territoriale. Elle marginaliserait les maires des futures assemblées intercommunales »[28].

L'encastrement de l'élection des conseillers communautaires dans le scrutin municipal préserve *in fine* le cordon ombilical qui relie les intercommunalités aux communes. Il prévient toute forme de tutelle inversée des intercommunalités sur les communes. Alors que la machinerie communautaire reposerait sur une neutralisation des conflits et une forme de dépolitisation de l'action communautaire (Desage, Guéranger, 2011), un tel encastrement soutient la nature intergouvernementale des intercommunalités, une « sorte de sorte de cohabitation territoriale permanente [où] la recherche du compromis devient l'objectif à atteindre » comme le célèbre le maire socialiste de Quimper Bernard Poignant (2011, p. 612-613). Alors que l'intercommunalité repose traditionnellement sur un gouvernement de pairs qui associe en priorité les maires des différentes

---

24. Rapport sénatorial n° 156 (session ordinaire 2001-2002) de M. Daniel Hoeffel fait au nom de la commission des lois, déposé le 19 décembre 2001, p. 30.

25. Extrait d'un article publié dans *La gazette des communes* (version électronique) « Projet de loi « métropoles » : les députés adoptent le texte en première lecture » (mis en ligne le 23 juillet 2013).

26. Extrait d'un article publié dans *Le Courrier des maires* (version électronique) « L'élection au suffrage direct des élus métropolitains en 2020 scandalise les hérauts de la commune » (mis en ligne le 22 juillet 2013).

27. *Ibid.*

28. Extrait de *La Gazette des communes*, 10 mars 2015.

communes par-delà leurs affinités politiques (Cadiou, Desrumeaux, 2023), tout scrutin communautaire affranchi du scrutin municipal reviendrait à « altérer » cet esprit intercommunal et à introduire des logiques parlementaires de type adversorial dans les rouages intercommunaux. L'union des communes que représente l'intercommunalité n'est pas sans analogie avec l'union d'États souverains que constitue l'Union européenne, les deux types de légitimité devant à chaque fois s'entremêler (Poignant, 2011). C'est donc tout l'ordre institutionnel local qui parait en jeu derrière la question de la démocratie intercommunale (Caillosse *et al.*, 2001). De plus en plus « dépossédées » de leurs capacités à produire des politiques et des projets, *a fortiori* pour les plus petites d'entre elles, les communes demeurent l'espace premier de la politique (débat partisan, mobilisations, lutte pour l'exercice du pouvoir, identités politiques…). L'intercommunalité entrerait quant à elle dans la catégorie des « nouveaux » espaces institutionnels qui, comme l'Union européenne, font l'objet d'approches en termes de politisation et de dépolitisation, des espaces « soupçonnés » de se soustraire des enjeux et des politiques au regard du public, des lieux du « post-politique » escamotant le conflit au profit de modes de gouvernance gestionnaires (Pinson, 2019). À côté d'indices de politisation, comme la politisation fonctionnelle dans le recrutement des plus hauts cadres communautaires, il semble que le gouvernement d'agglomération soit également devenu plus politisé ces dernières années au sens où les exécutifs communautaires se forment davantage sur la base d'affinités politiques.

3. INERTIE ET MÉTAMORPHOSES CONTEMPORAINES DU SCRUTIN DÉPARTEMENTAL

Le département[29] constitue, avec les municipalités, le second pilier de l'organisation territoriale française issue de la période révolutionnaire. Mais à la différence des premières, dont la géographie mettait en mémoire et cristallisait un maillage hérité (Delamarre, 1989), le département représentait une entité fondamentalement inédite. Après que la loi du 22 décembre 1789 avait officiellement porté création des départements (fourchette comprise entre 75 et 85), avec ses districts, ses cantons et enfin ses communes (celles-ci restant des circonscriptions administratives au détriment des cantons), un décret du 15 janvier 1790 établit une liste des 83 départements dont les frontières seront tracées par le décret du 26 février 1790. Celles-ci s'affranchissent alors d'une volonté

29. Le terme « département » revêt à la fois un sens abstrait, celui de « partie de l'administration attribuée à un ministre, attributions reçues en partage » (1680) et, un sens concret et courant de « division administrative » Il est déjà utilisé avant 1789 pour désigner des circonscriptions administratives (ressort des intendants, provinces comme « département » d'un secrétariat d'État, « assemblées de département » désignant les corps secondaires formés par élection des assemblées provinciales créées en 1787…). Dans ses Considérations sur le gouvernement de la France (1764), le marquis d'Argenson suggérait déjà le remplacement des provinces par des « départements » plus réduits (Grégory, 2014).

normalisatrice radicale – défendue par l'Abbé Siéyès – assise sur l'abstraction géométrique d'un découpage en carrés de la France. Le décret fait ainsi droit à la prise en compte des particularismes locaux, aussi bien géographiques, économiques qu'historiques et culturels (Ozouf-Marignier, 1989). À l'origine, le département fut conçu pour les besoins de l'État et de l'administration du territoire, selon un schéma d'essence centralisatrice, sans qu'une quelconque gestion d'affaires particulières ne soit consentie aux nouveaux conseils. Ce n'est que progressivement que les conseils généraux, rebaptisés conseils départementaux en 2015, ont acquis une consistance politique et institutionnelle pour devenir l'un des rouages essentiels de la décentralisation (Encadré 1 *infra*).

Encadré 1 Histoire de la décentralisation et conseils départementaux

Si la décentralisation était d'abord apparue très limitée, voire étrangère au cadre départemental, les conseils généraux ont ensuite bénéficié de gains institutionnels. La loi du 10 mai 1838 les érige en « collectivité locale »[30] et étend leurs prérogatives, notamment leur pouvoir délibératif. La loi du 10 août 1871, considérée comme la « Grande charte départementale » jusqu'au début des années 1980, leur aménage de nouvelles responsabilités au sein de quatre ensembles : les matières sur lesquelles le conseil général statue définitivement (exemple de la direction et construction des chemins de fer d'intérêt local...) ; les matières sur lesquelles le conseil général prend des délibérations soumises à approbation (implicite ou expresse) du pouvoir exécutif (le préfet) (questions d'intérêt départemental dont il est saisi, soit par le préfet, soit par un de ses membres) ; les matières sur lesquelles le conseil général donne son avis (exemple de l'exploitation des bois communaux) et enfin les matières au sujet desquelles le conseil général peut émettre des vœux (questions intéressant le département, questions économiques ou d'administration générale). L'une des principales limitations du pouvoir départemental vient de ce que le préfet continue de préparer et d'exécuter les affaires soumises au conseil général, ce dernier ne disposant pas de ses propres services (administratifs et techniques). Dans une configuration où chaque institution est une pièce du système politico-administratif local, le préfet apparaît alors comme l'un des pivots essentiels du réseau notabiliaire départemental (Grémion, 1976). Les subtils équilibres autour de la relation entre préfet et conseil général assurent la pérennité du système. En transférant le pouvoir exécutif du préfet au président du conseil général, la loi du 2 mars 1982 a engendré une seconde naissance de la collectivité départementale. La solution retenue fut d'accompagner au cas par cas le transfert des compétences matérielles par un transfert des services et d'agents avec la signature de conventions entre parties pour en fixer les modalités concrètes. Au début des années 1980, le projet notabiliaire de Gaston Defferre l'a emporté face à une option résolument régionale et anti-départementaliste. Le « non-choix » (Grémion, 1983) entre Département et Région fait coexister ces deux niveaux de collectivités. Davantage, le Département ressort même comme « le pivot de la décentralisation »[31]. Si la montée en puissance des intercommunalités a pu déstabiliser une collectivité dont la force historique était d'équilibrer le morcellement communal, l'Acte II de la décentralisation (2003-

30. La possibilité d'ester en justice comme la propriété reconnue de ses biens reviennent en effet à reconnaître sa personnalité.

31. André Laignel, « Le pivot du département », *Le Monde*, 29 juillet 1981.

2004) a provisoirement refermé la parenthèse de déstabilisation en faisant des conseils généraux les principaux bénéficiaires des transferts de compétences et des compensations financières. Mais peut-être s'agit-il d'une victoire à la Pyrrhus lorsque les conseils héritent de compétences sociales inflationnistes, mal compensées dans le temps et sur lesquelles ils disposent d'une autonomie décisionnelle limitée (Frinault, 2017). Enfin, la réforme territoriale engagée à partir de la mandature de Nicolas Sarkozy a pu mettre à mal la collectivité départementale : fusion des mandats départementaux et régionaux (le conseiller territorial) ; annonce de la suppression programmée de la collectivité (discours de politique générale de M. Valls, avril 2014) ; large transfert aux Régions de compétences départementales. Sachant compter sur leur capacité d'influence aussi bien externe (action de l'ADF) qu'interne (un « lobby » départemental dans les murs du Parlement, et en particulier du Sénat), la collectivité départementale a finalement relativement bien résisté (malgré perte de sa clause générale de compétence et quelques rares transferts de compétences aux Régions et aux métropoles).

3.1. De la cooptation à l'élection au suffrage universel des conseillers généraux

Sur le plan électoral, l'Assemblée constituante de 1789 décida que le tout nouveau département serait administré par un « conseil général » composé de conseillers et d'administrateurs élus par l'Assemblée électorale du département et choisis parmi les citoyens payant une contribution directe égale à dix journées de travail. Ainsi, les assemblées primaires réunies au chef-lieu de chaque canton désignaient les électeurs du deuxième degré qui élisaient à leur tour les conseillers généraux ou administrateurs. À l'époque, ces conseils généraux s'apparentaient à des organes administratifs, et non pas représentatifs, placés sous l'étroit contrôle du pouvoir central. Ces conseils eurent à connaître plusieurs changements entre la Révolution et l'Empire. Il fut d'abord décidé par la Convention (19 octobre 1792) un renouvellement total des assemblées départementales par une élection au suffrage universel direct. Le directoire, instance réduite chargée de représenter le conseil en dehors des sessions, au lieu d'être désigné par le conseil général, devait être élu au suffrage universel et au scrutin de liste, après deux tours au maximum. Sous le Directoire (1795-1799) subsista une assemblée départementale composée de cinq administrateurs, subordonnés au Directoire. Sous le consulat apparut le personnage-institution du préfet, nouvel homme fort du pouvoir assisté d'un conseil de préfecture (sorte de tribunal) et d'un conseil général composé de 16 à 24 membres nommés pour trois ans par le premier consul à partir d'une liste de notabilités établie par le préfet. Avec la Constitution de l'an X (4 août 1802) fut partiellement rétabli le principe de l'élection : le collège électoral doit présenter au Premier Consul, pour chaque place vacante, deux candidats, dont un pris obligatoirement hors du collège. Les conseillers sont désormais nommés pour 15 ans. Malgré la chute de l'Empire, le système de nomination inauguré par la loi du 28 pluviôse an VIII (17 février 1800) s'appliqua jusqu'à la monarchie de Juillet (1830) : le conseil général est composé à partir d'une liste de candidats présentés au choix du roi par les assemblées cantonales composées de délégués des conseils municipaux et des contribuables les plus imposés du canton.

C'est sous la monarchie de Juillet [1830-1848] que fut adopté le principe d'une élection au suffrage censitaire des conseillers, en remplacement des nominations existantes. La loi du 22 juin 1833 établit que chaque conseiller sera élu par une assemblée rassemblant les électeurs payant 200 francs de contributions directes ou, s'il y en a trop peu, les citoyens les plus imposés. L'adoption du scrutin uninominal est une conséquence directe de l'existence des cantons. Si le texte avance qu'il y aura autant de conseillers qu'il y a de cantons, la limitation du nombre de conseillers aboutit dans les faits à ce qu'un même conseiller puisse représenter plusieurs cantons. Le principe d'un conseiller élu dans chaque canton au suffrage universel (masculin) fut adopté sous l'éphémère Seconde République (1848-1851). Mais c'est avec la loi du 10 août 1871, peu après la chute du Second Empire, qu'un nouveau système électoral fut introduit, système qui sera maintenu dans ses grandes lignes jusqu'à la loi du 17 mai 2013.

Les conseillers sont élus pour six ans au suffrage universel (masculin)[32] sur la base d'un scrutin uninominal majoritaire à deux tours. Uninominal, ce scrutin consacre rarement un nouvel entrant en politique. Dans les Alpes maritimes par exemple, 80 % des conseillers qui siégeaient en 2008 détenaient un mandat municipal avant d'être élus conseillers généraux (Grégory, 2011). Sans compter que le taux de reconduction des conseils sortants est élevé. Il fluctuait entre 60 et 70 % sur la période 2001-2011 (Troupel, 2012). Pour qu'un candidat soit élu dès le premier tour dans son canton, il doit rassembler sur son nom une majorité absolue des suffrages exprimés, qui équivaut à au moins un quart des électeurs inscrits. Cette deuxième condition apparaît difficile à satisfaire lorsque l'abstention s'élève considérablement (cf. Chapitre 2). En cas ce second tour, les deux candidats arrivés en tête sont automatiquement qualifiés. Tout autre candidat n'y a accès que si sont total de voix satisfait un seuil déterminé d'inscrits. La loi RCT du 16 décembre 2010 avait porté ce taux de 10 à 12,5 % des inscrits, durcissant les conditions de qualification et réduisant la probabilité de triangulaire au second tour. *A fortiori* dans les cantons urbains qui connaissent traditionnellement l'abstention la plus élevée. Il n'est pas exceptionnel qu'aucun des deux candidats automatiquement qualifiés (les deux premiers) ne réunisse à recueillir un total de voix équivalant à au moins 12,5 % des inscrits. Ce durcissement n'est pas dénué de calcul politique. La raréfaction des triangulaires revenait alors à limiter les probabilités de qualification des candidats frontistes, dont la présence au second tour handicapait régulièrement les candidats de droite.

L'une des singularités du scrutin départemental résidait dans son renouvellement partiel. Tous les trois ans et dans chaque département, la moitié des cantons était ainsi soumise au renouvellement. Ce qui limitait, comme au Sénat,

32. Le 23 septembre 1945, en conséquence de l'élargissement du suffrage universel, les femmes ont participé pour la première fois à l'élection des conseillers généraux.

l'ampleur des bascules politiques (imputables notamment à la conjoncture politique du pays). Considérant que les processus décisionnels se figent à l'approche de chaque scrutin et qu'il faut ensuite plusieurs mois pour engager les projets annoncés en campagne, ce système perturbe le cycle institutionnel et politique de la collectivité en lui faisant supporter une campagne tous les trois ans. À chaque fois, une nouvelle élection du président est requise. Il faudra patienter une quinzaine d'années avant que la préconisation du rapport Mauroy *Refonder l'action publique locale* (2000) d'introduire un renouvellement intégral devienne réalité.

3.2. Représenter les territoires plutôt que les populations : inertie de la carte cantonale, surreprésentation rurale et conséquences politiques

L'un des traits les plus remarquables des élections départementales a résidé dans la fixité géographique des cantons, créés dans le contexte originel d'une France majoritairement rurale et paysanne et maintenus quasi en l'état par la suite malgré les dynamiques d'industrialisation et d'urbanisation. Ce désajustement graduel entre une carte cantonale inerte et une répartition changeante du peuplement a participé d'une vocation ruraliste des conseils généraux, agissant par ailleurs comme une régie des petites communes (Jégouzo, 1993) en leur apportant soutiens financiers et techniques. Ils le font d'autant mieux que nombre de conseillers départementaux sont eux-mêmes des maires ruraux. À l'exception de la loi du 28 janvier 1801 qui avait réduit le nombre de cantons d'environ un quart, la carte des cantons français héritée de la Révolution française, assise sur des bases exclusivement géographiques, n'a ainsi « jamais connu de redécoupage d'ensemble »[33] jusqu'à la loi du 17 mai 2013. Les cantons faiblement peuplés ont été pour l'essentiel maintenus alors que les créations de cantons en milieu plus urbain (celles décidées en 1973 par exemple) étaient bien trop rares pour (r)établir une représentativité sur des bases démographiques. De 1801 à 2013, les trois cinquièmes des cantons n'ont jamais été retouchés.

De tels déséquilibres territoriaux ne sont pas sans conséquences électorales et politiques. Les territoires ruraux, tendanciellement plus conservateurs, bénéficient en effet d'une représentation en sièges supérieure à leur poids démographique réel, au détriment des territoires les plus urbains dans lesquels la gauche obtient de meilleurs scores en comparaison. Prenons les élections cantonales de 1976 pour exemple. Au 1er tour, les candidats étiquetés « gauche parlementaire »[34] totalisaient 55,80 % des voix mais n'emportaient que 338 sièges (17 146 voix par siège en moyenne), quand les candidats étiquetés « droite

33. Projet de loi relatif à l'élection des conseillers départementaux, des conseillers municipaux et des délégués communautaires, et modifiant le calendrier électoral, étude d'impact, 26 novembre 2012, p. 6.

34. Y sont rassemblés les candidats PS, PC, MRG et Divers gauche.

parlementaire »[35] emportaient 569 sièges avec seulement 42,86 % des voix (7 822 voix par siège en moyenne). Cet avantage comparatif de la droite – au regard de son total de suffrages – est ici redevable des nombreuses victoires obtenues dès le 1er tour par des candidats conservateurs au sein de cantons ruraux et faiblement peuplés. Les choses se rééquilibraient partiellement au second tour, dans des cantons globalement moins ruraux, où les candidats de gauche arrivés en tête au 1er tour finissaient par l'emporter : 615 sièges conquis avec 55,73 % des suffrages et 3 526 035 voix (5 733 voix par siège), contre 326 sièges pour un total de 43,81 % des suffrages et 2 772 206 voix (8 503 voix par siège) pour les candidats de « droite parlementaire ». En agrégeant les deux tours, le scrutin demeurait globalement plus favorable à la droite. Une note du 8 janvier 1980 adressée par la Direction des personnels et des affaires politiques à l'attention du ministre de l'Intérieur soulignait que la gauche était alors majoritaire en voix dans quarante-deux des quarante-trois départements qu'elle dirigeait, mais l'était également dans quatorze autres départements dirigés par la droite (Chignier-Rioublon, Conord, 2009).

En 1982, le nouvel Exécutif de gauche décida d'un redécoupage d'envergure (55 départements concernés), prolongé par une nouvelle vague (1984-1985). La création de nouveaux cantons poursuit un souci de rattrapage en faveur des villes-centres et de leurs banlieues immédiates. Les suppressions de cantons demeurent en revanche rarissimes et négociées puisque seulement six furent décidées entre 1973 et 2000 (*Ibid.*). L'insuffisance du rééquilibre démographique a conduit les conseillers d'État à durcir le ton en 1999[36], appelant à un resserrement significatif des écarts démographiques entre cantons au sein d'un même département. Mais l'appel resta sans effets. À la veille de la loi du 17 mai 2013, le ratio entre le canton le plus peuplé et le canton le moins peuplé au sein du même département était supérieur à 1 pour 5 dans 88 départements, à 1 pour 10 dans 49 départements, et à 1 pour 20 dans 18 départements. L'Hérault fait alors figure de cas extrême avec un ratio de 1 pour 47 entre les cantons le moins et le plus peuplés (Dolez, 2015). Ignorant le ressort démographique, la carte cantonale perpétue ainsi le facteur territorial originel : chef-lieu de département accessible en une journée à cheval, et position centrale du chef-lieu de canton dans ces derniers (Chevalier, 2021). Malgré ce handicap, la gauche a connu une percée historique à la fin des années 1990, pleinement consacrée en 2004 lorsqu'elle fut en situation de gouverner pour la première fois une majorité de conseils départementaux. Elle voit alors l'un des présidents issus de ses rangs, le socialiste Claudy Lebreton, accéder à la présidence de

35. Y sont rassemblés les candidats UDR, Modérés (soutenant la majorité), Républicains indépendants, Centre gauche, Centre démocrate, Divers droite, Centre démocratie et progrès.

36. CE, 6 janvier 1999, n° 178608.

l'Association des Départements de France[37]. Au poids de la conjoncture politique s'ajoutent les conséquences électorales qui s'attachent aux transformations de la société française (urbanisation, périurbanisation, rurbanisation, mobilité domicile-travail).

3.3. Le scrutin binominal ou la satisfaction d'un double impératif d'égalité

Avant l'introduction effective d'un nouveau mode scrutin binominal par la loi du 17 mai 2013, un précédent texte, la loi du 16 décembre 2010, avait porté création d'un nouvel élu, le conseiller territorial, dans les suites des propositions du Comité Balladur. Sorte de « Shiva des territoires » à une seule tête, il exercerait simultanément le mandat départemental et le mandat régional. Le choix consistait à fusionner les deux mandats tout en maintenant les deux collectivités territoriales, dotées chacune d'un conseil. Les motivations avancées de la réforme recouvraient la simplification de l'organisation territoriale, des objectifs d'économies (élections et élus, mutualisation des services) ainsi que des promesses d'efficacité et d'efficience. Mais il faut se souvenir qu'Édouard Balladur avait parlé d'une « sorte d'évaporation douce de l'échelon départemental »[38] lorsqu'il avait évoqué cette piste quelques années plus tôt en entretien. Le scénario de l'évaporation, stratégie habile visant à diluer les conseils généraux sans avoir à mener le combat politique lié à leur suppression, est en réalité inséparable des caractéristiques du scrutin. Or, la proposition du rapport du Comité Balladur de supprimer les cantons au profit d'un scrutin de liste proportionnel à deux tours avec une prime majoritaire, soit une régionalisation du scrutin, devait disparaître au profit d'une solution inversée. Le choix du législateur s'est en effet porté sur un scrutin uninominal majoritaire intégral à deux tours dans le cadre de cantons redessinés[39], la cantonalisation du scrutin laissant ainsi craindre une cantonalisation de la région (Alliès, 2011).

Deux mois après que la gauche est devenue majoritaire au Palais du Luxembourg, à l'automne 2011, les sénateurs devaient voter les dispositions législatives concernant les conseillers territoriaux[40]. Ils obtiendront finalement gain de cause « grâce » à l'alternance politique de 2012. Dans son discours de campagne prononcé à Dijon, François Hollande avait plaidé pour le retour au

37. À l'origine, les intérêts départementaux ont été représentés par l'Association des Maires de France (AMF), en raison de la multi-positionnalité des élus (les conseillers généraux étaient souvent des maires). Ils se voient spécifiquement pris en charge depuis la création en 1946 de l'Association des Présidents des Conseils Généraux (APCG), rebaptisée Association des Départements de France (ADF) en 1999 dans un contexte de nouvel impératif communicationnel autour de la défense du Département.

38. « Pour une évaporation douce du département », entretien avec Édouard Balladur publié dans la revue *Sociétal*, n° 38, 2002.

39. La seule concession tient à la disparition en cours de route de la disposition la plus controversée du projet : l'établissement d'un scrutin uninominal à un seul tour, très favorable aux « gros » partis et assassin pour les petits selon l'ADELS.

40. Proposition de loi n° 800 relative à l'abrogation du conseiller territorial, présentée par Nicole Borvo, Sénat, session extraordinaire de 2010-2011, p. 4. Le texte sera débattu en séance publique le 16 novembre 2011.

scrutin proportionnel régional d'un côté, et une rénovation du scrutin départemental devant concilier proximité, parité et représentativité des forces politiques. Le discours de politique générale (3 juillet 2012) du Premier ministre Jean-Marc Ayrault confirma le dessein présidentiel de supprimer l'élection des conseillers territoriaux (programmée en 2014). Ce qui fut chose faite avec la loi du 17 mai 2013.

Cette loi, votée en lecture définitive par l'Assemblée nationale[41], substitue le scrutin binominal au scrutin uninominal existant. Désormais, les électeurs devront départager par leurs votes non plus des candidatures individuelles, mais des binômes de candidats (avec leurs suppléants) invariablement composés d'un homme et d'une femme. Aux 3 971 conseillers généraux anciennement élus sur leur nom succèdent 2 054 binômes (soit 4 108 conseillers désormais). L'étude d'Aurélia Troupel et de Pauline Chevalier menée pour le compte de l'ADF[42], exploitant au total 497 réponses[43], souligne que les conseillers départementaux sortants ont souvent eux-mêmes choisi leur binôme (66,9 %) à la différence de nouveaux candidats (24,4 %). Ces derniers ont plus souvent intégré un binôme après avoir été sollicités (55,8 % de réponses pour « On vous a proposé d'être candidat(e) »). Logiquement, cette asymétrie se retrouve entre les hommes (une part significative de sortants) et les femmes (beaucoup plus de nouvelles entrantes).

C'est précisément le retard de féminisation des assemblées départementales qui motive, en premier, cette réforme. Le Haut conseil à l'égalité, l'Observatoire de la parité, ou encore des associations militant pour la parité dans les instances élues (comme *Elles aussi*[44]) avaient pu défendre ce scrutin binominal, en réaction notamment aux débats autour du mode de scrutin des futurs conseillers territoriaux. Applicable aux seuls scrutins de liste (en termes d'obligation de résultats), la loi sur la parité ne pouvait en effet concerner le scrutin uninominal cantonal. Pour rappel, les femmes représentaient seulement 21,5 % et 20,9 % des candidats au 1er tour des élections de 2004 et 2008. Elles étaient en outre moins souvent élues que les candidats hommes. Une sorte de pis-aller fut imaginée pour faire progresser la féminisation. La loi du 31 janvier 2007 disposait ainsi que chaque candidat se présente avec un suppléant de sexe différent, ce dernier étant appelé à remplacer automatiquement le titulaire du mandat dans le seul cas d'une vacance consécutive au décès du titulaire. Il était nécessaire de procéder à une nouvelle élection dans les autres cas. Un an plus tard, la loi du 26 février 2008 introduisait un remplacement automatique au cas où le poste devenait vacant après la démission du conseiller général pour cause de cumul

---

41. Les sénateurs n'ont pas voté pour le principe du scrutin binominal.

42. Nous nous appuyons ici sur le document Les binômes paritaires de conseillers départementaux : bilan après le premier mandat, présenté le 15 octobre 2020 à la Commission égalité de l'ADF.

43. Il s'agit d'un échantillon de répondants volontaires. Bien qu'il ne puisse pas être considéré comme un échantillon représentatif de la population mère (l'ensemble des conseillers départementaux), sa taille relativement importante rend les résultats significatifs.

44. Communiqué du 29 mars 2011.

de mandats locaux (cf. détails au chapitre 3). Lorsque l'Observatoire de la parité avait avancé ce système de suppléance dans son rapport de 2003, il avait alerté sur la lenteur à prévoir des transformations à venir par rapport à la solution alternative d'un scrutin de liste. La prédiction se confirma et le terme « suppléante » se muait en féminin de « conseiller général ».

Avec l'introduction du scrutin binominal, à la paternité incertaine (Chevalier, 2021), le législateur a imposé un rattrapage institutionnel en faisant des conseils départementaux les assemblées locales les plus paritaires. La parité y est rigoureusement respectée là où de légers écarts demeurent dans les collectivités ayant à connaître un scrutin de liste. Outre la féminisation des assemblées départementales, l'introduction du scrutin binominal a provoqué un retrait significatif d'élus sortants, volontaire ou non, ainsi qu'un abaissement de l'âge moyen (Dolez, 2015). L'objectif de paritarisation aurait certes pu être poursuivi par d'autres moyens plus classiques comme le choix d'un scrutin de liste départementale. Mais cette solution n'aurait pas permis de concilier l'objectif de féminisation et la préservation de l'ancrage territorial des conseillers. Le fait de voter pour des binômes au sein de nouveaux cantons élargis – qui imposent une reconstruction du territoire électoral – contribue néanmoins à « dépersonnaliser le scrutin, et en quelque sorte dépatrimonialise la circonscription électorale, alors qu'autrefois, surtout en zone rurale, le canton pouvait être lié à une personnalité » (Olivier, 2015, p. 167). Le redécoupage limite la portée de la prime aux sortants qui jouait pleinement pour les cantonales, avantageant certains profils de candidats, et assurait, avec le renouvellement partiel, une certaine stabilité à ces assemblées. La création du binôme introduit également une inconnue dans la mesure où ces candidats sont « attachés » : ils font campagne commune – l'un ne pouvant être élu sans l'autre –, partagent le même mandataire financier et bulletin sur lequel ils sont présentés par ordre alphabétique afin que les candidates ne soient assimilées à des suppléantes. Ainsi « liés/attachés », ils forment une liste de deux, avec cette particularité qu'une fois l'élection passée, ils se désolidarisent. Ils deviennent deux élus indépendants, pouvant siéger dans des groupes politiques différents, même si, dans les faits, ils coordonnent au minimum leurs interventions sur leur canton.

La mise en œuvre du scrutin binomial a exigé de redessiner la carte des cantons. D'un point de vue arithmétique, la division par deux n'a pas été strictement respectée en raison du choix d'arrondir « à l'unité impaire supérieure si ce nombre n'est pas entier impair ». Pour un département avec 51 cantons par exemple, le redécoupage aboutit à 26 cantons. Comme il ne peut y avoir de chiffre pair de cantons eu égard aux impératifs de dégagement d'une majorité politique, le chiffre est alors porté à 27 cantons ici. Au final, 2054 nouveaux cantons ont remplacé les 3971 existants. Un changement de paradigme informe le découpage électoral, effaçant les bases passées, essentiellement géographiques, pour tenir compte désormais de nouvelles bases essentiellement démographiques. Chaque nouvelle circonscription doit domicilier un nombre d'habitants compris dans une marge de plus ou de moins 20 % par rapport à la moyenne départementale. Si cette dernière est par exemple de 40000 habitants dans un département, le plancher démographique d'une circonscription s'établit à 32 000 habitants (–20 %) quand son plafond atteint 48 000 habitants (+20 %). L'écart entre la circonscription la moins peuplée et la plus peuplée ne peut jamais excéder le ratio d'un et demi, sauf à tomber dans des cas exceptionnels et dérogatoires (zones montagneuses, insularité). Sans disparaître, la surreprésentation des territoires les plus ruraux s'affiche en net recul.

Respectant un principe d'indivision des communes de moins de 3 500 habitants, l'opération de révision de la carte cantonale fut réalisée par décret en Conseil d'État, pris après consultation du conseil général. Elle suscita les critiques de l'opposition, dénonçant la perte de ruralité et, surtout, les intentions prêtées à la gauche gouvernementale d'un charcutage électoral destiné à servir ses intérêts. Les milliers de recours déposés au Conseil d'État resteront sans suite. Dans le département de la Somme par exemple, le rattrapage urbain aboutit à ce que le nombre de conseillers départementaux élus sur Amiens et sa proche banlieue passe de 8 à 14, quand la partie la plus rurale enregistre une baisse concomitante de 15 à 10 conseillers (Dolez, 2015). Avec cette nouvelle géographie électorale, qui réduit le handicap historique de la gauche[45], des majorités départementales peuvent se voir très largement composées de conseillers issus de l'agglomération urbaine centrale, tout en devant assumer l'héritage ruraliste du conseil départemental, collectivité qui exerce une compétence de surface et d'aménagement.

4. DES ASSEMBLÉES CONSULTATIVES AUX CONSEILS RÉGIONAUX : ENJEUX MULTIPLES ET RECOMPOSITIONS

En comparaison des scrutins municipaux et départementaux, les élections régionales sont récentes puisque les premières à être organisées au suffrage universel direct datent de 1986, quatre ans après que la création législative des conseils régionaux en 1982 a mis fin au long refoulement historique des Régions politiques (Encadré 2 *infra*).

45. En 2015, dans une conjoncture politique nationale défavorable, la gauche reste ainsi majoritaire dans certains conseils départementaux grâce aux dividendes politiques du nouveau découpage (nouveau poids électoral de Rennes en Ille-et-Vilaine, ou de Nantes en Loire-Atlantique).

Encadré 2

La décentralisation française et la Région : une consécration sur le tard

Historiquement, la régionalisation française a d'abord été tenue à l'écart des libertés locales et de la décentralisation. À la Révolution française prévalait une centralisation, véritable système idéocratique mu par une vision rationnelle, unificatrice et égalitaire de l'organisation administrative. La réinvention du territoire devait alors placer ses parties dans un même rapport de dépendance à l'égard d'un centre rayonnant, garant à la fois de leur égalité respective et de l'unité du tout (Caillosse, 2012). Si les États généraux avaient initialement prévu le remplacement des assemblées provinciales par des états provinciaux composés de députés librement élus (déclaration du 23 juin 1789), lesdites provinces furent finalement supprimées par le décret de l'Assemblée nationale du 22 décembre 1789. La destruction de « l'esprit de province » au profit d'un esprit national aboutissait à refuser la création de toute institution susceptible de s'engager dans un rapport de force avec l'État. Ainsi, l'Assemblée constituante consacra « 80 petits roquets [les départements] plutôt que 15 gros chiens-loups [les régions] » selon l'expression utilisée par l'Abbé Sieyès.

Si quelques administrations centrales se déploient à partir de périmètres supra-départementaux adaptés à leurs missions spécifiques (divisions militaires en 1791, tribunaux d'appel en 1800, circonscriptions de l'Université impériale en 1808) (Brennetot, De Ruffray, 2014), il faudra attendre les années 1850 pour que l'idée de créer des régions devienne un objet de discussion publique. Avec le retour au régime républicain à partir des années 1870, le dessein politique devait privilégier l'approfondissement de la décentralisation dans le cadre des institutions communales et départementales héritées, reportant à plus tard la piste d'une régionalisation. La méfiance traditionnelle que suscite la région, évocation nostalgique des anciennes Provinces et menace potentielle pesant sur le caractère unitaire de l'État français, est d'autant plus forte que l'idée régionale est activement défendue par un camp anti-républicain de droite ultra.

Faute d'aboutir à l'émergence d'un pouvoir régional, doté d'une assemblée politique, la régionalisation a d'abord emprunté les habits du régionalisme fonctionnel. À l'intérieur d'espaces régionaux délimités prennent place des politiques d'aménagement du territoire et de développement économique, en lien avec la planification. Puis s'est ajoutée une déconcentration régionale. Sous la Ve République, le président De Gaulle essuya un échec référendaire quant à son projet de rénovation du Sénat et de création d'une collectivité régionale (assemblée délibérative associant élus locaux et représentants du monde socio-économique, ne disposant pas de structure propre d'exécution). Son successeur à l'Élysée, Georges Pompidou, devait porter avec succès un projet de proto-régionalisation avec la création d'établissements publics régionaux (1972). Mais ce n'est qu'avec la loi du 2 mars 1982, et malgré quelques réticences de François Mitterrand (départementaliste convaincu) que les Régions deviennent des collectivités territoriales de plein droit, bénéficiant des attributs reconnus aux municipalités et aux conseils généraux : une assemblée directement élue ; un président chef d'exécutif (ce qui vient d'être accordé au président du conseil départemental) ; le bénéfice de la clause générale de compétences (même si quelques désaccords initiaux s'expriment sur la portée de cette vocation généraliste pour les conseils régionaux) ; une collectivité soumise au contrôle de légalité (et non à la tutelle, qui vient d'être supprimée). Mais en 1982, l'irréversible n'est pas accompli puisque la Région est provisoirement maintenue dans son statut de 1972 retouché, jusqu'à la première élection des conseils régionaux en 1986.

Concernant l'élection de son personnel politique, le principe d'un scrutin de liste n'a jamais varié depuis 1986. En revanche, il eut à connaître un réaménagement significatif de ses caractéristiques.

4.1. Les assemblées régionales avant les conseils régionaux : entre composition hybride et suffrage indirect

Sous la Ve République, la région a d'abord eu à connaître des assemblées, ou des projets d'assemblée, échappant au mécanisme d'une élection directe, avant que ne soient créés les conseils régionaux.

Les CODER : une assemblée régionale consultative hybride

C'est avec la régionalisation planificatrice et l'aménagement du territoire, au centre du projet modernisateur du régime gaulliste, que la rupture avec la IVe République s'est faite. À l'ambition économique de l'idéal planificateur et modernisateur s'ajoute « une tentative de rénovation de la démocratie par la participation des groupes socioprofessionnels à la définition de l'intérêt général » (François 1998, p. 14). L'objectif fonctionnel de l'État aménageur se double d'un objectif proprement politique visant donc à nouer le dialogue avec les nouvelles couches sociales émergentes, des « forces vives » dont le régime entendait s'assurer le soutien. Dans un contexte où se redéfinissent les rapports entre « techniciens » et « politiques », la haute fonction publique de l'administration gaulliste pilote alors l'intégralité du projet (Dubois, Dulong 1999).

Sur le plan fonctionnel, le cadre régional ressortait comme un espace idoine d'études, de délibération et de participation, quand toute pertinence semblait déniée au département pour appréhender les transformations économiques et sociales. D'autant plus qu'une hostilité larvée s'était introduite entre le pouvoir gaulliste et des notables départementaux suspectés d'entretenir un saupoudrage clientéliste. À la régionalisation de l'État prônée en 1964, avec la création du préfet de région coordonnateur, s'ajoute la création des CODER, acronyme désignant les « commissions de développement économique et régional ». Ces dernières sont chargées d'émettre des avis consultatifs dans deux domaines liés à la planification : les aspects régionaux du plan dans le cadre des orientations générales arrêtées par les pouvoirs publics, et la tranche régionale du plan concernant la circonscription. Les CODER peuvent aussi émettre des avis sur les questions régionales de développement économique et social et d'aménagement du territoire.

Alors que ces commissions cantonnent les élus locaux dans un rôle plus consultatif que décisionnel, seulement un quart des sièges leur sont attribués. Il s'agit de conseillers généraux désignés par leurs collectivités d'attache, ainsi que des maires également désignés par le conseil général en-dehors de ses membres (le maire du chef-lieu de la circonscription est membre de droit). Pour une moitié, les membres doivent être désignés par les chambres de commerce et d'industrie, d'agriculture et de métiers, et par les organisations professionnelles et syndicales d'employeurs et de salariés, de l'industrie, de l'agriculture et du commerce (le Président du comité régional d'expansion est membre de droit). Un dernier quart des sièges est réservé à des personnalités qualifiées désignées par un arrêté du Premier ministre, mais sélectionnées par les préfets après consultation : des personnalités ayant une compétence reconnue et ayant d'autres titres que leur seule activité politique, des représentants des associations familiales, des universitaires, des jeunes... Certains s'inquiétaient qu'une nomination placée sous contrôle gouvernemental aboutisse à nommer des proches de la majorité parlementaire, quand d'autres relèvent au contraire la présence des principaux noms de l'opposition, et entrevoient les CODER comme une machine de guerre antigouvernementale (Bodiguel, 1966). Il revenait enfin aux préfets de tenir compte des équilibres géographiques (population urbaine et rurale) et socio-économiques. Quant à la présidence des CODER, une moitié environ devait échoir dans les faits à un parlementaire ou ancien parlementaire (René Pleven, Jacques Chaban-Delmas, Edgar Faure, Antoine Pinay...).

Les collectivités locales « ne peuvent assister sans inquiétude à l'installation d'une autorité régionale nouvelle qui les domine et qui ignore leurs prérogatives délibératives » (Motte, 1964 : p. 188). La réforme court-circuite des élus locaux qui redoutent de voir un organe « où ils ont une place restreinte empiéter en droit et en fait sur les attributions des collectivités locales » (Laporte, 1965 : p. 19).

Une collectivité régionale hybride : l'échec référendaire du projet gaulliste

C'est au cours d'un déplacement où il devait présider la séance inaugurale d'un CODER, que Charles De Gaulle annonça son projet de réunir les représentants des collectivités locales et des activités régionales avec ceux des organismes socioprofessionnels dans une même assemblée chargée de délibérer des affaires, avant que l'Assemblée nationale les « tranche en votant les lois ». Presque deux ans après ce Discours de Lille (23 avril 1966), le même jugea, dans son Discours de Lyon (24 mars 1968), que l'effort centralisateur n'était désormais plus nécessaire au maintien de l'unité de la France, mais « au contraire ce sont les activités régionales qui apparaissent comme les ressorts de sa puissance économique de demain ». La vision gaullienne conjugue celle moderne du développement économique et celle traditionnelle de l'enracinement dans un terroir (Denquin, 2003).

Ce projet transpose le système départemental à la nouvelle collectivité régionale, avec une maîtrise budgétaire et des décisions d'un côté, et une préparation des dossiers et une exécution des décisions relevant de la préfecture de l'autre. La mission confiée à cette collectivité est de réaliser, entretenir et gérer la plus grande partie des équipements collectifs (domaine routier, enseignement supérieur, hôpitaux, infrastructures industrielles...). Aucune élection directe n'est donc envisagée. Les trois cinquièmes de l'assemblée régionale seraient composés de députés et de conseillers « territoriaux » désignés par les conseils généraux et municipaux et leurs délégués, le reste des sièges revenant aux conseils socio-professionnels désignés par leurs organismes respectifs. Les mécanismes de désignation au conseil régional y portent tous les interlocuteurs habituels des préfets. La réforme régionale étant plus populaire que celle du Sénat, la future Haute Assemblée est présentée sous les traits du « Grand conseil des régions de France ». Le 27 avril 1969, les Français rejettent, à 53 % des suffrages exprimés, le projet de loi relatif à la création de régions et à la rénovation du Sénat. Outre la dimension plébiscitaire du référendum, la confusion des intérêts catégoriels et de l'intérêt général dans une même assemblée – qu'il s'agisse du Sénat ou des futures Régions – a soulevé l'hostilité de nombreux élus. La nouveauté consistant à faire de la région un vecteur de transformation de la représentation politique représente un puissant point d'achoppement, qui inclinera les auteurs des réformes suivantes à distinguer le conseil, composé d'élus, et un comité, appelé ensuite conseil, à caractère économique et social (Verpeaux, 2005).

Les EPR : une antichambre des Régions sans élection propre

Les successeurs de De Gaulle eurent une conception plus limitée de la région. Le président Pompidou s'opposa ainsi à son Premier ministre Jacques Chaban-Delmas (1969-1972), influencé par les idées du Club Jean Moulin, qui défendait la fusion des communes et la création d'un pôle régional susceptible de remplacer le niveau départemental à terme. Tirant les leçons de l'échec référendaire, Pompidou veut se ménager le soutien d'élus locaux hostiles à la posture réformatrice du Premier ministre. Finalement, le projet de créer une nouvelle structure juridique au niveau régional aboutit à la création législative (loi du 5 juillet 1972) des « établissements publics régionaux » (EPR).

Alors que le pouvoir exécutif est attribué au préfet de région, le législateur consacre la séparation entre un pouvoir consultatif, qui échoit à la représentation socio-professionnelle (chargée de réfléchir), et un pouvoir délibératif qui revient aux élus. Ce dernier se déploie à travers des conseils régionaux, c'est-à-dire des organes décentralisés dotés de la personnalité morale et de l'autonomie financière, dont les décisions sont exécutoires par elles-mêmes. Le refus de donner à ces « régions » le caractère de collectivités territoriales démontre que l'État pompidolien ne souhaite pas en finir avec l'héritage départemental. Aucune compétence spécifique n'est reconnue à cet EPR, « expression concertée des départements qui la composent » selon le Président Pompidou (discours prononcé à Lyon le 30 octobre 1970). Il est entièrement composé d'élus comprenant pour moitié les députés et sénateurs de la région, et pour moitié des membres désignés par les conseils généraux (la moitié devant être maires) et par les conseils municipaux de plus de 30 000 habitants ou les conseils des communautés urbaines. Les conseillers régionaux le sont donc au titre de mandats conquis dans d'autres élections.

L'EPR était à l'origine une structure d'attente, que les gouvernements successifs maintiendront finalement dans une position subordonnée jusqu'au début des années 1980. Entre-temps, le décès de Georges Pompidou eut raison de la mission confiée à Alain Peyrefitte, ministre des Réformes administratives en charge de la mise en œuvre de la loi créant les régions, d'étudier une réforme décentralisatrice d'ensemble. Élu en 1974, son successeur Valéry Giscard d'Estaing, qui avait personnellement contribué à l'échec du référendum de 1969, ne souhaitait pas que la région se dote d'une administration propre, ni ne gère les affaires. Enfin, le rapport Guichard (1976) resta lettre morte du fait de l'enlisement parlementaire du projet de loi décentralisateur Barre-Bonnet.

4.2. L'élection des conseils régionaux : d'un scrutin à l'autre

Finalement créée par la loi du 2 mars 1982, la collectivité régionale dut attendre quatre années avant que le premier scrutin régional ne la rende effective. L'introduction d'un suffrage universel plaçait désormais la France au-devant des pays européens en matière de régionalisation politique. Au début des années 2000, seulement 8 des 25 pays membres de l'UE[46] étaient « totalement régionalisés », quand trois ne l'étaient que partiellement[47] (Dupoirier, 2004). L'une des particularités du nouveau scrutin régional français réside dans sa concomitance avec d'autres échéances : les élections législatives (1986) et les élections cantonales (1992, 1998, 2004). En limitant le nombre de consultations d'un côté, et en augmentant l'importance politique qui s'attache au déplacement de l'électeur (double choix), le couplage est censé stimuler la participation électorale. L'élection régionale de 2010 fut la première à être organisée isolément, suivie par celle de fin 2015, avant que le coupage avec les élections départementales n'opère à nouveau en 2021.

Un scrutin de liste à la proportionnelle intégrale (1986-1998) et ses conséquences

Organisées le 16 mars 1986, le même jour et « à la remorque » des élections législatives, les premières élections régionales épousent un mode de scrutin proportionnel contraire à la tradition majoritaire de la Ve République. Ses règles avaient été fixées l'année précédente par la loi du 10 juillet 1985. Il s'agissait alors de pratiquer un scrutin régional de liste à la proportionnelle intégrale (à un seul tour) et à la plus forte moyenne, organisé dans le cadre de circonscriptions départementales, au risque de favoriser des logiques de cooptation par les notables locaux (Quantin, 1987) et de freiner l'émergence d'un espace politique authentiquement régional. Le choix du président François Mitterrand était de faire adopter un mode de scrutin identique pour les élections législatives et régionales, au moment où les échéances électorales se présentaient sous de mauvais auspices pour le parti socialiste. La proportionnelle intégrale, qui limite les pertes, se voit finalement préférée à la dose homéopathique de proportionnelle initialement annoncée par F. Mitterrand.

En atténuant les gains escomptés des stratégies d'alliance entre groupements politiques, ou inversement en limitant les coûts à ne pas faire alliance, la proportionnelle intégrale a logiquement favorisé la multiplication des listes : 643

46. Allemagne, Autriche, Belgique, Espagne, France, Italie, Pologne et Tchéquie.
47. Élection directe pour certaines régions du pays : Finlande (une province), Portugal (deux régions insulaires), Royaume-Uni (trois nations).

en 1986, 817 en 1992 (rassemblant plus de 15 000 candidats). Un tel choix entame la bipolarisation du système partisan français en ouvrant l'accordéon électoral (Parodi, 1997). La ventilation des voix et des sièges entre les différentes listes rend en effet plus malaisé le dégagement d'une majorité régionale, et l'identification *a priori* du président de région, dont l'élection fait l'objet de marchandages entre conseillers nouvellement élus (Bidégaray, 2004). Il y aurait là une « malformation congénitale » (*Ibid.*, p. 597) qui affecte l'exercice du mandat présidentiel et alimente une forme d'instabilité des coalitions régionales gouvernantes : difficultés pour faire adopter le budget, obstructions contre certains programmes, politiques régionales fluctuantes (*Ibid.*).

L'un des symptômes manifestes de cette difficulté à dégager des majorités gouvernementales a été la place singulière et décisive occupée par le Front national, à une période où ce parti ressortait très largement comme un parti hors système, jugé infréquentable et coupé du reste du champ politique. Dans les années 1980 et 1990, les conseils régionaux étaient les seules assemblées politiques où le FN était présent. C'est avec son appui que la droite traditionnelle a conquis, en 1986, six régions où la gauche bénéficiait pourtant d'une majorité relative. Seuls les conseils du Limousin et du Nord-Pas-de-Calais sont alors gouvernés par la gauche. En 1992, l'UDF et le RPR ont bénéficié de l'abstention bienveillante du FN dans au moins quatre régions (Languedoc-Roussillon, PACA, Lorraine, Bourgogne), permettant la réélection de tous leurs présidents sortants. En 1998, la droite parlementaire ne dispose plus d'une majorité absolue que dans les seuls Pays de la Loire, quand la gauche la dépasse électoralement dans une quinzaine de régions. Pour se maintenir au pouvoir, les droites régionales ont impérativement besoin des élus du FN. Cinq présidents de région (Picardie, Rhône-Alpes, Languedoc-Roussillon, Bourgogne, Centre) parvinrent, au moins provisoirement, à être élus avec le soutien accepté (voire sollicité) des élus FN, pendant que d'autres présidents sortants les refusaient et laissaient leur place (dans cinq autres régions) à des élus de gauche (Lehingue, 2010). Ces alliances, dénoncées par des dirigeants nationaux, suscitent le déchirement à droite. Elles provoquent l'exclusion des « régions FN » de la récente Association des Régions de France (ARF). Elles pèseront négativement sur les résultats de la droite au second tour des élections cantonales organisé dans la foulée.

Même si la nécessité d'un scrutin réformé était déjà présente dans les esprits, notamment chez les anciens premiers ministres Michel Rocard et Alain Juppé, ce traumatisme politique ouvre une fenêtre d'opportunité pour réformer et solutionner ce problème de majorité et d'alliances, avec la conséquence de prévenir ces « dilemmes tragiques » pour la droite (Lehingue, 2010).

Une municipalisation du scrutin régional

Le coup d'envoi de la réforme est donné par la loi du 19 janvier 1999 (portée par l'Exécutif de gauche), avant qu'elle soit amendée par une loi du 11 avril 2003 (initiée par le nouvel Exécutif de droite). Appliqué pour la première fois en 2004, le nouveau scrutin régional limite le « pouvoir de nuisance » du FN, sans empêcher alors une lourde défaite électorale de la droite (qui perd près de la moitié de ses mandats).

La philosophie de la réforme consiste dans une municipalisation du scrutin régional, soit la combinaison d'une logique proportionnelle (scrutin de liste) avec l'introduction d'un correctif majoritaire (prime à la liste vainqueur), moindre que dans le scrutin de liste municipal. Désormais, le scrutin de liste régional se joue à deux tours. L'élection peut être remportée dès le premier tour dans l'hypothèse – jamais observée dans les faits – où une liste recueillerait la majorité absolue des suffrages exprimés (représentant au moins un quart des électeurs inscrits). Accèdent au second tour les listes ayant recueilli au moins 10 % des suffrages exprimés au premier tour. Ce qui est à la fois plus exigeant que les 5 % retenus dans la loi de 1999 (jamais appliquée) et moins exigeant que le seuil de 10 % des inscrits privilégié par le projet gouvernemental de loi. Les listes ayant obtenu entre 5 et 10 % des suffrages exprimés peuvent faire alliance et fusionner avec une liste en position de se maintenir seule. Qu'elle dispose d'une majorité absolue (au 1er ou au 2nd tour) ou simplement relative (au 2nd tour), la liste arrivée en tête bénéficie d'une prime au vainqueur équivalente à un quart des sièges à pourvoir[48]. Le reste des sièges est réparti à la proportionnelle entre toutes les listes ayant obtenu au moins 5 % des suffrages exprimés. Ce correctif majoritaire aboutit à ce qu'une liste obtienne une majorité de sièges dès lors qu'elle recueille plus du tiers des suffrages exprimés. Aux élections régionales de juin 2021, la Bretagne fut la seule région métropolitaine dont la liste vainqueur – conduite par Loïg Chesnais-Girard – manqua de peu ce seuil majoritaire.

Si cette prime majoritaire a efficacement permis de dégager des majorités, les risques politiques se sont déplacés. Le FN n'est plus une force politique vers laquelle la droite régionale doit se tourner pour obtenir son soutien ou sa bienveillance. En revanche, l'hypothèse d'une victoire du RN au second tour devient plus tangible, grâce à cette prime en sièges. Cette perspective explique quelques renoncements de listes de gauche à se maintenir au second tour pour faire barrage (liste socialiste dans les Hauts-de-France en 2015, liste écologiste en Provence Alpes Côte d'Azur en 2021).

La seconde innovation apportée au scrutin régional concerne la régionalisation de la circonscription électorale. Les électeurs votent désormais pour des listes régionales, et non plus départementales. Ce sont les résultats régionaux qui déterminent le nombre global de sièges par formation dans l'hémicycle. Le choix d'une circonscription régionale, visant à favoriser une régionalisation de l'espace politique, fait de la France un cas isolé en Europe. En 2004, les sept autres pays intégralement concernés par des élections régionales connaissaient un système de circonscriptions infrarégionales visant à représenter la diversité des territoires infrarégionaux par des élites de proximité (Dupoirier, 2004). Cependant, une manière de ne pas faire table rase des départements, de tenir compte de la géographie des votes et des équilibres territoriaux a consisté à

48. En cas d'égalité, la liste dont les candidats ont la moyenne d'âge la plus élevée l'emporte.

subdiviser les listes régionales en sections départementales. Chaque liste répartit son total régional de sièges entre ses différentes sections départementales au prorata des voix obtenues. Par exemple, une liste qui recueillerait un quart de son total régional de voix dans un département attribuerait un quart de ses sièges aux candidats issus de ce département. Ce nouveau système fait qu'il n'existe plus de quotas d'élus attribués *a priori* à chaque département. Une liste vainqueure au niveau régional – bénéficiant de la prime en sièges – peut disposer de davantage de conseillers issus d'un département dans lequel une autre liste a pourtant réalisé un meilleur score (mais sans bénéficier de la prime régionale en sièges à répartir entre ses sections départementales).

Quant à l'élection du président du conseil régional, elle reproduit à l'identique les systèmes observés aux échelons municipal et départemental. Les présidents de régions sont élus à la majorité absolue des conseillers régionaux à condition que les deux tiers d'entre eux soient présents lors du scrutin. En l'absence de majorité absolue des suffrages exprimés, un second tour est organisé. Si le président n'est toujours pas élu à la majorité absolue, il est procédé à un troisième tour pour lequel une majorité relative suffit à l'élection[49].

De nouvelles assemblées régionales pléthoriques

La loi du 16 janvier 2015 a modifié l'« état civil » d'une majorité de régions françaises métropolitaines (celles situées Outre-Mer n'étant pas concernées) à l'issue de processus fusionnels respectueux du principe d'indivision : les fusions n'opèrent qu'entre blocs régionaux existants, sans pouvoir recourir à des redécoupages internes plus fins. La réduction de 22 à 13 régions métropolitaines, décidée promptement et sans concertation (Arrignon, Frinault, 2021), indexée à une volonté politique – peu convaincante – de donner des gages réformateurs de réduction de la dépense publique, donne alors naissance à de très vastes nouvelles régions (Nouvelle-Aquitaine, Occitanie, Auvergne Rhône-Alpes) quand d'autres ont au contraire connu un parfait *statu quo* (Bretagne, Corse, Île-de-France, Pays de la Loire). Ces processus fusionnels engagent tout un ensemble de recompositions lourdes, pour l'État et les conseils régionaux. Ils questionnent les équilibres territoriaux, à l'instar des fusions entre entreprises qui sont rarement entre parties égales mais sont souvent présentées comme des opérations égalitaires, façon de « vendre » l'idée de fusion auprès des parties prenantes externes, une fusion sans affrontement des egos, ni conflit pour le *leadership* (Monin *et al.*, 2005). Toutes choses égales par ailleurs, ces enjeux sont également présents dans les fusions territoriales pour lesquelles se posent des questions de taille (entre égaux ?), d'équilibres et de *leaderships*, d'égos, comme la nécessité de scénariser la cohésion en recourant à des principes de justice et de répartition. Parfois, comme en Normandie ou en Bourgogne-Franche-Comté, la fusion apparaît effectivement équilibrée dans le sens où les forces en présence se stabilisent d'elles-mêmes au regard d'une répartition des ressources éclatée. Mais les fusions engendrent dans d'autres configurations un recentrage

49. Article L. 4133-1 du CGCT.

régional (Grand Est, Nouvelle-Aquitaine, Auvergne-Rhône-Alpes et Hauts-de-France) lorsqu'une ancienne région domiciliant une locomotive métropolitaine (Strasbourg, Bordeaux, Lyon et Lille) monte en puissance au détriment de l'autre. Enfin, il peut exister une forme hybride comme en Occitanie où le nombre de sièges alloués aux départements des anciennes régions n'a évolué que marginalement, et où se font face à face deux métropoles suffisamment comparables pour qu'émerge une sorte d'équilibre affiché (Catlla, Troupel, 2021).

Dans ce dernier cas, la perspective fusionnelle a alimenté une hantise de la dépossession particulièrement exacerbée entre Toulouse et Montpellier (Négrier, Simoulin, 2018). Cela se traduit ici par un siège du conseil régional localisé à Toulouse et des sessions plénières organisées à Montpellier. Au-delà des querelles d'égo territorial, les fusions régionales ont mécaniquement diminué le nombre de postes exécutifs à pourvoir (moins de présidences et de vice-présidences), tout en maintenant intact le nombre de conseillers régionaux à élire. Le choix qui l'a finalement emporté est celui d'une équivalence numérique : les nouvelles assemblées régionales équivalent à la somme des anciens conseils. Au départ, le projet gouvernemental de loi prévoyait un plafonnement à 150 élus, autorisant une diminution d'environ 15 % des effectifs (faisant baisser le nombre de conseillers de 1 757 à 1 509 au total). Les protestations des députés de grandes régions – notamment l'Île-de-France avec ses 209 élus – ont finalement eu raison du dessein gouvernemental. En revanche, les fusions peuvent réallouer, dans des proportions modestes, des sièges à certains départements au détriment d'autres.

Chapitre 2

Sociologie des élections locales

Avant d'étudier le vote proprement dit, celui qui consacre l'accès à l'exercice des mandats locaux, il sera nécessaire de s'intéresser au préalable aux principes de production des candidatures. Jusqu'où les élections locales obéissent-elles ou non à une politisation au sens où elles seraient réglées par le jeu partisan ? Cela revient à se demander si les candidats en général, ou les têtes de liste en particulier, sont eux-mêmes issus des formations partisanes ? Ont-ils une carrière militante à leur actif ? Cela revient par ailleurs à questionner la manière dont les candidats sont ou non investis par les partis. Dans le prolongement des opérations de sélection des candidats se pose alors la question récurrente de la nature et du degré de (dé)politisation des élections locales. Ce chapitre se focalisera sur ces deux entrées, en laissant de côté la fabrication des programmes de campagne.

En sociologie politique, le poids des enjeux et programmes dans l'orientation des comportements électoraux donne lieu à des perspectives singulièrement différentes, parfois opposées. De manière schématique, il existe tout un ensemble d'approches et de paradigmes qui, au-delà de leurs différences et singularités, concluent à ce que l'électeur « ordinaire » se montre relativement peu sensible aux offres électorales conjoncturelles et aux dynamiques de campagne (enjeux et programmes). Outre-Atlantique, les chercheurs ont ainsi mis l'accent sur les dispositions sociologiques (les électeurs pensent politiquement comme ils sont socialement selon le paradigme de Columbia) ou psycho-sociologiques (une majorité d'électeurs votent en fonction d'un attachement affectif et durable de l'électeur façonné par leur socialisation selon le paradigme de Michigan). En France, les chercheurs et tenants d'une théorie de la domination ont mis l'accent sur les déterminants sociaux du vote (et de l'accès à la politique). Le vote ressort surdéterminé par des « déterminismes de l'âge, du sexe, de la position sociale, du niveau d'instruction, de la situation familiale, de l'histoire personnelle, du hasard des rencontres, des amitiés, des critères d'évaluation, des préoccupations ou de la fantaisie de chacun » (Gaxie, 1978, p. 12). Dans une perspective moins déterministe, les chercheurs du CEVIPOF ont fait état du caractère plus ou moins discriminant des variables socio-démographiques et socio-économiques sur le vote. *A contrario*, d'autres chercheurs ont réhabilité ou valorisé le poids des dynamiques conjoncturelles, référées aux programmes et aux bilans, et la plus grande liberté de l'électeur. Ce qui rejoint la perspective plus large autour d'un électeur rationnel (qui s'informe et maximise son utilité par son vote) (Downs, 1957).

Autant la question du « vote sur enjeux » s'est largement posée dans l'analyse des élections nationales, autant il semble difficile de systématiser l'idée d'un tel vote à partir d'un kaléidoscope d'élections locales. Seules des approches monographiques entreprises au plus près des configurations micro-locales et des réalités vécues par les électeurs sont susceptibles de mesurer cette influence des enjeux programmatiques locaux. En tout état de cause, les approches macroscopiques des élections locales tendent à ignorer ces enjeux programmatiques, ou à ne pas les théoriser. Comme nous le verrons, le vote sur enjeux est en réalité reformulé : jusqu'où le vote obéit-il à des enjeux strictement locaux ou à des enjeux politiques nationaux ?

1. LES CASTINGS ÉLECTORAUX

Préalablement à l'étude des campagnes électorales, avec les logiques politiques animant l'élaboration des castings électoraux, et à l'analyse de la compétition politique et des votes, il convient de rappeler brièvement les contraintes juridiques qui filtrent en amont les possibilités d'être candidats aux élections locales françaises (Tableau 1 *infra*).

Tableau 1 – Conditions requises pour être candidat

Conditions	Détail
Conditions d'âge	18 ans révolus le jour du scrutin
Conditions de nationalité	Être de nationalité française (municipales, départementales, régionales). Être ressortissant de l'Union européenne (dans le seul cas des élections municipales)
Conditions de résidence et lien d'attache	Municipales → Être électeur de la commune ou inscrit au rôle des contributions directes de la commune ou justifier devoir y être inscrit au 1er janvier de l'année électorale. Départementales → Être domicilié dans le département ou y être inscrit au rôle d'une des contributions directes ou justifier devoir y être inscrit au 1er janvier de l'année électoral, ou avoir hérité depuis cette date d'une propriété foncière dans le département. Régionales → Résider dans la région
Obligations	Avoir satisfait à son devoir relatif au service national
Cas généraux d'inéligibilité	Les individus privés du droit électoral (décision judiciaire) ou déclarés inéligibles par la juge (comptes de campagne, manœuvres frauduleuses). Les majeurs placés sous tutelle ou sous curatelle
Principaux cas spécifiques d'inéligibilité pour des raisons fonctionnelles	Exercice d'une fonction de militaire (officiers et sous-officiers de gendarmerie ainsi que les officiers supérieurs et généraux des autres corps militaires), d'une fonction préfectorale (préfet, dicteur et chef de bureau, secrétaire en chef de sous-préfecture), de magistrat (cour d'appel, tribunaux administratifs et judiciaires, chambres régionales des comptes), de haut fonctionnaire, de fonctionnaires nationaux (corps actifs de la police nationale) ou territoriaux (DGS, DGA, directeurs et directeurs adjoints des services, directeurs ou directeurs adjoints de cabinet)...

Probablement faut-il mentionner le critère évolutif des conditions de nationalité. Poursuivant le dessein d'une citoyenneté européenne, et dans la suite du Traité de Maastricht (1992), le scrutin de 2001 a en effet inauguré la possibilité pour les résidents étrangers membres de l'UE de siéger au sein des conseils municipaux français. C'est ainsi un peu plus de 200 ressortissants communautaires qui y entrèrent selon le décompte proposé par Christian Le Bart (2003). En 2019, le phénomène avait pris une certaine ampleur puisque 2 524 citoyens européens[1], soit un peu plus de 0,5 % du total des conseillers municipaux, étaient désormais recensés. Parmi eux, plus de la moitié étaient élus dans des communes de moins de 500 habitants, engagés parfois dans une sorte de revitalisation de bourgs ruraux. Le premier contingent étranger étant celui des Britanniques, le Brexit a mécaniquement engendré son reflux. En revanche, ces ressortissants communautaires ne peuvent être élus maires ou adjoints au maire, ni participer à la désignation des électeurs sénatoriaux et à l'élection des sénateurs, prérogative qui relève de la souveraineté nationale.

1. Source : étude réalisée par *Le Monde* et l'Observatoire de la vie politique et parlementaire à partir du Répertoire national des élus.

Au-delà des conditions juridiques à satisfaire et des facteurs sociologiques qui se manifestent dans le profil des candidats et des élus locaux (cf. Seconde partie), il est important d'identifier les dynamiques politiques qui entourent les processus de désignation des candidats ?

1.1. En tête des campagnes : les modalités de désignation des prétendants

Les partis politiques constituent traditionnellement des machines électorales. Leur rationalité électorale semble même avoir pris le pas sur d'autres fonctions : vie militante et encadrement des militants, fonction idéologique et programmatique... L'une de leurs principales tâches consiste à sélectionner les candidats, avec des procédures variables selon les statuts des partis et le niveau concerné par l'élection. Kay Lawson (1996) identifiait six manières d'être choisi comme candidat : le candidat commence par se désigner et attend que les dirigeants du parti l'acceptent ; le candidat se désigne, et se présente ensuite aux votants qui arbitrent par leur vote (exemple des primaires à gauche pour 2012) ; les candidats se désignent, et se présentent d'abord aux adhérents locaux du parti, lesquels choisissent les délégués qui prendront la décision finale lors d'une réunion (système des caucus, pratiqués dans une poignée d'États aux États des États-Unis) ; le candidat se présente au parti au niveau du poste brigué (Canada, Norvège), les instances nationales du parti ne se mêlant pas ici des élections locales ; le candidat se présente au parti au niveau national, avec ou sans la recommandation du niveau concerné (système historiquement répandu en Europe) ; le parti – plus souvent nouveau ou extrémiste ou n'ayant aucune chance de l'emporter dans un territoire – recrute des candidats (exemple du « Nouveau Centre » lors des élections législatives de 2007).

Pour les candidats, l'investiture d'un parti les place dans un système de repérage susceptible de faire sens pour des électeurs confrontés à une offre plurielle, dès lors que les partis sont associés à des marquages programmatiques, idéologiques, à des clivages et à des alliances. Pour les élus sortants, dont la notoriété individuelle les autorise à capitaliser sur leur nom propre, l'investiture doit dissuader les candidatures dissidentes et leur octroie les ressources organisationnelles pour faire la campagne. À l'opposé, les candidats inconnus, ou peu connus, nouveaux entrants en politique, espèrent tirer profit de la notoriété du parti qui les investit (délégation du capital d'autorité). Mais jusqu'où l'investiture partisane fonctionne-t-elle encore ?

Après avoir concerné la présentation de candidats aux circonscriptions législatives, l'implantation des partis politiques s'est historiquement renforcée dans les élections locales. Ces dernières ont eu à connaître une forme de nationalisation de la vie politique française, soit un processus d'unification tendancielle des marchés électoraux et d'intégration des marchés périphériques : les élus locaux apparaissent alors de plus en plus liés aux partis – et investis par eux – quand les oppositions centrales régissent de plus en plus les scrutins locaux par ailleurs. Cette thèse de la nationalisation de la vie politique locale, proposée par

Daniel Gaxie et Patrick Lehingue dans les années 1980, aboutit alors à ce que les organisations partisanes, et en particulier leurs instances nationales, supervisent et arbitrent les candidatures. Cette activité fut historiquement plus marquée à gauche, avant que les partis du centre et de la droite lui emboîtent le pas et aillent au-delà des traditionnels soutiens à des candidats locaux « divers ». S'ajoutant aux investitures, les coalitions électorales connaissent une homogénéisation sur l'ensemble du territoire, avec des alliances locales indexées à des accords nationaux entre formations politiques et favorisées par une bipolarisation de la vie politique française. L'émergence du mouvement macronien LREM, qui affichait sa volonté de s'associer à la droite ou à la gauche selon les configurations locales, semblait *a priori* bouleverser les systèmes d'alliance traditionnels (Delaporte *et al.*, 2024). La cartographie des accords aux élections municipales de 2020 s'est pourtant chargée d'ancrer le mouvement, qui s'y refusait, dans un camp. Pour ce scrutin, LREM est ressorti comme un parti centriste qui s'allie en priorité, et de façon assez classique pour le centre français, à des personnalités issues de partis de droite et non comme l'agent d'une recomposition du jeu politique local par le centre (Delaporte, Ségas, 2020). En revanche, ce scrutin a également révélé une gestion très décentralisée d'EELV des alliances avec le PS, décidées (ou refusées) au niveau local, même si des médiations nationales ont pu intervenir (*Ibid.*).

Sans réfuter la thèse de la nationalisation, l'analyse de la gestion des investitures et des alliances nous invite à la considérer avec le recul et les nuances nécessaires. Alors que la plupart des élections municipales en France (petites communes) ignorent les investitures partisanes, les castings électoraux dans les territoires plus urbains ont paru échapper en assez large partie aux dispositifs partisans d'investiture (lorsqu'ils existent). Certes, il était déjà courant que des choix portés par des directions partisanes nationales ne correspondent pas à ceux exprimés à la base, et que la section locale ou une très large majorité refuse ou exprime ses réticences face au « choix de Paris ». Ce qui ressort désormais davantage est la difficulté pour les instances centrales de remettre en cause les choix locaux, avec une légitimité forte prêtée aux décisions décentralisées et un temps révolu des investitures décrétées, même si la capacité des appareils partisans centraux à (en)cadrer les candidatures est variable d'une organisation à l'autre (Le Bart, 2003). Si le pouvoir octroyé aux militants est traditionnellement décisif pour certains partis, comme le parti écologiste *Les Verts*, la raréfaction des investitures décrétées à droite marque, elle, une évolution. À l'extrême droite, les procédures centralistes continuent de régler la distribution des investitures.

Qu'il s'agisse de procédures d'investitures par les appareils et/ou de votes militants à l'échelle locale, le choix concerne d'abord la personnalité susceptible de devenir chef de l'exécutif local, celui qui concentre et personnifie le pouvoir local comme l'illustre l'expression de « présidentialisme municipal » (Sorbets, 1983), une présidentialisation analogue étant peu ou prou observée du côté des conseils départementaux et régionaux (même si leurs présidents sont souvent crédités d'une moindre notoriété auprès de leurs administrés que les maires).

Si les assemblées locales sont juridiquement investies du pouvoir d'élire les membres de l'Exécutif, d'un point de vue politique, le choix de la personnalité susceptible de diriger la collectivité est lui placé au cœur des campagnes, *a fortiori* pour les élections ayant à connaître un scrutin de liste. La première place alors occupée sur la liste rend la personnalisation encore plus visible que dans un scrutin uninominal, désormais binominal, comme celui des conseils départementaux. L'effet « tête de liste » n'y existe pas, même si les candidats ayant vocation à présider ce conseil en cas de victoire de leur camp sont connus à l'avance.

La personnification des campagnes autour des têtes de liste est palpable dans la couverture journalistique des élections. Dans l'exemple des élections municipales rennaises de 2020, 74 % des 182 articles du quotidien *Ouest-France* traitant desdites municipales, publiés entre septembre 2019 et mi-mars 2020, furent nominatifs envers une seule tête de liste (26 % articles thématiques), le plus souvent mentionnée directement dans le titre. La personnification est par ailleurs omniprésente dans le matériau de campagne, même si l'on peut noter une mise en avant de binômes de tête en campagne, avec une intensité et des modalités variables selon les listes, qu'il est possible de rattacher aux enjeux paritaires, figurant ainsi le nouvel équilibre genré de la classe politique locale (Encadré 1 *infra*).

Encadré 1
Têtes de listes et binômes en campagne aux élections municipales rennaises de 2020

Aux élections municipales rennaises, les listes se distinguent selon qu'elles visibilisent ou non le binôme, et selon les modalités de mise en scène du binôme.

Le fait de jouer classiquement sur une personnification de la tête de liste, le binôme de tête n'ayant pas de consistance en tant que tel, a été particulièrement visible pour la campagne d'affichage de *Révéler Rennes* faisant presque toujours apparaître seule Carole Gandon (candidate LREM). Elle se place, sur un « petit » tract, à la pointe d'un triangle réunissant l'ensemble des colistiers sans que son numéro 2 ne soit spécifiquement mis en avant. De même, la campagne *Pour Rennes* est bâtie sur la représentation photographique omniprésente de N. Appéré (maire sortante socialiste), redoublant l'effet de focalisation du nom de liste « Pour Rennes avec Nathalie Appéré ». Nous pourrions dire la même chose de Charles Compagnon, dont le nom figure sur la dénomination de liste (Charles Compagnon 2020 – Libres d'agir pour Rennes !) et dont le matériau de campagne invisibilise les colistiers en général. Quant au candidat RN, Emeric Salmon, sa colistière et numéro deux de la liste n'a été désignée que très tardivement et semble invisible.

D'autres listes ont au contraire fait le choix de figurer et caloriser leurs binômes de tête (affiches, professions de foi, bulletins de vote), avec une intensité et des modalités néanmoins variables. Il y a une visibilisation maximale pour la liste *Choisir l'écologie pour Rennes*, dont deux affiches de campagne réunissent physiquement, côte à côte, les deux protagonistes (posant devant une perspective rennaise, et participant ensemble à une mobilisation collective). Pour la liste *Rennes en commun*, la représentation du binôme (les deux ayant été rivaux dans l'investiture) préserve la hiérarchie puisque la tête de liste Enora Le Pape est chaque fois représentée légèrement devant. Il s'agit par ailleurs de clichés individuels réunis sur le papier (et non des clichés du binôme). Quant aux listes d'extrême gauche – « Rennes 100 % public » et *LO-Faire entendre le camp des travailleurs* –, leur campagne est peu visible. C'est donc à partir d'un matériau réduit à l'extrême (courte profession de foi, bulletin de vote) que les binômes sont figurés avec deux : petites photos individuelles – de type photomaton – accolées séparément sur le matériau.

Comment les individualités s'imposent-elles à la tête d'une liste ? Repartons du cas rennais, avec des configurations généralisables à d'autres territoires. Il existe d'abord la configuration très ordinaire de la « prime au sortant », expression ordinairement utilisée dans le commentaire électoral pour souligner la manière dont les chefs d'exécutifs sortants disposeraient d'un avantage sur leurs adversaires, favorisant leur réélection (Martin, 1996). Le charisme de fonction auquel s'adosse une notoriété acquise dans l'exercice du mandat participeraient au génie invisible de la « prime au sortant » (cf. plus loin). Traditionnellement associée aux votes, cette prime intervient dès l'amont lorsque les sortants peuvent prétendre, à de rares exceptions après, représenter à nouveau leur camp, sans avoir à essuyer de véritable concurrence interne. S'imposer dans son camp, c'est alors se donner de grandes chances de s'imposer dans les urnes. Dans l'exemple rennais, aucun militant socialiste ne s'est ainsi hasardé à faire publiquement état de ses intentions de concourir face à la maire socialiste sortante, Nathalie Appéré. Son homologue brestois, le maire socialiste sortant François Cuillandre, n'a dû se plier au jeu de la primaire qu'en raison de l'affaiblissement provisoire de son *leadership* lié à des démêlés judiciaires. L'investiture par un parti – lorsqu'elle a lieu d'être – représente une ratification acquise et purement formelle de leur position. Le capital propre acquis par les sortants s'impose aux partis. C'est lorsque les sortants décident de ne pas se représenter et qu'ils n'ont pas efficacement réglé le problème de leur succession que les problèmes d'investiture et de leadership surgissent.

Pour des candidats non sortants et/ou moins connus, l'investiture devient plus essentielle pour s'imposer dans son camp, afin de bénéficier des ressources militantes et organisationnelles, d'être repérés du public. Il y a les investitures qui se gagnent en haut, avec l'appui ou non du terrain, lorsqu'elles sont formellement octroyées par des commissions spécifiques, dont le travail est influencé de manière plus informelle par les pressions de dirigeants. Dans l'exemple rennais, le candidat frontiste Emeric Salmon a ainsi vu sa candidature validée par la grâce d'une telle procédure, sans avoir à essuyer de véritable compétition locale. Son mandat de conseiller régional représentait une forme de quitus, les élus locaux frontistes en exercice étant assez rares en Bretagne. En revanche, être le candidat de la majorité présidentielle pouvait aiguiser les appétits. Alors que les instances centrales des partis traditionnels semblaient relativement en retrait des procédures locales de sélection, le parti présidentiel LREM eut au contraire une gestion particulièrement centraliste des investitures. Pour ce scrutin municipal de 2020, LREM a fait le choix de soutenir, dans une grande quantité de villes, des candidats non affiliés au parti présidentiel, souvent maires sortants et donnés bien placés pour être réélus (en échange de quelques sièges de colistiers négociés). Là où le parti présidentiel a fait le choix contraire de s'engager localement sous sa propre bannière, les castings électoraux ont alors été très étroitement supervisés par une Commission nationale d'investiture. Une investiture qu'a reçue Carole Gandon, candidate rennaise peu expérimentée, après avoir réussi à dissuader les prétentions rivales de Pierre Breteau. Face à cet élu récemment encarté au Modem et expérimenté (maire sortant de la commune limitrophe de Saint-Grégoire, *leader* de la minorité métropolitaine, président en exercice de l'AMF 35), Carole Gandon a pu faire valoir ses ressources politiques et individuelles. Référente départementale de LREM, récemment devenue l'une des porte-parole nationales de LREM, elle est la compagne à la ville de Florian Bachelier, élu député en 2017 et propulsé premier questeur de l'Assemblée nationale, le couple étant lui-même proche de Richard Ferrand, Président de l'Assemblée nationale en exercice.

Dans d'autres cas, l'enjeu n'est pas tant de décrocher l'investiture des instances partisanes que de gagner la confiance du terrain, qu'elle soit circonscrite aux militants ou élargie aux sympathisants. Rappelons que l'une des réponses les plus notables au constat d'un déficit de démocratie partisane a consisté à élargir la participation au processus de désignation de candidats, en particulier à l'élection présidentielle avec l'importation de systèmes de primaires (Treille, 2017). Ce système de primaires joue également pour les élections municipales. À Rennes, deux offres politiques locales ont recouru à cette désignation par le terrain. Ainsi en est-il de la liste *Rennes en commun*, liste hybride (militants et citoyens) initiée par des militants locaux de La France Insoumise, dont les instances nationales apparaissaient en retrait du scrutin. Un binôme de « chefs de file » – Enora Le Pape et Jean-Paul Tual – fut d'abord élu le 8 septembre 2019 au cours d'une Assemblée de la France insoumise Rennes Métropole, avec la responsabilité d'engager la pré-campagne, de mener d'éventuelles négociations avec d'autres forces politiques à gauche et de répondre aux sollicitations des médias. Précédant une assemblée « citoyenne » ouverte de Rennes en commun (18 janvier 2020), une réunion restreinte aux militants insoumis eut pour objet de désigner – par bulletin secret – la tête de liste au sein du binôme. Concernant la liste écologiste *Choisir l'écologie pour Rennes*, la désignation de Mathieu Theurier comme tête de liste, et de Priscilla Zamor comme seconde partie du binôme, fut validée dès le 11 septembre 2019 par vote des membres présents de l'association Confluences (Frinault, Ségas, 2023).

Enfin, si certains partis recrutent des candidats plus qu'ils n'en investissent, certaines têtes de liste portent inversement une candidature individuelle plus qu'elles ne représentent un collectif de départ. Il y a là une candidature individuelle et originelle derrière laquelle s'échafaude ensuite le recrutement de colistiers pour former une liste. Tel est le cas à Rennes de la candidature de Charles Compagnon. Pour ce candidat citoyen autorevendiqué, ayant présidé la principale association commerçante de la ville, *Le Carré rennais*, fonction qui l'avait conduit à se faire le porte-parole du désarroi de cette corporation face aux débordements et dégradations du centre-ville dans le centre-ville les jours de mobilisation, la candidature est inséparable d'un espace laissé en jachère par la droite rennaise. Aussi deviendra-t-il rapidement le candidat par procuration de cette droite, intégrant ses élus et militants.

1.2. Qui présidera l'intercommunalité ? Positionnements de campagne

Depuis le scrutin municipal de 2014, l'intercommunalité connaît une élection directe des conseillers communautaires selon le système d'un scrutin jumelé pour les communes de plus de 1 000 habitants (cf. Chapitre 1). Ce changement apparaît trop modeste pour placer l'intercommunalité au cœur des campagnes municipales. Aux élections municipales 2020, des titres de la presse nationale mettaient en exergue cette faible visibilisation : « L'intercommunalité : un premier rôle discret » (*Libération*, 11 février 2020) ; « Les intercommunalités, enjeu occulte et pourtant crucial des municipales » (*Le Monde*, blog *Terrains de campagne*, 12 mars 2020) ; « Municipales : l'enjeu majeur, mais occulté, de l'intercommunalité » (*Les Échos*, 12 mars 2020). Cette discrétion recouvre la dimension programmatique. Qu'en est-il du choix présidentiel ?

Quatrième tour des élections municipales[2], l'élection à la présidence intercommunale consacre de manière régulière les maires dans l'accès à cette fonction. Quand 85 % environ des présidents d'EPCI étaient maires en 2001, ils étaient 86 % en 2019. Au-delà, il faut noter la prégnance du « centralisme communal », même si les données témoignent d'une plus grande volatilité. En 2001, 77 % des présidents-maires provenaient de la commune centre contre 23 % d'une commune périphérique. En 2019, ils étaient 39,5 % des maires-présidents (représentant 34 % de l'ensemble des présidents d'EPCI) contre 61,5 % de maires-présidents issus d'une commune périphérique (représentant 52 % du total des présidents)[3]. Si les présidents sont la plupart du temps maires, le centralisme communal semble ici reculer. Mais il se renforce avec la taille des intercommunalités et leur nature urbaine comme le soulignait une étude de l'AdCF réalisée au lendemain des élections de 2014 et concernant les 242 présidents intercommunalités de statut urbain (communautés d'agglomération, urbaines et métropole) : les patrons des grands exécutifs intercommunaux étaient ainsi à 52 % maires de la ville centre ou principale, à 18 % des adjoints ou conseillers municipaux de la ville centre ou principale, et à « seulement » 30 % des maires ou élus d'autres communes.

Le « centralisme communal » peut être contrarié par les équilibres politiques et partisans lorsque l'orientation politique de la ville centre ne correspond pas à celle de l'assemblée communautaire. Parce que l'alternance à gauche de la ville de Marseille en 2020 n'a pas connu de réplique à l'échelle métropolitaine par exemple, la Métropole Aix-Marseille est présidée par l'élue LR Martine Vassal.

2. Après le premier et le second tour des élections municipales, faisant directement participer les électeurs, c'est au nouveau conseil municipal issu du scrutin que revient le soin d'élire au scrutin secret et la majorité absolue (ou relative en cas de 3e tour) le maire et ses adjoints lors de sa première réunion.

3. Sources : AMF (2002), Étude de l'Assemblée des communautés de France (2019).

De manière plus atypique, le maire d'une toute petite commune rurale peut être propulsé président d'une puissante institution métropole, à l'image de l'agglomération lilloise (2014-2020), qui échappe à la maire de Lille Martine Aubry. Le centralisme communal peut également être démenti en raison d'arrangements négociés *a priori* avec un partage du *leaderhsip*. Néanmoins, la logique centraliste demeure suffisamment forte dans les foyers urbains pour que la présidence de l'agglomération ressorte comme un enjeu des campagnes municipales. Les prétendants à la mairie de la ville-centre clarifient souvent leurs intentions par rapport aux présidences intercommunales face aux questions des journalistes (Lefebvre, Vignon, 2020, p. 83). Ce sont ces intentions qu'il est possible de saisir à partir de l'observation longitudinale de trois campagnes municipales à Rennes (2008, 2014, 2020) (Frinault, 2023). Ce cas d'étude permet de dégager les principaux schèmes possibles, et généralisables, en matière de choix et de stratégies.

Revendiquer et légitimer le cumul

Il y a les candidats à la mairie de Rennes qui publicisent leur intention d'accéder simultanément à la présidence de l'agglomération. Pour appuyer son *leadership* métropolitain, au sens de la relation sociale qui relie l'individu leader à ses *followers* (Burns, 1978), le candidat peut se prévaloir d'être soutenu par un collectif de candidats à l'échelle de l'agglomération, (ré)unis derrière un projet métropolitain (esquissé à grands traits). Pour l'élection de 2008, le candidat socialiste Daniel Delaveau évoqua une communauté de destins entre Rennes et l'agglomération rennaise en se prévalant d'une déclaration commune « Une ambition pour Rennes métropole » signée par lui-même et vingt-deux candidats d'autres communes de l'agglomération. Après avoir été « empêchée » de concourir en 2014, pour cause circonstanciée de cumuls, Nathalie Appéré a pu prétendre en 2020 se placer à la tête de l'Exécutif métropolitain, et revendiquer à son tour un collectif métropolitain de candidats. Là où il est rare de disposer de programmes intercommunaux avant l'élection municipale, ceux-ci étant le plus souvent bricolés et négociés entre élus communautaires après le scrutin (Lefebvre, Vignon, 2023), nous avons ici affaire à la présentation en campagne d'engagements collectifs (davantage que d'un programme détaillé).

La revendication du cumul revêt parfois une dimension plus individuelle, sans engager de *leadership* intercommunal. En 2014, le candidat de centre droit Bruno Chavanat, colistier et déjà candidat à la présidence d'agglomération en 2008, maintenait cette candidature en étant désormais tête de liste pour la ville de Rennes. Son registre argumentatif convoque le poids de Rennes (qui ne doit pas voir ses dossiers gérés par un représentant de la périphérie), les risques de dyarchie dysfonctionnelle (nuisible à la fois pour Rennes et pour l'ensemble de la métropole) et la mutualisation poussée des services administratifs entre Rennes et Rennes Métropole (Ségas, 2015). En revanche, jamais Bruno Chavanat ne peut véritablement se placer à la tête d'un collectif métropolitain.

Sans faire l'objet d'une large publicité, la position des écologistes en 2020 a consisté en ce que la tête de liste rennaise Mathieu Theurier exclue de se présenter à la présidence métropolitaine, au nom d'une logique de non-cumul des responsabilités; tout en revendiquant une présidence écologiste : « Maire de Rennes et Président de Rennes Métropole, c'est bien ça notre objectif » (M. Theurier, 19 sept. 2019, *France Bleu*).

La solution du « ticket »

Certaines têtes de liste renoncent à briguer simultanément la mairie et la présidence métropolitaine, comme Karim Boudjema en 2008 ou Charles Compagnon en 2020. Pour ces deux candidats, quasi novices en politiques, ambitionner d'occuper les deux places apparaît peu réaliste. Aussi, leurs discours s'attachent à valoriser leur refus du cumul et promettent une consécration à plein-temps au mandat de maire. Mais tous les deux ont cherché à former un tandem « maire/président de l'agglomération » avec une personnalité disposant d'un capital politique leur faisant défaut. En 2008, Karim Boudjema s'appuie sur Bruno Chavanat, énarque, ancien conseiller d'État, ancien directeur de Cabinet du Garde des Sceaux Pierre Méhaignerie, puis DGS au conseil général d'Ille-et-Vilaine. En faisant alliance avec Pierre Breteau en 2020, Charles Compagnon convoque pour sa part une figure expérimentée de la droite locale (cf. *supra*). La publicité autour du ticket Compagnon – Breteau est ressortie plus marquée qu'en 2008 : conférences communes de presse autour d'enjeux communautaires (transports, urbanisme et croissance « raisonnée et maîtrisée »); insertion dans le matériau de campagne avec une page majoritairement consacrée à l'enjeu métropolitain et à sa présidence, faisant directement intervenir P. Breteau. L'autre différence tient aux équilibres territoriaux. Alors que Bruno Chavanat était colistier de K. Boudjema, et donc aussi candidat rennais, P. Breteau est un élu de la périphérie susceptible de figurer l'enjeu des équilibres territoriaux et d'éloigner l'idée d'une hégémonie rennaise.

D'autres candidats à la mairie de Rennes refusent de briguer la présidence, sans qu'ils ne proposent cependant de véritable tandem. Des candidatures alternatives peuvent ou non exister. En 2014, la candidate socialiste N. Appéré, ancienne première adjointe à la ville de Rennes et députée en exercice, était investie pour conduire la liste à Rennes sans pouvoir prétendre briguer la présidence métropolitaine du fait de la problématique du cumul (déjà députée et probable future maire). Au cours de sa campagne, elle se gardera de mettre en avant l'importance du gouvernement d'agglomération pour le développement de la ville-centre. Et jamais le nom du candidat socialiste – Emmanuel Couet – pour la présidence métropolitaine n'est évoqué (Ségas, 2015).

Pour d'autres candidats enfin, il n'y a ni double candidature (maire – président), ni ticket ou candidature alternative connue. En 2008, la candidate Modem Caroline Ollivro candidatait au seul poste de maire, promettant une nouvelle gouvernance locale, un plein investissement sur le territoire communal, une professionnalisation politique maîtrisée, une vision territoriale plus « équilibrée » face à une supposée « arrogance rennaise ». À la différence de Karim Boudjema (cf. *supra*), qui partageait l'essentiel de ce registre discursif, elle ne présentait aucun ticket ville-agglomération avec l'un de ses colistiers. En 2020, la candidate LREM Carole Gandon décline la proposition de Pierre Breteau de former un tandem (il constituera un ticket avec Charles Compagnon, cf. *supra*). Son équipe de campagne évoque le refus de se livrer à un « deal » entre deux personnes, la présidence de Rennes Métropole étant l'affaire d'une discussion collégiale avec l'ensemble des maires. Son discours selon lequel la présidence ne doit pas forcément revenir au maire de Rennes séduit une partie de la périphérie rennaise, mais ne suffit pas à surmonter ses handicaps : quasi-absence de listes municipales LREM dans les communes limitrophes, et soutiens préemptés aussi bien à gauche (derrière N. Appéré) qu'à droite (derrière P. Breteau). Aucun de ses colistiers ne sera désigné durant la campagne, pas plus qu'un candidat de la périphérie rennaise avec lequel faire attelage.

1.3. Des citoyens en campagne : entre listes citoyennes et « citoyennisation » des listes

L'amateurisme républicain marque de longue date les activités électives locales (Douillet, Lefebvre, 2017). Si l'élection n'apparaît pas comme une affaire d'organisations partisanes et de militants politiques dans les nombreuses petites communes françaises, là où la conquête de pouvoirs est davantage affaire de professionnels de la politique et d'attaches partisanes, il faut relever un désencastrement des jeux partisans et nationaux, une dépolitisation plus ou moins réelle et/ou mise en scène.

Des listes citoyennes : un leitmotiv relativement flou

L'expression la plus manifeste de la citoyennisation réside dans la floraison des listes dites « citoyennes » ou « participatives » (Gourgues, Lebrou, Sainty, 2020), incarnant une forme de réenchantement politique, une réponse au marronnier politique de la crise de la représentation (Acabo, 2022). Le postulat d'un renouvellement des pratiques par celui des individus n'est jamais loin. Ce mouvement avait déjà connu des précédents. En 2014, il y eut notamment l'élection d'une liste citoyenne et participative dans le village devenu laboratoire de Saillans (Isère), transformant par la suite la mairie en « maison commune », et organisant réunions et « groupes action projet ». Cette liste fut balayée de peu en 2020[4], dans un scrutin qui a vu en revanche une multiplication de ce type de listes. La commune ressort comme un terrain de jeu privilégié d'une réinvention démocratique, sociale et écologique. Mais l'audience électorale reste limitée puisque 279 000 voix seulement se sont portées sur ces listes citoyennes en 2020, soit 0,58 % du corps électoral[5].

Une enquête conduite par Guillaume Gourgues, Jessica Sainty et Vincent Lebrou (2020) souligne l'existence de deux grandes modalités : les listes participatives prolongent des mobilisations citoyennes existantes dans l'arène élec-

4. Le scrutin s'est joué à 18 voix près. Les opposants l'ont emporté à 51,05 %. Une peau de chagrin. Scindé en deux, le village est fatigué d'être pris pour « un laboratoire ».

5. Nous reprenons ici les chiffres avancés par Guillaume Petit (2020).

torale, souvent à l'issue d'un questionnement sur l'opportunité d'un tel engagement électoral ; les listes se voient au contraire constituées de toutes pièces à l'occasion du scrutin. La composition de la liste emprunte, selon les circonstances, à une variété de méthodes (cooptation, vote sans candidat, jugement majoritaire, tirage au sort…), quand la désignation de la tête de liste apparaît davantage soumise à des impératifs procéduraux. L'ouverture à la politique de citoyens sans passé militant ni d'élu proposée par les listes citoyennes et participatives ne s'accompagne pas d'une grande ouverture sociologique. La petite « bourgeoisie culturelle » paraît surreprésentée (Bilella, 2019) quand les classes populaires n'apparaissent que marginalement.

Si certaines listes ont été montées sans l'appui d'aucune structure partisane, exclusivement composées de novices en politique, d'autres ont habillé de couleurs « citoyennes » des noms occupant déjà des positions électives, voire des notables locaux (Acabo, 2022). Il n'est pas rare que ces listes accueillent des militants ou d'anciens conseillers municipaux, et reçoivent le soutien de partis ou plus souvent d'alliances (généralement de type « gauche plurielle »). C'est par exemple le cas du Mouvement Citoyen Rochelais dont la tête de liste se félicitait d'avoir obtenu le soutien de plusieurs partis de gauche (le PCF, la Gauche républicaine et socialiste, Génération.s, le Mouvement républicain citoyen) en échange duquel des places d'éligibles furent proposés[6]. Cette ouverture à la politique partisane peut prendre des formes plus marquées. À Rennes, le caractère citoyen de la liste conduite par Charles Compagnon repose sur l'initiative individuelle de dernier, qui n'a jamais exercé de fonction politique, et non sur une démarche collective (cf. *supra*). Faisant rapidement figure de candidat par procuration de la droite rennaise, en l'absence de liste investie par le tandem LR-UDI, sa problématique a consisté à bâtir une liste a-partisane *a priori*, en mobilisant des militants et des élus selon des procédures de négociation individualisées qui n'ont pas grand-chose à voir avec l'idée de coopératives citoyennes. Finalement, il obtiendra le soutien de LR et celui, plus surprenant au regard de son ancrage dans la majorité présidentielle, du Modem.[7] Cet appel aux ressources partisanes poursuit des objectifs de crédibilisation, de notoriété, de recherche de soutiens organisationnels… (Frinault, Mazeaud, Sainty, 2020).

L'hybridation des listes peut être recherchée dès le départ par des collectifs partisans, soucieux de présenter des listes panachées, associant militants et citoyens. Le label « liste citoyenne » a été utilisé jusqu'aux appareils du PS, du RN et de La France insoumise et une première étude estimait que seules 31 % des listes citoyennes ne comportaient pas de partis (Lefebvre, 2020). Le recours aux citoyens représente une incorporation par les mouvements politiques de la défiance et des critiques vis-à-vis d'une classe politique institutionnalisée et professionnalisée. Concernant les élections municipales 2020, les expériences

6. La deuxième place échoit au premier secrétaire fédéral du PCF, conseiller municipal sortant.

7. C'est une conséquence locale du ticket qu'il forme avec le maire Modem de Saint-Grégoire, candidat à la présidence métropolitaine (cf. *supra*).

les plus significatives – par leur récurrence – ont été celles des listes écologistes et « en commun », ces dernières étant souvent initiées par les relais locaux de la France Insoumise. La liste fait ici coexister un noyau dur de militants du parti et des citoyens, souvent engagés dans des mouvements sociaux, sans que la frontière ne soit toujours bien délimitée. Étudiant la liste Strasbourg Écologiste & Citoyennes (EELV), Marie Acabo (2022) montre comment l'étiquette « citoyenne » revendiquée permet à une liste largement composée de colistiers encartés[8], souvent issus de la majorité sortante, de se présenter en dissidents, et représente pour la section locale d'EELV une manière de légitimer un nouvel état des concurrences intrapartisanes (disqualifier l'élite verte locale élue dont le bilan est difficile à défendre).

Une citoyennisation sélective ?

La « liste citoyenne » n'est pas une forme politique stabilisée. Elle permet aux partis de construire « une entreprise plurivoque, indéterminée, qui fait l'objet de définitions et d'investissements très différents, parfois contradictoires » (Acabo, 2022, p. 75). Si la frontière avec des listes politiques et partisanes est poreuse et indéterminée, il ressort dans tous les cas un projet – stratégique, au moins pour partie – d'accueillir de simples « citoyens » dont il s'agit de valoriser la présence. Les listes mentionnent à l'envi les quartiers de résidence, les engagements associatifs et/ou professionnels des colistiers, quand les ancrages partisans se font nettement plus rares (Frinault, Mazeaud, Sainty, 2020). Pour les listes des maires sortants, incarner le renouvellement représente une gageure qui les contraint à une mise en scène importante. La communication autour de la liste *Pour Rennes* conduite par la maire sortante Nathalie Appéré, brandit par exemple volontiers la carte du renouvellement, cherchant à conjurer l'image de reconduction d'une équipe de professionnels de la politique locale. Son site de campagne met en avant « une équipe largement renouvelée, qui rassemble toutes les sensibilités de la gauche et qui fait une grande place aux représentants de la société civile », quand seulement un tiers des colistiers n'appartiennent en réalité à aucun mouvement politique. À Avignon, la liste conduite par la maire sortante est constituée à parité de sortants et de figures nouvelles, souvent issues des mondes économiques ou associatifs locaux. Lors de la présentation officielle de sa liste, le candidat rochelais Olivier Falorni, député, ancien adjoint et ancien président de la fédération socialiste, valorise le capital d'autochtonie (sa famille est connue à La Rochelle) et son équipe composée de citoyens des quartiers (« […] Ils n'ont pas d'étiquette partisane, mais une éthique citoyenne ») (*Ibid.*).

Au départ, la figure générique du citoyen peut se définir par son extériorité par rapport au champ politique, se démarquant de ce ceux qui ont eu pour projet de faire carrière en politique, ont milité dans un parti et y ont, ou non, exercé des responsabilités, ont été collaborateurs d'élus, et ont déjà précédemment

8. Sur les 67 colistiers, 15 sont issus d'EELV, 9 du Labo Citoyen, 6 du PCF et 8 de plus petits partis (Place publique, Génération·s, le Mouvement des Progressistes, etc.). Moins de la moitié, 29 exactement, n'ont jamais été encartés.

exercé au moins un mandat. Mais entre ce dedans et le dehors existe une lisière, regroupement d'acteurs secondaires de la politique locale « qui se distinguent des "profanes" ou des "citoyens ordinaires", par leur détention de propriétés positionnelles (un mandat de représentant d'association, de club sportif ou d'institution administrative, confessionnelle, corporatiste ; ou une fonction professionnelle engageant dans la vie publique, à l'instar des pompiers, journalistes localiers, chefs d'établissements scolaires ou hôpitaux) ou dispositionnelles (habileté à parler de politique en public, volonté de représenter ou défendre un groupe, capacité à exercer un magistère d'autorité, appétence pour la participation aux choses publiques) qui les placent dans des rapports de proximité et de contribution aux "politiques" (ici au sens à la fois d'"élus" et de "politiques publiques") » (Aldrin, Vannetzel, 2019, p. 34). Des acteurs secondaires que les élus et décisionnaires mobilisent, aussi bien dans le but de remporter des élections que de mettre en œuvre des politiques locales.

Au recrutement du citoyen ordinaire, sans autre qualité que celle d'habitant du territoire, répondent des logiques plus sélectives et ciblées. Dans le cadre préparatoire des élections municipales 2020, le guide méthodologique interne de LREM adressé aux équipes locales dressait une typologie gagnante des profils (p. 24) à réunir : « l'engagé » (un marcheur militant et de terrain qu'il faut récompenser et mobiliser) ; « le candidat aux réseaux affinitaires » (celui qui vous permet d'accéder aux communautés) ; « le sortant » (qui connaît les rouages) ; « l'expert » (qui apporte sa crédibilité) ; le « symbole » (pas forcément en place d'éligible mais qui apporte un message). À Avignon, en 2020, la liste de la maire sortante compte ainsi l'ancien président de la Fédération des artisans et commerçants d'Avignon, un ancien président du MEDEF local, plusieurs figures associatives de la ville. À Rennes, la tête de liste LREM a largement fait appel à des « personnalités » locales, anciennement proches du PS ou ayant travaillé en proximité avec l'équipe sortante, et possédant une expertise sectorielle forte : directeur sortant de l'agence d'urbanisme, ancien président de l'université Rennes 2, ancienne directrice de l'office du tourisme, ou encore responsable départementale de la FCPE (Frinault, Mazeaud, Sainty, 2020). Étudiant les processus de politisation interne au champ associatif ou, inversement, d'évitement du politique, Camille Hamidi (2012) a bien mis en évidence les vases communicants entre les champs associatif et politique. La qualité générique de « citoyen », redevable de l'absence d'engagements partisans publics, recouvre au final des situations hétérogènes, voire dissemblables.

Le relâchement de la relation entre candidatures et militantisme offre des opportunités aux citoyens d'accélérer leur entrée en politique. L'ouverture dévalorise les parcours militants comme ressources d'accès aux carrières électives. D'autant plus que certaines formations politiques réunissent désormais des agents directement « intéressés » à l'obtention de profits électoraux ou professionnels (la place croissante des collaborateurs d'élus et de l'auxiliariat politique en témoigne) (Lefebvre, 2018). Les phénomènes de bureaucratisation et de managérialisation ont réduit la place laissée au militantisme de sociabilité, provoquant une forme de démonétisation de la figure de l'adhérent dégagé des questions électorales et des trophées au sein de l'appareil, au profit du « militant » happé par une concurrence statutaire de tous les instants (Fretel, 2017). L'ouverture citoyenne fait face à l'engagement des aspirants à l'élection, stimulé par l'avènement du « parti électoral professionnel » (Panebianco, 1968).

Cette citoyennisation revendiquée des castings électoraux s'est doublée, dans les élections municipales, d'une organisation (mise en scène ?) de la participation citoyenne à l'élaboration des programmes. Elle devient une méthode de campagne, jusqu'à être quasi théorisée par LREM dans son guide méthodologique adressé aux candidats. À la page 62, un encart titrait « La participation citoyenne – la clé de votre campagne ? », évoquant « un enjeu majeur de la vie démocratique locale – à tel point qu'un bon programme est un programme porteur de l'intérêt général et co-construit avec les habitants de la commune ». La participation recouvre tantôt des formes collectives et délibératives associant un groupe élargi aux sympathisants, voire aux habitants des quartiers (ateliers participatifs, assemblées citoyennes, bistrots citoyens, réunions d'élaboration collective des programmes…), tantôt des formes plus individualisées et à distance censées permettre de recueillir les besoins et aspirations des habitants (sondages, questionnaires par voie postale ou électronique). Si ces exercices participatifs partagent une même absence de transparence sur la façon dont les éléments recueillis sont intégrés et enrichissent les programmes, l'esquisse d'une coproduction citoyenne des programmes traduit moins une conception renouvelée – plus collective ou horizontale – du pouvoir, qu'une évolution des savoirs et savoir-faire politiques valorisant les qualités citoyennes (Frinault, Mazeaud, Sainty, 2020).

2. LA COMPÉTITION POLITIQUE LOCALE

Les élections locales sont-elles politisées, mettant en œuvre ou revendiquant des identités partisanes et des préférences idéologiques ? Font-elles l'objet d'une compétition politique ?

2.1. Les élections municipales dans les petites communes : un scrutin consensuel ?

Jusqu'où les élections municipales dans les petites communes rurales perpétuent-elles le schéma communautaire, ancré dans l'Histoire, d'une forclusion des clivages et des dissensus politiques dans la vie politique locale ?

Communautés locales : un consensus relatif

Au XIXe siècle, les élections municipales au sein des petites communes rurales semblaient empreintes d'une forme d'archaïsme politique, en miroir d'une modernisation plus largement acquise dans les villes. L'idée spontanément associée à l'archaïsme rural est avant tout celle de structures communautaires, opposables à un individualisme urbain. Le sentiment communautaire aurait survécu au déclin de son cadre institutionnel historique (Bloch, 1988 [1931]). L'étude du vote en milieu rural concernant le XIXe siècle révèle la persistance des sentiments et pratiques communautaires : déplacement des électeurs en groupe, consignes de vote cherchant à dégager une unanimité. Le vote communautaire est par ailleurs fréquemment associé à l'idée d'un électeur soumis aux notables de la commune, la communauté consistant alors en une communauté de soumission (Garrigou, 1992). Il y aurait ainsi une domination sociale inscrite dans les rangs, avec des électeurs non émancipés par rapport aux pressions morales ou matérielles du groupe et des notables, en raison de leur situation économique, de leur niveau culturel peu élevé, d'un manque de familiarité avec les idées politiques (d'où l'importance attachée à l'éducation des masses en tant que moyen d'émancipation sociale). Enfin est mise en avant l'idée d'un apolitisme, dans le sillage d'une histoire républicaine cherchant à décrire les milieux au sein desquels les idées républicaines n'ont pas encore pu pénétrer, les ruraux indifférents étant encore soumis à des influences néfastes et obscures. Les idées partisanes demeurent absentes des campagnes, celles où l'emporte une « politique personnelle » (Weber, 1983) davantage indexée au choix d'un homme, souvent un notable, qu'ils connaissaient bien, et à l'égard duquel ils pouvaient être plus ou moins dépendants.

De cette situation historique ancienne et datée – qui a été utilement discutée et nuancée (Guionnet, 1996) – est néanmoins demeurée l'idée d'une communauté villageoise plus consensuelle, où se déploie une compétition électorale de faible intensité, peu conflictuelle et peu politisée. Alors que les emblèmes partisans y semblent proscrits, l'éventail de choix des électeurs semble limité. Il n'est pas rare que les électeurs n'aient qu'une seule liste, rarement plus de deux. Une situation qui peut être aussi bien redevable de contraintes (un vivier limité de personnes susceptibles de vouloir se présenter) que d'une forme de consensus local. L'étude Jean-Yves Nevers (1992) portant sur les élections municipales (1971, 1977 et 1983) au sein de 280 communes rurales de 50 à 2 000 habitants équilibrait cette présentation en soulignant l'existence d'une forme de compétition observée à partir de l'affrontement de plusieurs listes et de l'organisation d'un second tour. Lorsqu'on considère ensemble les trois élections, il y eut une compétition entre au moins deux listes à un scrutin dans 86 % des cas. L'existence d'une compétition aurait par ailleurs crû sur la période considérée. Il reste que la réalité d'une commune de 2 000 habitants n'est pas la même qu'une commune de moins de 100 habitants.

Une enquête postérieure réalisée par Sébastien Vignon lors des élections municipales de mars 2008 dans les communes (moins de 2 000 habitants) de la Somme (Vignon, 2014) confirme cette pluralité des formes de compétition que peuvent revêtir les élections municipales au sein des petites communes. L'étude indique que la liste unique ne représente « que » 37 % des situations envisageables, alors que dans un peu plus de la moitié des communes (52 % exactement), deux listes ou plus se sont affrontées. Et si l'on ajoute la présence des candidatures isolées, ce sont alors 63 % des communes qui ont connu une certaine forme de concurrence. Celle-ci est, d'ailleurs, confirmée par d'autres éléments (existence d'un second tour, élection de candidats isolés et/ou appartenant à des listes différentes) qui permettent de rompre avec une représentation unanimiste et consensuelle des élections municipales dans les villages. Si la présence de listes uniques est plus fréquente dans les plus petites communes (moins de 200 habitants), cette configuration ne saurait être assimilée quasi mécaniquement à une élection « consensuelle » (Vignon 2005), ne serait-ce qu'en raison du décompte individuel des suffrages (Barone, Troupel, 2008) et de la présence de listes uniques « ouvertes » – comportant un nombre de prétendants plus élevé que le nombre de sièges à pourvoir – qui place les co-listiers en concurrence les uns par rapport aux autres.

Un consensus ambigu ?

Dans les années 1970, plusieurs chercheurs ont proposé des interprétations diverses, qui conservent encore aujourd'hui leur force. Il y a notamment une opposition entre ceux qui, comme l'historienne et politiste américaine Suzanne Berger, défendent l'idée d'une culture antipartisane ancrée dans le milieu rural, et ceux qui, comme le sociologue Mark Kesselman (1972), identifient avant tout une stratégie de camouflage ajustée à la pacification et à la recherche de consensus (et donc à un large soutien politique local). Mark Kesselman a montré que les maires des petites communes développaient à la fin des années 1960 une rhétorique de l'apolitisme indépendante de leurs préférences partisanes, afin de décourager l'expression de divergences locales. Par conséquent, l'apolitisme produirait une configuration communale caractérisée par ce que l'auteur qualifie de « consensus ambigu ». En effet, cette harmonie n'a rien de naturel mais résulte d'un travail de construction symbolique de l'unité locale par le maire. En introduisant une certaine diversité sociale dans leurs listes (entre agriculteurs et non-agriculteurs, jeunes et vieux, anciens et nouveaux résidents, hommes et femmes), les maires cherchent à concilier les intérêts locaux et à anticiper les critiques des habitants sur la représentativité des élus par rapport à la population. Le révélateur principal de ce consensus apparent résiderait dans le niveau de compétition électorale relativement faible, objectivé par la présence d'une seule liste (deux maximum). Il n'en reste pas moins que, avec le nombre d'habitants, c'est aussi le budget, les enjeux d'aménagement et les intérêts sociaux qu'ils mettent aux prises qui augmentent, en nombre et en diversité. Plus que l'appartenance des communes à des découpages institutionnels (zonage en aires urbaines et aires d'emploi de l'espace rural Insee-Inra), dont on sait qu'ils recouvrent des espaces très hétérogènes (Mischi, Rénahy 2008 ; Girard, Rivière 2013), c'est leur dynamisme démographique – se traduisant notamment par l'arrivée de nouveaux résidents – qui semble davantage favoriser les divergences politiques locales et diversifier les configurations proposées aux électeurs lors des municipales (Encadré 2 *infra*). Si les oppositions entre les agriculteurs modernistes et les paysans traditionnels des années 1960 ont décliné, jusqu'à pratiquement disparaître, celles séparant la population autochtone des « néorésidents » ou des « résidents secondaires » continuent de travailler la vie locale en certains endroits. Ces clivages s'ajoutent aux oppositions de parentèles et de clientèles, de groupes d'âge et de groupements territoriaux sub-communaux [qui] interfèrent avec des oppositions de classes et des clivages politico-idéologiques, généralement bipolaires et de type droite/gauche, qui s'enracinent dans une histoire locale de longue durée (Nevers, 1992, p. 392).

Encadré 2

Enjeux pratiques, enjeux personnalisés

Dans la plupart des communes de petite taille, les enjeux présents ne sont pas proprement « politiques », c'est-à-dire traduits et conçus selon les catégories de la politique « nationale ». Pour autant, la dichotomie traditionnellement opérée entre « enjeux (proprement) politiques » et « enjeux sociaux » que constitueraient *a contrario* les enjeux non spécifiquement politiques (enjeux profanes) (Gaxie et Lehingue 1984) mérite d'être affinée. Malgré la frontière ténue qui les sépare parfois, il conviendrait, en effet, de distinguer deux types d'enjeux qui peuvent se superposer et se confondre (Vignon, 2005). Les « enjeux pratiques » sont ceux qui se rattachent directement à la vie et aux préoccupations quotidiennes de la population (assainissement de l'eau, création d'équipements et de services). Les désaccords peuvent se concentrer autour des questions foncières (concurrence entre usages agricoles et résidentiels, plans locaux d'urbanisme), de problématiques relatives aux externalités négatives d'activités productives (nuisances sonores, pollutions diverses) ou de l'intégration des nouveaux résidents. Les « enjeux personnalisés » sont, par définition, structurés autour de conflits entre habitants ou entre familles de la commune. Ils renvoient plus à des luttes pour le prestige social que procure à certains groupes leur représentation au sein du conseil municipal qu'à des divergences insurmontables sur la manière de gouverner l'espace municipal ou sur la structuration de l'offre électorale. Les enjeux liés au(x) « monde(s) privé(s) » (Schwartz 1989) des protagonistes (parentèles, styles de vie, inscription dans des réseaux localisés) s'immiscent ainsi régulièrement dans les campagnes et occupent une place déterminante dans la production des préférences électorales des habitants. L'âpreté des campagnes électorales (insultes, pressions sociales, professionnelles et économiques), qui reste difficilement décelable pour l'observateur extérieur, permet de mesurer l'intensité des investissements à l'œuvre dans le cadre des élections communales. Ces formes de personnalisation sont difficilement perceptibles dans la mesure où elles peuvent être « sublimées » ou « transfigurées » dans des catégories en apparence pratiques (le « dynamisme associatif », par exemple) dans l'objectif de rationaliser des considérations personnelles plus ou moins avouables (Desage 2005).

2.2. La compétition politique locale en ville : politisation et (dé)politisation

Par contraste avec les campagnes, la compétition municipale en milieu densément urbain ressort fortement structurée par les organisations partisanes, dans une forme de duplicata de la configuration politique nationale (Bages, Drulhe et Nevers, 1976). L'intensité de la compétition se déploie au travers d'une offre électorale élargie et diversifiée, la dispersion des voix conduisant à l'organisation fréquente d'un second tour. Si seulement 15 % des communes françaises ont nécessité un second tour en 2020, 47 des 53 villes de plus de cent mille habitants y ont eu recours. Par ailleurs, un certain nombre de listes locales font l'objet de procédures d'investiture nationales.

À des éléments objectifs de politisation des campagnes électorales urbaines répond une rhétorique de dépolitisation de la part des protagonistes, particulièrement visible lors des élections municipales 2020. On observe dans les grandes villes des stratégies d'effacement des étiquettes partisanes, même si certaines forces politiques répugnent moins que d'autres à assumer l'ancrage partisan et militant, à l'image des écologistes. Peut-être faut-il y voir la croyance en un éthos – celui du citoyen engagé au nom de la cause environnementale – et une moindre démonétisation de l'étiquette EELV ? En 2020, la réticence à publiciser et à valoriser son étiquette partisane ne concernait pas les seuls candidats des partis et leurs alliés de la majorité présidentielle (LREM, Modem). Cela concernait aussi leurs concurrents du PS et de LR, qu'ils soient « sortants » ou « challengers » (Delaporte *et al.*, 2024). Bien que très présents dans la campagne (investitures, organisation juridique, financière et logistique, savoir-faire militant), les partis se font généralement discrets, aussi bien dans les professions de foi que sur les affiches. Tout se passe comme si beaucoup de marques partisanes n'étaient plus considérées comme des repères et des signaux porteurs, favorisant « une pratique croissante de dissimulation d'identités partisanes par les partis eux-mêmes » (Négrier, 2021, p. 14). À La Rochelle par exemple, ni le maire sortant ni le député en exercice n'ont ainsi affiché d'appartenance partisane dans leurs discours ou leur matériau de campagne. À Rennes, aucune référence partisane ne figure par exemple dans les 39 pages du document programmatique de la liste de la maire socialiste sortante. Mais la répudiation des emblèmes partisans n'emporte pas celle des personnalités politiques jugées plus fédératives, dont les parrainages sont bienvenus. À La Rochelle, Olivier Falorni invoque le souvenir de l'ancien maire de la ville Michel Crépeau, quand la maire sortante de Rennes se plaît à convoquer la figure tutélaire d'Edmond Hervé (maire 1977-2008) (Frinault, Mazeaud, Sainty, 2021).

Les autres scrutins locaux se caractérisent par une compétition à la fois plus intense (si nous prenons le nombre de candidatures comme indice), plus politisée (des candidats affiliés à des partis, soutenus par des partis), et plus homogène.

2.3. La compétition politique aux élections départementales et régionales

Si nous considérons le nombre de candidatures comme un indicateur pertinent de la concurrence électorale, les élections régionales apparaissent relativement compétitives. Avec 155 listes présentes au premier tour des élections de juin 2021, dans les 17 régions françaises, les électeurs devaient arbitrer entre 9,1 listes en moyenne (8,8 pour la seule métropole), soit une liste de moins qu'en 2015 (171 listes présentées, soit 10,1 en moyenne). Cette diminution globale a résulté d'une réduction de l'offre électorale plus marquée à gauche, sans compter la moindre présence des petites listes : seulement 29 listes de gauche étaient présentes dans douze régions métropolitaines (Corse à part), contre 40 en 2015. À la disparition des listes DVG s'ajoutent les stratégies d'union dans les régions Provence-Alpes-Côte d'Azur et Hauts-de-France (après avoir complètement disparu du conseil régional pour cause de retrait du second tour en 2015 afin de faire barrage au FN). Dans d'autres régions, la gauche a également présenté un visage moins clivé (Grand-Est, Normandie et Pays de la Loire). Du côté de la droite et du centre, on note que les listes *Debout la France*, partout présentes en 2015 ne le sont plus que dans quatre régions en 2021.

Concernant les élections départementales, 7 619 binômes se sont affrontés en juin 2021 dans les 1 969 cantons métropolitains, soit 3,9 binômes par canton. Là encore, nous observons un recul des candidatures puisque le scrutin 2015 avait vu l'affrontement de 8 824 binômes (soit 4,4 binômes par canton). L'une des explications tient à la baisse du nombre de binômes présentés par le RN, 1 642 binômes au premier tour des élections départementales de 2021 contre 1 896 en 2015, même s'il est le seul parti à présenter autant de candidatures (plus du double que LR). Malgré la politisation du scrutin, le nombre de candidats présentés et soutenus par formation politique nationale est en réalité très inégal. Le décompte par formation ne dit évidemment pas tout dans la mesure où beaucoup de formations, contrairement au RN, forment des alliances et renoncent du même coup à présenter partout des candidats (Graphique 1 *infra*).

Graphique 1 – **Nombre de candidats aux élections départementales 2021 pour les principales formations politiques**

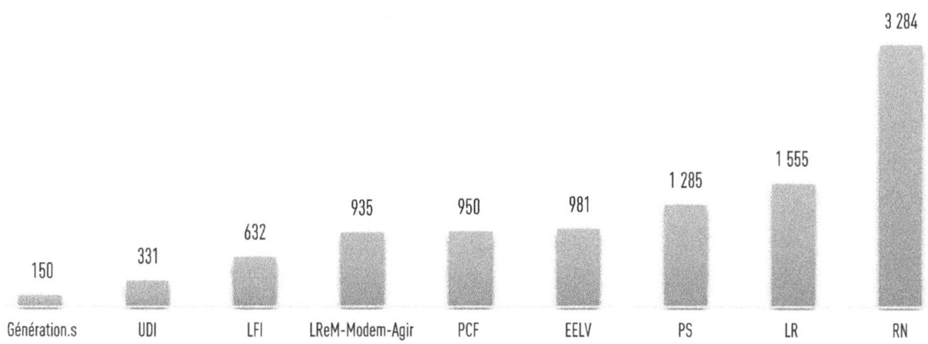

Source : Colange, Manternach (2021)

3. DES ÉLECTIONS LOCALES DE MOINS EN MOINS MOBILISATRICES. RETOUR SUR LE PHÉNOMÈNE ABSTENTIONNISTE

Souvent perçu comme un devoir civique acquis de haute lutte, le vote a tout de l'attribut normalisé de la vie démocratique, au point d'en faire un indicateur du niveau de santé de la démocratie. Qu'il s'agisse de dictionnaires, de discours journalistiques ou politiques, mais aussi d'une partie de la littérature scientifique, le jugement moral tend souvent à l'emporter sur l'approche constative (Bourdieu, 1980). Le clivage entre participation et abstention s'inscrit dans une forte axiologie rangeant la participation du côté du bien et de la normalité et l'abstention du côté de l'anormal, voire du pathologique (Barbet, 2007). Encore que la massification des comportements abstentionnistes les rende finalement moins « déviants ». Si le comportement abstentionniste, comme d'autres formes de refus de se prononcer (vote blanc ou nul), ont longtemps été délaissés par l'analyse parce qu'il n'était pas acquis que « des phénomènes négatifs par définition puissent faire l'objet d'une investigation positive »[9], l'abstention fait aujourd'hui l'objet d'une attention soutenue dans les travaux de sociologie politique dans un contexte d'amplification du phénomène qui n'épargne pas les scrutins locaux. Derrière un même comportement se profilent des individus aux propriétés, aux pratiques et aux motivations hétérogènes, qui peuvent parfois être non-inscrits (abstentionnistes obligatoires), mais plus souvent mal-inscrits ou bien inscrits (Encadré 3 *infra*).

Encadré 3
Catégoriser les abstentionnistes

Les abstentionnistes « obligatoires » désignent les personnes non inscrites sur les listes électorales. Selon les données de mai 2021 – disponibles depuis 2019 sur le répertoire électoral unique (REU) géré par l'Insee, 94 % des Français en âge de voter étaient eux inscrits. La part de non-inscrits a reculé grâce à l'automatisation de la procédure pour tous les jeunes de 18 ans qui ont effectué leur recensement à 16 ans.

La présence de « faux inscrits » résulte du décalage entre les listes électorales établies et la réalité : présence de personnes décédées sur les listes électorales, retards dans les radiations liées aux condamnations, migrations ou tout simplement déménagements d'électeurs.

Lorsque des personnes inscrites sur les listes électorales le sont là où elles ne vivent plus, nous avons affaire à ceux que Jean-Yves Dormagen et Cécile Braconnier (2009) ont appelés les « mal inscrits ». Selon une étude de 2016 de Céline Braconnier, le phénomène concernait alors 15,1 % des inscrits sur les listes électorales. Si l'on excepte les nouveaux inscrits d'office (18-20 ans), les électeurs les plus jeunes étaient en moyenne les plus mal inscrits (31,1 % pour la tranche d'âge 25-34). L'inscription d'office des jeunes atteignant les 18 ans a renforcé ce phénomène de fausse inscription, l'Insee transmettant aux mairies les adresses des intéressés sur la base des fichiers sécurité sociale, c'est-à-dire l'adresse des parents. Mais faut-il parler ici de « mal inscrits » quand il s'agit d'une situation permise par le code électoral et que la commune des parents est moins susceptible de bouger que celle des étudiants ? En tout état de cause, les mal inscrits ont une probabilité beaucoup plus forte de s'abstenir.

Enfin, la majorité des abstentionnistes est quant à elle bien inscrite, mais ne peut ou ne veut prendre part au vote, ponctuellement ou durablement, par empêchement, désintérêt, ou défiance.

9. Extrait de la Préface de René Rémond dans le livre d'Alain Lancelot *L'abstentionnisme électoral en France*, 1968.

3.1. Les facteurs sociologiques et politiques de l'abstention

Explorant l'hypothèse d'un comportement utilitariste du vote et constatant la faiblesse de l'avantage retiré du vote, certains chercheurs soucieux de défendre l'idée d'un électeur rationnel (Downs, 1957 ; Riker et Orderhook, 1968) se sont attachés à comprendre pourquoi les citoyens participaient aux consultations électorales. Mais c'est le plus souvent le questionnement inverse qui prévaut en sociologie électorale : pourquoi les électeurs s'abstiennent-ils ?

Un premier modèle explicatif peut être qualifié de « sociologique ». Alain Lancelot a publié sur le sujet un ouvrage pionnier, *L'abstentionnisme électoral* (1968), dans lequel il expliquait un phénomène politique – le fait ou non de voter – par des facteurs sociologiques : l'abstention renvoie principalement à une insuffisante intégration politique liée à une faible insertion sociale. Le chômage, la précarité et la désaffiliation sociale – éloignement des structures sociales telles que la famille, l'école ou la communauté religieuse (prégnance de la norme sociale du vote comme obligation) – constituent autant de facteurs qui favorisent l'abstention et la non-inscription sur les listes électorales. Par la suite, Pierre Bourdieu et Daniel Gaxie inséreront cette analyse dans une sociologie de la domination qui place les inégalités socioculturelles de politisation au centre de leur analyse : l'abstention est influencée par le fait d'être objectivement (capacité d'identifier les acteurs et les enjeux politiques) ou de se sentir subjectivement incompétent (sentiment d'illégitimité à exprimer une opinion politique) en politique[10]. De même que l'orientation du vote, la non-participation au vote obéit ainsi à des déterminants sociaux (Douillet, 2017). Alors que certaines variables anciennement lourdes ressortent désormais comme assez faiblement discriminantes, à l'image du genre, d'autres continuent d'être fortement discriminantes. Concernant l'âge, les plus jeunes sont particulièrement abstentionnistes[11], alors que l'abstention recule ensuite à mesure qu'on progresse dans les catégories d'âge, avant de décliner après 75 ans. En termes de groupes socioprofessionnels, les classes populaires (ouvriers et employés) s'abstiennent davantage que les professions intermédiaires, quand la participation des cadres ressort à un niveau comparativement élevé. Mais l'effet propre le plus décisif en termes de participation réside dans le niveau de diplôme (et plus secondairement l'âge) (Braconnier *et al.*, 2017). Plus les individus sont diplômés, plus ils participent. D'autres indicateurs liés à l'intégration des individus dévoilent des différentiels importants selon la religion, le lieu de résidence (dimension communautaire du vote et contrôle social plus forts en milieu rural) ou les origines

10. Daniel Gaxie, dans le prolongement des travaux de Pierre Bourdieu, distingue la « compétence politique » du sentiment de posséder celle-ci, qui va jouer un rôle décisif encore dans la reproduction des rapports de domination. La position dans la division du travail va en effet peser sur le fait de se sentir légitime ou non à s'exprimer politiquement, à niveau de compétence égale, pour déchiffrer les enjeux et comprendre les débats.

11. Pour Anne Muxel (2001), entre 18 et 30 ans, nous aurions affaire à une forme de « moratoire politique de la jeunesse » durant lequel les individus font leur apprentissage et confrontent leurs expériences à leur héritage familial.

(écarts significatifs chez les Français issus de l'immigration ou de la colonisation) (Maxwell, 2009).

Le modèle sociologique de l'abstention, pertinent pour expliquer les différentiels de participation lors d'un même scrutin, ne suffit pas en revanche à expliquer la forte augmentation des comportements abstentionnistes, en particulier de l'abstention intermittente, observée ces dernières décennies. Dans une société plus âgée, avec davantage de diplômés et des femmes mieux insérées sur le marché du travail, les obstacles socioculturels à la participation électorale se sont en effet affichés en recul. Aussi faut-il ici convoquer des facteurs « politiques », ensemble hétéroclite dans lequel il convient de distinguer ce qui relève ou non de comportements conjoncturels (offre politique, intensité de la campagne électorale…) ou plus structurels (type et mode de scrutin), révélant un type particulier d'attitudes face à l'offre politique. Observé dans toutes les catégories de la population, l'abstentionnisme de type politique concerne des électeurs intéressés par la politique en général. Ces « abstentionnistes dans le jeu politique » (Jaffré, Muxel, 2000)[12] expriment une protestation à l'encontre de la classe politique, illustrant une « défiance démocratique » (Rosanvallon, 2006), ou souhaitent plus simplement sanctionner des candidats ou gouvernements. L'abstention politique serait alimentée par l'image et la réputation négatives du personnel politique, l'érosion de l'auto-positionnement politique des électeurs (droite et gauche), la déception vis-à-vis de la politique politicienne, l'incrédulité des électeurs quant aux effets de la politique sur la vie quotidienne… La plus forte participation des cohortes plus âgées peut quant à elle traduire une forme d'allégeance au système politique et à la démocratie représentative davantage qu'un intérêt marqué pour les affaires publiques, quand l'abstention ces cohortes plus jeunes se nourrit d'une citoyenneté plus distante et critique à l'égard de la politique conventionnelle (Tiberj, 2018).

3.2. Une participation inégale aux élections locales

En France, la hausse continue de l'abstention, minorée dans son calcul[13], affecte aussi bien les scrutins « secondaires », pour lesquels l'abstention a toujours été plus marquée (exemple des élections européennes), que les scrutins majeurs. Si l'élection présidentielle semblait échapper à l'érosion continue de la participation, enregistrant à quelques exceptions près (1969, 2002) des taux supérieurs aux trois quarts des électeurs inscrits, les scrutins de 2017 et 2022 dévoilent un tassement. La participation aux élections législatives ressort structurellement plus faible, mais aussi plus volatile d'un scrutin à l'autre. Pour la première fois, moins d'un électeur sur deux s'est ainsi déplacé en 2017 (48,7 % au 1er tour et 42,6 % au 2nd tour). Comparativement, le décrochage de participation ressort

12. Il ne faut néanmoins pas oublier que l'abstention « hors-jeu » (faible intégration sociale et politique) reste beaucoup plus forte que celle « dans le jeu ».

13. En France, le taux d'abstention correspond au pourcentage des personnes inscrites sur les listes électorales n'ayant pas voté, quand l'abstention se calcule aux États-Unis par rapport à la totalité des individus en âge de voter.

encore plus marqué aux élections locales (municipales, départementales, et régionales) (Graphiques 3 à 6 *infra*). Ces différentiels de participation pourraient notamment s'expliquer par une vision hiérarchisée de l'importance accordée aux scrutins. Appuyons-nous sur les résultats des enquêtes *Valeurs* analysés par Nathalie Dompnier (2019), qui font état de réponses sans pouvoir restituer les pratiques effectives des répondants (une sur-déclaration de participation paraît se dégager). Les élections locales occupent ici une place intermédiaire, intercalées entre le scrutin européen (le plus délaissé) et les scrutins nationaux (les mobilisateurs) (Tableau 3 *infra*). Pratiquement tous ceux qui votent toujours aux élections européennes se déplacent pour les scrutins nationaux et locaux. Ceux qui participent toujours aux élections locales participent presque toujours aux élections nationales. Les propositions inverses ne fonctionnent évidemment pas.

Tableau 3 – Réponse à la question « Lorsqu'il y a des élections, votez-vous toujours, souvent ou jamais ? Pouvez-vous me répondre pour chaque niveau électoral ? »

(% en ligne)	Toujours	Souvent	Jamais	N'a pas le droit de vote
Aux élections locales	59	15	20	5
Aux élections nationales	68	12	14	5
Au niveau européen	48	14	31	6

Source : Dompnier (2019)

Lorsque nous comparons la participation moyenne aux scrutins municipaux (1989-2020), départementaux (1985-2021) et régionaux (1986-2021)[14] (Graphique 2 *infra*), la participation ressort, sans surprise, plus élevée aux élections municipales. Alors que les citoyens sont très attachés à la figure du maire (« personnage politique préféré des Français »), les mairies restent identifiées comme des lieux de pouvoir décisifs pour agir sur les enjeux du quotidien, et leurs prérogatives sont mieux connues que celles des conseillers départementaux et régionaux.

14. Nous avons pris l'année 1985 comme point de départ. Voisine du premier scrutin régional organisé en 1986, elle permet de disposer d'une base chronologique comparable (la participation étant en moyenne plus élevée par le passé).

Graphique 2 – **Comparaison inter-scrutins de la participation (en %)**

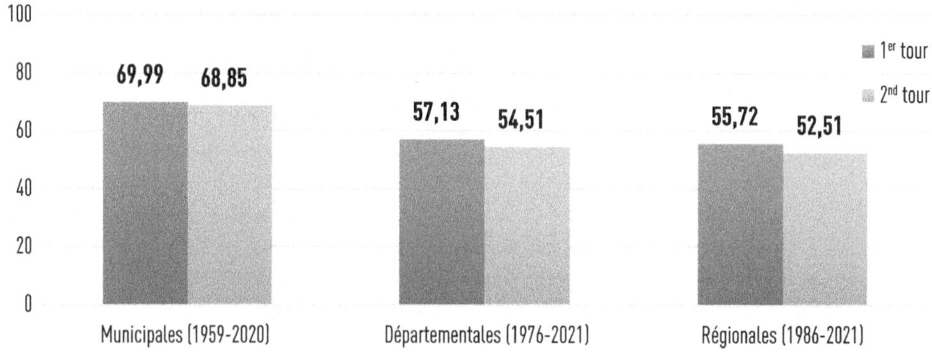

Source : conception des auteurs, données du ministère de l'Intérieur

3.3. ... mais une démobilisation croissante généralisée

Indépendamment des différentiels de participation, tous les scrutins locaux enregistrent une baisse tendancielle de la participation depuis les années 1980, malgré l'accroissement des responsabilités locales engendré par la décentralisation. Scrutin local le plus mobilisateur, l'élection municipale connaît ainsi un décrochage discontinu de participation depuis 1989 (Graphique 3 *infra*).

Graphique 3 – **Taux de participation aux élections municipales (1959-2020)**

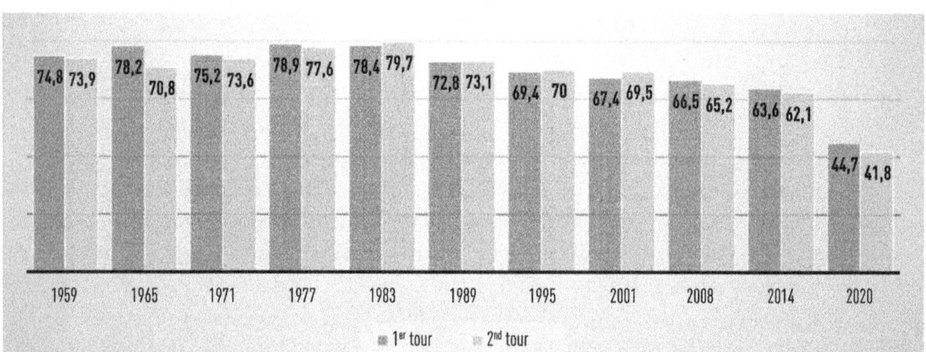

Source : conception des auteurs, données du ministère de l'Intérieur

Comme pour les autres scrutins, plus la strate démographique augmente, plus la participation électorale des habitants s'affaiblit aux élections municipales (Graphique 4 *infra*)[15]. La spécificité des relations personnelles villageoises favo-

15. Il faut être prudent face aux dénominations réificatrices et homogénéisantes d'un rural » opposable à l'« urbain », les contours géographiques/morphologiques des communes rurales étant par ailleurs de plus en plus malaisés, le fonctionnement plus intégré et personnalisé (« communautaire ») pouvant céder le pas face à des liens plus « faibles » (processus de redéfinition des échelles d'appartenance locale) (Vignon, 2021b).

riserait le sentiment d'appartenance à une « communauté locale ». Celle-ci, en raison du fort contrôle social et des pressions communautaires qui en résultent, constituerait un puissant ressort de participation à la vie politique communale en incitant au vote (on peut vite y repérer qui vote ou ne vote pas). S'il apparaît plus coûteux de se soustraire à l'élection municipale (Barone, Troupel, 2010), les recompositions sociodémographiques des campagnes pèsent sur la participation électorale (Encadré 4 *infra*).

Observables pour les scrutins nationaux, les différentiels de participation entre les grandes villes et les villages peuvent ressortir encore plus marqués dans le cas des élections municipales. Ce que montre le comparatif entre l'abstention aux élections présidentielle et législatives du printemps 2007, à peu près équivalente que l'on réside à la campagne ou en ville, et l'abstention aux élections municipales de 2008 où l'écart se creuse significativement (Vignon, 2021b). Dans les plus petites communes rurales, la plus faible division du travail de représentation symbolique, avec une proximité plus grande entre les électeurs et leurs représentants, jouerait favorablement en matière de participation. Elle tendrait à diminuer les obstacles sociaux et culturels aux activités politiques (Gaxie, 1978). Par ailleurs, avec la mise à distance des logiques politiques et des arbitrages des organisations partisanes, les électeurs peuvent davantage activer des schèmes de perception et d'appréciation qu'ils mettent en œuvre dans leur vie quotidienne pour émettre leur vote. Il est intéressant de noter que les écarts de participation fluctuent selon les catégories socio-professionnelles. Des analyses secondaires effectuées par Sébastien Vignon à partir des données de l'Insee (2008) indiquent que 18,8 % des ouvriers inscrits dans une commune rurale se sont abstenus systématiquement aux élections municipales de 2008, contre 31,9 % de ceux inscrits dans une commune urbaine. Le taux d'abstention voisine avec celui des cadres et professions intellectuelles supérieures, traditionnellement les plus investies dans le jeu électoral, quand la différence entre ces deux groupes dépasse en revanche la dizaine de points en milieu urbain. Enfin, le haut degré de « réalité » des enjeux municipaux augmente à mesure que la taille baisse, avec une connaissance pratique à la fois de la nature des problèmes, de leur origine, voire dans certains cas du coût de leur résolution (Gaxie, Lehingue, 1984). Paradoxalement, plus l'offre électorale est diversifiée, moins la participation est forte.

Encadré 4
Les recompositions sociodémographiques des campagnes et leurs effets en matière de participation électorale aux élections municipales

Les profondes recompositions sociales vécues par les campagnes françaises depuis deux décennies (déclin numérique des agriculteurs, arrivée de nouveaux résidents issus des centres urbains, etc.), qui incitent à ne pas homogénéiser « le » rural (Mischi et Rénahy, 2008), constituent un enjeu d'étude central pour comprendre ce recul de la participation électorale à l'œuvre sur certains territoires en voie de périurbanisation. À un fonctionnement plus intégré et personnalisé (« communautaire ») se substituent des liens plus « faibles », qui participent au déclin de l'implication dans la vie communale et la sphère politique locale dans un contexte de relâchement durable de la norme participationniste (Vignon, 2021b). Le lieu de résidence est plus subi que choisi que par le passé et l'ancrage résidentiel peut prendre la forme d'une « assignation à résidence » (on vit au village faute de pouvoir résider dans la ville où on travaille et où se concentrent les services publics et l'offre commerciale). Il est donc moins investi comme un ressort d'« identité ». La désagrégation des solidarités à base purement « locale », voire familiale, ou la déstructuration de la sociabilité villageoise liée par exemple à la fermeture des commerces, de l'école, tout comme le déclin de la vie associative, sont également des éléments importants. Les interactions entre les individus permettent moins que par le passé de soutenir la conviction d'appartenir à un groupe. Les « rappels à l'ordre civique » et les « micro-sanctions » sociales qui incitaient à voter sont moins forts quand les interdépendances entre les habitants s'affaiblissent. La reconfiguration des liens interpersonnels et la transformation des modes d'appartenance locale engendrent ainsi une progression de l'abstention.

Les données relatives aux scrutins municipaux de 2014 et 2020 confirment les écarts considérables de participation entre les plus petites communes (moins de 500 habitants) et les plus grandes villes (plus de 100 000 habitants) (Graphique 4 *infra*).

Graphique 4 – Pourcentage de votants au 1er tour des élections municipales 2014 et 2020

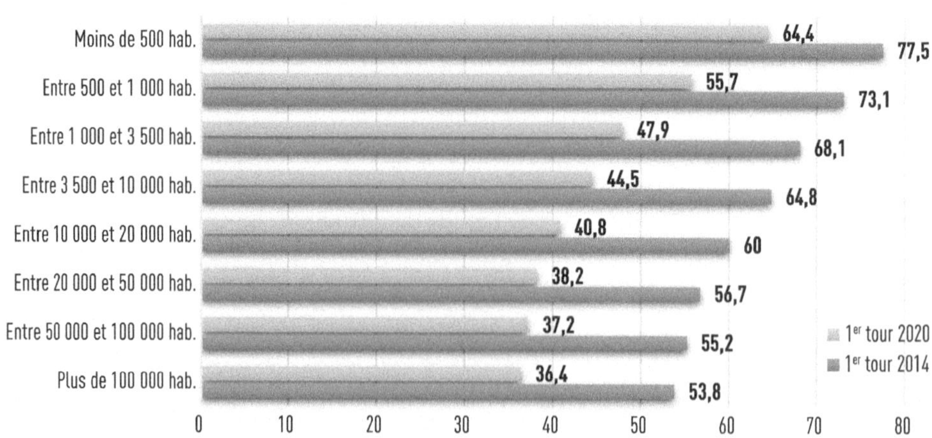

Source : conception des auteurs, données du ministère de l'Intérieur

L'abstention aux élections départementales (Graphique 5 *infra*) ressort élevée depuis longtemps, même si son déclin apparaît très marqué depuis les élections cantonales de 2011, quand celle constatée aux élections régionales (Graphique 6 *infra*) rencontre un désintérêt croissant, mis à part le sursaut observé en 2015.

Graphique 5 – Taux de participation aux élections départementales

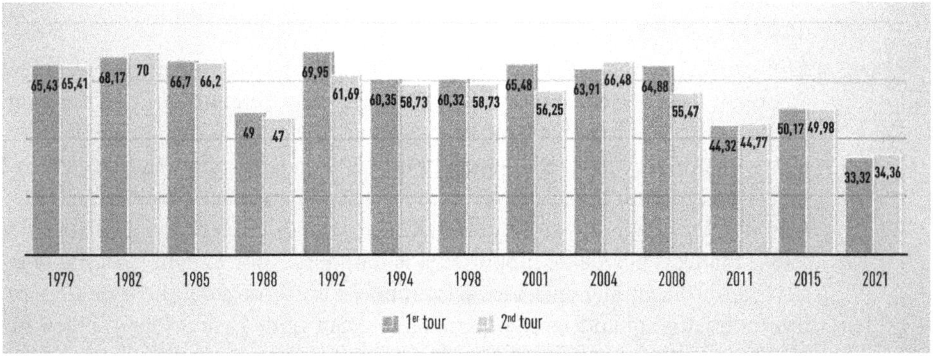

Source : conception des auteurs, données du ministère de l'Intérieur

Graphique 6 – Le taux de participations aux élections régionales [1986-2021]

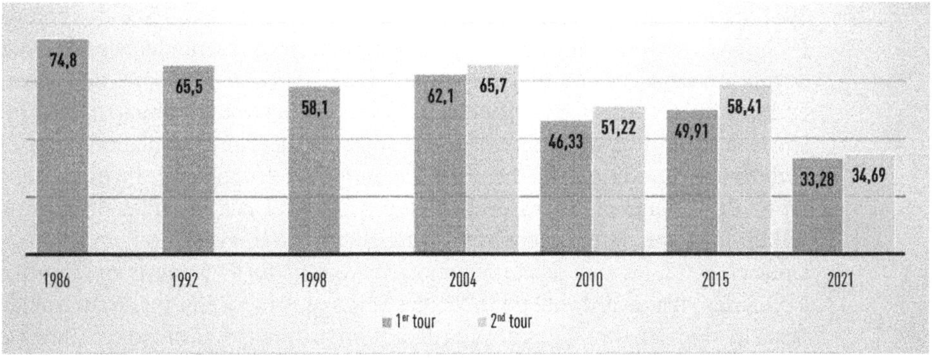

Source : conception des auteurs, données du ministère de l'Intérieur

Il est difficile de faire la part des choses entre une évolution structurelle de long terme et la conjoncture liée à l'épidémie de COVID dans l'explication des pics d'abstention observés aussi bien aux élections municipales 2020 qu'aux élections départementales et régionales 2021. Cependant, il faut noter une participation nettement plus forte dans d'autres pays également touchés par la pandémie (élections de certains Parlements régionaux en Allemagne, élections législatives aux Pays-Bas). Le scrutin anticipé, proscrit en France depuis 1975, y contribue.

3.4. Des résultats électoraux suspendus à l'abstentionnisme différentiel ?

Outre les interrogations relatives au fonctionnement démocratique que suscite la démobilisation électorale, ses effets politiques ne doivent pas être négligés. Certaines formations politiques, du fait des propriétés sociologiques de leur électorat, pâtissent plus que d'autres de l'abstention. Par exemple, la très faible participation enregistrée aux élections régionales de juin 2021 ne semble pas étrangère au faible score obtenu à ce scrutin – très en deçà des anticipations électorales – par les listes du RN, dont l'électorat est plus populaire et moins diplômé que la moyenne.

Aux causes sociologiques expliquant l'inégale participation des électeurs s'ajoutent des considérations plus spécifiquement politiques. En effet, les alternances politiques peuvent moins correspondre à des effets de bascule de l'électorat – même si ce dernier apparaît plus volatil dans ses choix que par le passé – qu'à un abstentionnisme différentiel, phénomène ancien[16] dont la définition a pu donner lieu à une vive opposition. Repartant des élections législatives de 1981, François Goguel le rapportait à la nature du mouvement électoral enregistré à une élection, considérée par rapport à un scrutin ou une série de scrutins antérieurs, quand Jérôme Jaffré l'appréciait pour le seul jour J, grâce aux enquêtes d'opinion qui faisaient apparaître une différence de mobilisation entre électorats de droite et de gauche.

Cette démobilisation électorale d'un camp, informée par une volonté de sanction, a pu être observée lors des élections municipales de 1989 : 28 % des électeurs de François Mitterrand du second tour de l'élection présidentielle de 1988 ne se seraient pas rendus aux urnes, contre seulement 15 % de ceux de J. Chirac. *A contrario*, la victoire de la gauche aux élections municipales de 2008 devrait un large tribut à une abstention plus massive de l'électorat de Nicolas Sarkozy au scrutin présidentiel de 2007. Aux élections municipales 2014, l'inverse se produit. L'abstention est alors aussi le fait d'une population politisée et de gauche, traditionnellement participationniste et qui aurait manifesté une forme de défiance à l'égard de l'exécutif national. Dans les villes de plus de 10000 habitants, qui avaient voté à plus de 60 % en faveur de François Hollande en 2012, les taux de participation sont inférieurs de 5 points en moyenne à ceux des villes ayant voté pour Nicolas Sarkozy. Au second tour, le surcroît de participation dans ces villes de plus de 10000 habitants a davantage profité à la droite (+ 14 % d'électeurs) qu'à la gauche (+ 3,5 %) (Douillet, 2017).

Gardons-nous cependant d'établir une stricte proportionnalité entre l'ampleur de l'abstention et celle des gains ou pertes de chaque camp. Aux élections régionales de 2004, si l'abstentionnisme différentiel profite globalement à la gauche, celle-ci en tire d'autant plus bénéfice que le niveau de participation ne décroche pas massivement. Quand la gauche parvient à mobiliser le corps électoral (alors

16. Si l'expression n'est pas employée, l'abstentionnisme différentiel était déjà analysé comme une clé essentielle des scrutins par André Siegfried dans son *Tableau politique de la France de l'Ouest*. Le fléchissement de la droite aux élections de 1881, 1893 et 1898 n'est pas tant redevable aux progrès de la gauche qu'au découragement de ses adversaires.

que la droite n'y parvient pas), le niveau de l'abstention progresse peu, mais l'abstentionnisme différentiel est important. En revanche, quand la gauche éprouve elle-même des difficultés à mobiliser son électorat, l'abstention progresse de manière importante mais l'abstentionnisme différentiel se réduit : les gains relatifs de la gauche sont alors plus faibles (Dolez, 2004).

4. QUELLE ARTICULATION DES ÉLECTIONS LOCALES À LA VIE POLITIQUE NATIONALE ?

L'évocation de l'abstentionnisme différentiel anticipe un questionnement plus général : jusqu'où les élections locales sont-elles articulées aux enjeux de la vie politique nationale ?

Précédemment, nous avons évoqué la thèse de la nationalisation de la vie politique locale, avec l'unification des marchés électoraux, tout en relevant ses limites au sujet des investitures et des alliances. La capacité des instances centrales à régler la compétition politique locale peut aussi être relativisée lorsque nous considérons la dimension programmatique. La démocratie électorale pouvant être conçue comme un marché où s'échangent des biens électifs, avec des promesses et des programmes d'un côté et des votes de l'autre, le degré de « nationalisation » des élections locales apparaît indexé à la capacité des organisations partisanes nationales à structurer ou non l'offre politique locale. Nous mettons ici volontairement de côté l'interrogation quant au degré de correspondance entre l'offre programmatique et les politiques effectivement menées[17].

4.1. Une offre locale dépolitisée et rassembleuse ?

Concernant l'offre électorale, Rémi Lefebvre (2007b) a souligné l'étiolement de la production programmatique nationale du parti socialiste sur la question municipale. Alors que cet enjeu avait suscité une production nationale considérable dans les années 1970 (ouvrages, programme détaillé), production utilisée par les candidats locaux socialistes, les années 1980 enregistrent un retrait et une certaine dépolitisation de l'offre par les candidats locaux. De manière plus récente et au-delà du parti socialiste, l'observation de campagnes municipales urbaines en 2020 confirme ce relatif effacement de marqueurs programmatiques partisans et différenciés (Delaporte *et al.*). Il existe des thématiques jugées politiquement porteuses (démocratie participative, environnement) qui intègrent les programmes d'une majorité de candidats. Par ailleurs, les programmes font une large place à des problèmes locaux et à des thèmes jugés plus rassembleurs comme le développement local, le cadre de vie ou l'identité du

17. Les travaux d'analyse des politiques publiques ont montré en quoi les fonctions de gouvernement sont irréductibles aux processus de représentation politique, de sorte qu'il n'est pas possible de « déduire » ni le contenu ni les formes des activités gouvernementales des caractéristiques de la politique électorale (Leca, 1996).

territoire. Sans disparaître, la dimension clivante de la politique se (re)déploie sous des formes plus discrètes. Il y a moins un conflit d'agendas programmatiques (avec des thèmes globalement partagés) que des manières singulières et différentes de cadrer les problèmes qui font écho à des positionnements partisans nationaux.

L'exemple de la sécurité municipale, l'un des principaux marqueurs clivants par le passé entre les candidats de gauche et de droite, illustre cette idée d'un agenda partagé et de cadrages différenciés. Malgré la fonction assignée à l'État d'établir une discipline sociale en vue de l'ordre public, nous savons combien les collectivités territoriales concourent de plus en plus aux politiques de sécurité. Bien que l'État demeure le seul garant (et non le seul acteur), la réponse locale croissante a ainsi conduit à évoquer une coproduction de la sécurité. Si la figure du maire comme garant de l'ordre public est construite dès la IIIe République (Le Goff, 2005), l'habilitation du maire à agir en ces matières a en effet été récemment renforcée. Les mécanismes de réinvestissement du domaine de la sécurité par les municipalités ont été nourris par une demande sociale de sécurité portant sur la régulation des lieux collectifs et une attention limitée des services de l'État à ces problèmes (Germain, 2008).

La campagne municipale rennaise de 2020 est un bon exemple des convergences et divergences qui se nouent autour de la sécurité. Tous les candidats, à l'exception des deux listes situées à l'extrême gauche, font de la sécurité un enjeu essentiel, même si la priorité accordée croît à mesure qu'on se déporte vers la droite de l'échiquier politique. D'autant plus qu'il y a également un discours d'opposant, logiquement enclin à fustiger le bilan des sortants. Le cadrage du problème révèle en revanche des différences importantes. Au cadrage sécuritaire traditionnel, avec sa logique d'arsenal (effectifs de police municipale, missions, équipement, vidéosurveillance...) fait écho un cadrage alternatif, particulièrement marqué chez les écologistes. Si la sécurité n'est pas, ou n'est plus, un tabou, le cadrage du problème convoque ici la formation des policiers, la réponse sociale à l'insécurité, les violences faites aux femmes, la prévention, le refus de l'armement des policiers municipaux et des caméras. Plus globalement, c'est une police de proximité qui est défendue. D'un côté, il n'y a plus véritablement débat ni sur l'existence d'une politique municipale, ni même sur la possibilité d'augmenter ses effectifs. De l'autre côté, nous constatons des différences importantes quant au chiffrage, sur l'équipement des policiers municipaux (pistolets à impulsion électrique, arme létale) et leurs missions (plus ou moins grande différenciation par rapport à la politique nationale).

4.2. Des élections locales comme réponses à des stimuli nationaux. La thèse des élections intermédiaires

Du côté des électeurs, la question est de savoir jusqu'où leurs votes répondent à des stimuli nationaux. L'hypothèse a été largement retenue dans la littérature internationale. Il y eut le concept d'élections dites de « second ordre » proposé par Karlheinz Reif et Hermann Schmitt (1980). Les deux chercheurs analysaient alors les résultats des élections au Parlement européen sous le jour d'une agrégation de différentes élections nationales de second ordre organisées simultanément au sein des États membres, et non comme une seule élection véritablement européenne. Les comportements électoraux seraient subordonnés aux élections nationales dites « de premier ordre ». Le scrutin – européen ici – représente l'occasion d'exprimer son sentiment – et notamment son spleen – vis-à-vis de la politique au niveau national en choisissant de s'abstenir, d'émettre un vote protestataire ou pour un parti d'opposition (au national). Les élections de premier ordre suivantes constitueront l'occasion pour les électeurs de revenir à leur « vrai » choix électoral (Rei et Schmit, 1980). Leur proposition s'est inspirée du travail précédent de Reiner Dinkel (1977) concernant les élections régionales allemandes (Land) qui entrevoyait une perte de soutien électoral aux listes appartenant au camp de la majorité fédérale. Les élections se transforment en verdict au sujet de la performance gouvernementale nationale. Les élections autres que nationales et centrales se muent en autant de « baromètres » politiques (Anderson et Ward, 1996) pour mesurer le degré de popularité ou d'impopularité d'un gouvernement national, ou être utilisées comme un « référendum » à mi-mandat (Simon *et al.*, 1991). Mais elles peuvent aussi être « d'équilibrage » lorsqu'il s'agit pour les électeurs de contrebalancer le pouvoir des forces politiques gouvernementales par le choix d'autres partis à d'autres échelles, comme le montrent notamment Erikson et Filippov (2001) ou Kern et Hainmüller (2006) dans les contextes fédéraux respectivement canadien et allemand.

L'application du concept d'élections de second ordre est devenue monnaie courante en Europe pour étudier les élections infranationales. Utilisée dans la littérature scientifique, l'idée sous-jacente ne manque pas d'intégrer le commentaire journalistique (sans que l'expression elle-même soit reprise). L'attraction pour ce schéma interprétatif est palpable dans l'étude des élections locales françaises et des cycles politiques, plus particulièrement lorsque les résultats paraissent exprimer une défiance à l'endroit de l'Exécutif national. Jean-Luc Parodi (1983) a utilisé la catégorie des « élections intermédiaires » pour évoquer cette idée de test. La manière dont vie politique nationale et vie politique locale se répondent a été stimulée par une nationalisation progressive de la vie politique, qui rend l'agenda politique plus dépendant des grands courants d'adhésion ou de rejet à l'égard de la politique nationale (Nadeau *et al.*, 2018).

Le modèle des élections de second ordre, dont l'héritage a prospéré dans le champ des études électorales, relève d'un parti pris de « nationalisation » des scrutins qui s'avère moins convaincant dans l'étude des élections infranationales que dans celui des élections européennes (Schakel, Jeffery, 2012). Ce modèle suppose d'abord l'existence d'une structure de clivages partisans comparable au plan national et au plan local, alors que cette condition est à l'évidence absente de la grande majorité des communes françaises – de petite ou très petite taille démographique – dans lesquelles les ancrages partisans sont introuvables ou invisibilisés. Seule une attention sélective sur les villes moyennes et grandes nous autorise à mobiliser la dialectique entre national et local.

Cette première limite étant posée, on pourrait voir dans les élections régionales un cas d'étude *a priori* convaincant pour valider la thèse d'une articulation étroite entre vie politique nationale et vie politique locale. La « nationalisation » des élections régionales françaises (Dolez, Laurent & Patriat, 2005) serait favorisée par une série de causes cumulatives : relative modestie des clivages de type centre/périphérie en France (comparativement à d'autres configurations nationales.) ; faible concurrence des partis régionalistes et de leur projet vis-à-vis de la société stato-nationale (à l'exception de la Corse et de l'Outre-Mer) ; expression modeste du clivage centre-périphérie par les partis nationaux, en comparaison de pays où les partis politiques disposent d'une base régionale forte et autonome (CDU, SPD et *Grünen* en Allemagne, ou parti socialiste catalan) ; organisation le même jour de toutes les élections régionales, qui favorise l'idée de « test national » de légitimité pour les gouvernants, là où l'éparpillement des scrutins régionaux dans les États fédéraux (Allemagne, Autriche) ou régionalisés (Espagne, Italie) relativise l'idée d'élection baromètre.

Pour appréhender et étalonner l'interaction entre national et régional, il a pu être utilisé un index moyen de différenciation[18] qui s'intéresse au désalignement des comportements électoraux à l'occasion des élections régionales par rapport aux orientations des votes nationaux (élections présidentielles et législatives). L'étude longitudinale révèle ainsi de fortes variations de l'index sur les quatre élections régionales considérées : 1986, 1992, 1998 et 2004 (Dupoirier, 2004). Autrement dit, les comportements électoraux pour les scrutins régionaux changent de ceux observés aux élections nationales, manifestant une forme de réaction. Mais qu'y a-t-il de commun entre ces élections successives ? Les élections régionales et législatives sont organisées le même jour en 1986, et marquent une large victoire de la droite, cinq ans après l'arrivée au pouvoir de la gauche. Il n'y a pas ici l'idée d'un scrutin intermédiaire d'équilibrage. La domination de la droite aux élections de 1992, soit quatre années après les élections nationales de 1988, semble pour sa part préfigurer la défaite historique de la gauche aux élections législatives de 1993. Empêtrée dans « les affaires », affrontant un début de récession et critiquée pour sa gestion « sociale libérale » de l'économie (Lehingue, 2010), la gauche gouvernementale suscite alors un climat de défiance dont profitent les listes de droit aux élections régionales. En 1998, les gains de la gauche aux régionales, remportant huit présidences contre seulement deux six ans auparavant, semblaient traduire la dynamique politique de la majorité plurielle dirigée par Lionel Jospin, portée au pouvoir seulement un an auparavant. Les élections de 2004 sont finalement les seules – sur la période – à réunir les caractéristiques d'une élection intermédiaire (au milieu d'un cycle électoral national). Le basculement au profit de la gauche de 13 des 14 régions alors détenues par la droite depuis 1986 et la confirmation de sa position majoritaire dans 8 régions conquises en 1998 pou-

18. L'index représente la somme des écarts en valeur absolue des suffrages recueillis par chaque famille de partis à l'élection présidentielle précédente et l'élection régionale étudiée. Il faut y ajouter dans le cas français les élections législatives qui ont pu rompre les cycles présidentiels.

vaient effectivement donner l'image d'un test national d'impopularité du gouvernement Villepin (Dupoirier, 2004). François Fillon, candidat malheureux à la reconduction de sa présidence du conseil régional des Pays de la Loire, évoquait alors un « 21 avril à l'envers », en référence à l'élimination de Lionel Jospin au 1er tour de l'élection présidentielle de 2002. Alors que les configurations électorales ne sont pas parfaitement comparables, l'index de différenciation risque de se faire pure tautologie dès lors qu'il sert à illustrer l'idée de concordance (faible écart) ou de vote sanction (grand écart). En toutes circonstances, les résultats autorisent ainsi des commentaires qui font le lien avec la vie politique nationale.

4.3. La nationalisation des élections locales : un biais interprétatif ?

Outre le biais discutable consistant à considérer les élections nationales comme les seules qui comptent véritablement, la lecture interprétative des résultats postule davantage la psyché de l'électeur qu'elle ne la décortique et ne l'expose au moyen d'investigations convaincantes. Seule la combinaison de plusieurs méthodes (observation, enquête, entretien, exploitation des matériaux de campagne) permettrait d'appréhender plus finement la dimension « autochtone » des élections locales. Sans compter que ce type d'analyse postule, sans le dire, la présence d'une sorte d'acteur collectif – l'électorat – stratège et capable d'envoyer un message en dosant son vote.

Le commentaire et l'analyse des scrutins locaux semblent également sujets à des biais sélectifs. Certes, des pertes aussi spectaculaires pour l'Exécutif national que celles des élections régionales de 2004 (pour la droite) et des élections départementales de 2015 (pour la gauche) accréditent l'existence d'une sanction. Mais les pertes sont souvent de moindre ampleur. Or le tropisme – aussi bien journalistique que politique – consiste à se focaliser sur le solde des pertes, à l'appui de la thèse du vote sanction, au risque d'invisibiliser la stabilité politique souvent observée dans une majorité de territoires (pour les élections municipales et départementales du moins). Cette stabilité peut s'expliquer par des variables « lourdes » (part de logements sociaux, chômage, fiscalité), notamment observées dans les villes sur un temps long (Nadeau *et al.*, 2018). Elle se nourrit plus généralement d'un phénomène de prime aux sortants (cf. plus loin) à partir duquel la légitimité locale établie chez les sortants (charisme personnel, charisme de fonction) permettrait d'échapper plus ou moins fortement aux externalités politiques nationales. La prime aux sortants peut être redoublée le cas échéant par le poids de notabilités locales dans l'orientation des votes (cf. Chapitre 5).

La nationalisation du cadre interprétatif fonctionne d'autant mieux qu'elle répond adéquatement aux contraintes professionnelles, du moins pour les médias nationaux. Faute de pouvoir entrer dans le détail et le particularisme de chaque configuration politique locale, le commentaire journalistique propose une synthèse générale qui doit elle-même s'articuler autant que possible avec une stratégie éditoriale payante. Rabattre une multiplicité d'élections locales sur l'idée simple d'une sanction du pouvoir national coche toutes les cases. Dans le champ politique, il est coutumier que l'opposition nationale interprète les reculs locaux comme un désaveu pour l'Exécutif national, lorsque ce dernier essuie des pertes, quand la majorité cherche au contraire à localiser les enjeux.

La dimension « nationale » des élections locales semble autant constituer une réalité, difficilement quantifiable et rarement démontrée méthodiquement, qu'un parti pris analytique. La connexion national-local est à l'œuvre lorsque les élections locales soutiennent et précèdent les progrès d'un parti au plan national. La victoire du Parti socialiste en 1981 (élection de François Mitterrand, raz-de-marée aux législatives suivantes) se serait ainsi appuyée sur le travail de ses équipes municipales dans les villes conquises quatre ans plus tôt, notamment dans l'ouest de la France. Plus récemment, le Front national a fait de sa (ré)implantation locale (observée à ses débuts), une stratégie pour installer sa crédibilité. Le dessein de Marine Le Pen de constituer un réseau d'élus locaux doit lui permettre de disposer d'un vivier d'élus pour parrainer sa candidature à la présidentielle, de capter de nouvelles sources de financement au parti (grâce aux cotisations des élus), de fidéliser une clientèle électorale (mise en place de systèmes géopolitiques locaux frontistes) et enfin de convaincre de sa capacité gestionnaire (Subra, 2016).

5. LE GÉNIE INVISIBLE DE LA « PRIME AUX SORTANTS »

L'évocation d'une « prime aux sortants » est récurrente dans les commentaires électoraux. L'hypothèse peut être faite que l'enracinement social et politique des élus aussi bien que la responsabilité de la conduite des politiques locales autoriseraient une accumulation de ressources susceptibles de consolider l'emprise des chefs d'exécutifs locaux (Négrier, 2021).

5.1. Repartir au combat électoral : entre hésitations et résolution

Si la prime aux sortants recouvre la forte propension des sortants à assurer leur réélection, encore faut-il prêter attention au fait que beaucoup de sortants entendent se succéder à eux-mêmes. Ce qui semble toujours être le cas de nombreux maires, malgré l'envoi de signaux faisant état d'une certaine lassitude. En 2018, une enquête CEVIPOF effectuée auprès des maires[19] laissait poindre une crise de vocations : alors que 60 % des maires avaient été réélus en 2014 (on peut donc supposer qu'ils étaient plus nombreux à candidater), 49 % des répondants indiquaient vouloir « abandonner tout mandat électif ». Le taux de renoncement ressortait plus fortement chez les maires des petites com-

19. L'enquête recueillait et exploitait 4 657 réponses, soit un échantillon de volontaires à la fois solide (eu égard au grand nombre de réponses) et fragile en termes de représentativité (il est probable que les répondants, 13 % de la population-mère étudiée, ne « ressemblent » pas complètement aux non-répondants).

munes : 55 % des maires répondants des communes de moins de 500 habitants disaient envisager l'abandon de leur mandat, contre 28 % pour la tranche de 5 à 10 000 habitants et 9 % pour les communes de plus de 30 000 habitants. Alors que le sondage démontrait que les édiles qui envisagent de ne pas se représenter évoquent massivement des aspects personnels (70,8 %) et le sentiment du devoir accompli (52,5 %), la presse s'est focalisée quant à elle sur les difficultés liées à l'exercice du mandat : réduction de la capacité d'action engendrée par l'intercommunalité, manque de moyens financiers et humains, exigences croissantes des citoyens, perte d'influence et dévalorisation du mandat… (Guéranger, 2020). La décision d'y retourner a pourtant paru reprendre des forces à mesure que l'échéance électorale se rapprochait. La croyance dans une crise des candidatures peut s'imposer avec d'autant plus de forces qu'après chaque scrutin municipal, aucune étude empiriquement étayée ne peut lui apporter de démentis (faute de données officielles disponibles). L'exploitation d'une base de données relatives aux élus municipaux (sexe, âge, profession, situation électorale) d'une communauté de communes de la Somme – la Communauté de communes Somme Sud-Ouest (119 communes, dont une sur cinq compte moins de 100 habitants) – tord le cou à cette prétendue crise des candidatures (Vignon, 2020) à laquelle s'ajoute de plus en plus le thème des démissions des élus locaux, et en particulier des maires (Encadré 5 *infra*).

Encadré 5
Démission des maires et effets d'âge

Bien que placés en première ligne pour répondre à tous les problèmes de leur territoire, et malgré un alourdissement de leurs responsabilités et de leur charge de travail, la part des maires des petites communes qui ont choisi de quitter l'institution au terme de leur mandat reste faible : 29 %. L'âge tempère largement l'idée d'une quelconque crise des maires et de leur vocation. C'est à partir de 65 ans que le processus de retrait s'accélère assez nettement. Il culmine au-delà du seuil des 75 ans : près de 70 % n'ont effectivement pas conduit de liste, ce qui n'est le cas « que » de 14,5 % des édiles âgés de 50 à 64 ans. Au-delà de ces tranches d'âge, les sujétions afférentes à l'exercice de responsabilités municipales (réunions multiples, nombreux déplacements, sollicitations croissantes) peuvent s'avérer dissuasives et tempérer certaines bonnes volontés. En cela, les logiques de désinvestissement du rôle de maire ne dérogent pas de celles qui prévalent dans d'autres formes d'activités sociales collectives (politiques, associatives) ; les effets d'âge traduisant l'influence propre de la position occupée dans le cycle de vie sur l'engagement, et plus généralement sur les comportements politiques. (Re)mettre en question l'idée reçue selon laquelle les maires des petites communes renonceraient à se représenter ne doit pas aboutir à occulter les difficultés et contraintes croissantes qui pèsent sur l'engagement mayoral (disparition de services déconcentrés de l'État, sollicitations multiples, difficultés à concilier du mandat avec la vie professionnelle, technisation croissante des dossiers, incapacité pour élus les moins dotés en capital politique et social à « peser » sur les décisions communautaires…).

L'exploration des données concernant aussi bien le scrutin municipal (2020) que les scrutins départemental et régional (2021) rappelle que beaucoup de chefs d'exécutifs locaux sortants ont décidé de se représenter, avant d'être réélus dans une majorité de cas.

5.2. Des sortants souvent candidats, et souvent réélus

À l'instar des scrutins précédents, la prime aux sortants semble avoir pleinement joué aux élections municipales 2020. 71 % des maires sortants se sont représentés et 86 % d'entre eux ont été réélus[20]. Le maire sortant a été réélu dès le premier tour dans 20 600 communes (sous réserve que l'élection soi confirmée par le vote du premier conseil municipal).

Largement évoquée du côté des maires, la prime aux sortants s'observe également du côté de l'élection des présidents des conseils départementaux et régionaux.

Étudiant les quatre scrutins régionaux organisés de 1986 à 2004, Christian Bidégaray (2004) soulignait l'existence d'un cumul longitudinal de la fonction présidentielle : 18 présidents avaient effectué au moins deux mandats, et 6 d'entre eux avaient été élus trois fois. En 2004, tous les présidents en activité se sont représentés à l'exception de Robert Savy dans le Limousin (Bidégaray, 2004). Un nombre significatif d'entre-deux furent battus en raison d'alternances partisanes. Le dernier scrutin régional de juin 2021 a même accentué encore ce trait : tous les présidents en exercice des conseils régionaux métropolitains, deux d'entre eux ayant accédé à la présidence en cours de mandat[21], se sont portés candidats à leur propre succession et ont été réélus. Au 1er tour, les blocs politiques de gauche (socialistes et alliés) comme de droite (LR-DUI) sont sortis significativement renforcés dans les régions qu'ils dirigeaient. Malgré la présence de trois ou quatre listes au second tour[22], et la dispersion qui en découle, les listes des présidents sortants sont arrivées en tête avec une avance souvent confortable sur la liste arrivée en seconde position (plus de dix points d'avance dans onze des treize régions métropolitaines[23]). Des changements peuvent en revanche être observés en Outre-Mer, avec la collectivité territoriale de Martinique (CTM) – collectivité unique exerçant les compétences départementale et régionale – où le président sortant Alfred Marie-Jeanne (MIM) a été réélu dans sa circonscription, mais a perdu l'élection à la présidence face à Serge Letchimy (PPM). Cette continuité du pouvoir régional contraste avec le fort renouvellement des prétendants. Seulement 29 des 114 listes présentées dans les 13 régions métropolitaines ont été conduites par des têtes de liste déjà présentes à ce niveau de responsabilité en 2015, dont celles des neuf présidents sortants

20. « Ce qui porte à 61 % la proportion de maires réélus » (BIS 145, 2020 : 1).

21. En 2017, Jean Rottner a succédé à Philippe Richert, démissionnaire, en Alsace, et Renaud Muselier a, lui, succédé à Christian Estrosi, également démissionnaire, en région PACA.

22. Il n'y a qu'en région PACA que le second tour s'est réduit à un duel entre deux listes.

23. Dans quatre régions, l'avance a même dépassé les 20 points : +21,59 pour la liste Wauqiez en Auvergne Rhône-Alpes, +24,74 pour la liste Hervé Morin en Normandie, +26,73 pour la liste Xavier Bertrand dans les Hauts-de-France et +33,78 pour la liste de Carole Delga en Occitanie.

(les autres présidents en exercice ont remplacé les présidents élus en cours de mandat). Autrement dit, pratiquement toutes les listes prétendantes ayant échoué en 2015 ont renouvelé leur tête de liste en 2021.

En revanche, la continuité ressort plus marquée du côté des conseillers, un conseiller régional sortant sur deux (50,3 %) s'étant représenté en 2021. Le taux tombe à 45,9 % si l'on retire les élus passés dans un autre camp politique (pour l'essentiel, du côté des listes majorité présidentielle LREM-Modem). De manière générale, le taux de reconduction apparaît plus marqué lorsqu'on appartient à la majorité sortante : 53,8 % pour les candidats de gauche dans les régions dirigées par la gauche, le chiffre tombant à 42,6 % dans les régions dirigées par la droite ; 48,6 % de conseillers sortants de droite reconduits dans les régions dirigées par la droite, le chiffre tombant à 33,3 % dans les régions dirigées par la gauche[24].

Les élections départementales connaissent elles aussi une forme de continuité (Graphique 7 *infra*). Elle s'observe d'abord au niveau des conseillers. Parmi les 15 238 candidats, formant les 7 619 binômes paritaires, se trouvent 2 647 sortants, candidats au sein de binômes sortants complets (854 cantons, soit 1 708 candidats) ou incomplets (dans 779 cantons, un seul sortant se représentait). Dans 75 cantons, les deux sortants étaient présents mais s'affrontaient lors du 1er tour. Seuls 5,5 % des conseillers sortants ont été éliminés dès le 1er tour, contre 6,7 % élus ce même tour. Il restait 87,8 % de qualifiés pour le second. La moyenne des scores réalisés par les binômes composés d'au moins un sortant atteint 43,3 %, passant de 39,5 % lorsqu'un seul membre du binôme est sortant à 47,6 % lorsque le binôme se représente au complet. Parmi les 2 324 sortants qualifiés pour le second tour, 2 040 l'ont emporté, soit un taux de victoire de 87,8 %.

Que nous disent les données[25] concernant l'élection des présidents sortants (dans les 95 collectivités retenues)[26] ? Sans reproduire le grand-chelem régional, chose improbable avec une petite centaine de collectivités concernées, les élections départementales témoignent néanmoins d'une grande continuité. Il existe d'abord une volonté majoritairement partagée de se représenter : seulement 21 des 95 présidents sortants (soit 22,1 %) renoncent à se succéder à eux-mêmes à la présidence. Ils ne participent ainsi pas au scrutin, à l'exception de Nathalie Sarabezolles (Finistère) qui candidate pour siéger à l'avenir comme simple conseillère. La non-candidature correspond presque toujours à un retrait volontaire, qui s'explique souvent par l'âge et un cumul dans le temps du mandat

---

24. Source des données chiffrées : Fondapol.

25. Ces données résultent d'un recueil et d'une analyse des auteurs.

26. Ne sont retenues ni les collectivités territoriales uniques (Corse, Martinique, Guyane), ni Paris (la municipalité – issue du scrutin municipal – exerce les fonctions départementales). La collectivité européenne d'Alsace n'est comptabilisée qu'une seule fois, bien qu'elle réunisse deux départements (Bas-Rhin, Haut-Rhin). Mais n'étant pas une collectivité territoriale unique (une fusion de conseils départementaux permettant de faire revivre une entité alsacienne au sein de la région Grand-Est), il est possible de la comptabiliser dans les élections départementales.

présidentiel. Le second constat tient à la forte probabilité d'être réélu conseiller. Sur les 74 présidents sortants candidats à leur propre succession, seuls 3 d'entre eux (soit 4,1 %) sont battus dans leur canton[27]. Réélus conseillers dans 95,9 % des cas, ils ont également de fortes chances d'être réélus président, sauf bascule politique de l'assemblée. Ainsi, sur les 71 présidents sortants réélus conseillers, 64 d'entre eux furent ensuite consacrés par le vote des conseillers comme présidents (90,1 % des présidents sortants concernés). Les changements de présidents résultent au final davantage de renoncements individuels que des rapports de force politiques issus du scrutin.

Graphique 7 – Candidatures et résultats des conseillers et présidents sortants aux élections départementales 2021 (chiffres exprimés en %)

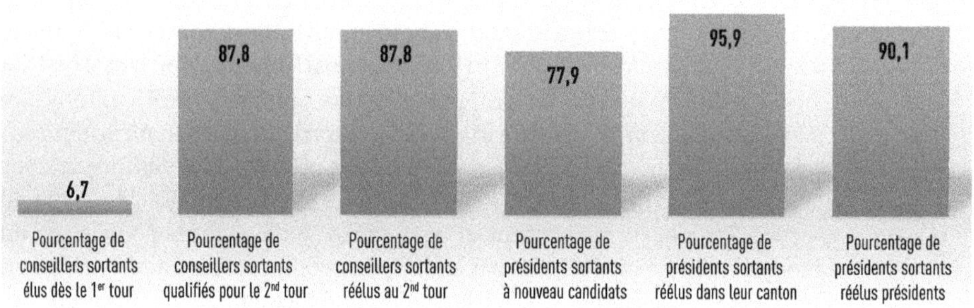

Sources : données Fondapol ; calculs à partir des données des auteurs (Frinault, Troupel, Vignon)

27. Christian Gillet (divers droite) en Maine-et-Loire ; Christian Favier (PCF) dans le Val-de-Marne ; Josette Borel-Lincertin (FGPS) en Guadeloupe.

PARTIE 2

SOCIOGRAPHIE ET REPRÉSENTATIVITÉ DES ÉLUS LOCAUX

Le choix et les modifications des règles électorales (qui peut candidater ? dans quel cadre ? pour quelle durée ?) comme la confection des listes contribuent à façonner la composition des assemblées locales, tant en termes de rapports de forces politiques que de profil des élus locaux amenés à siéger dans ces conseils et à prendre des décisions pour le territoire. Quels sont ceux qui gèrent des budgets parfois colossaux (ou plus modestes dans le cas de communes rurales) ? Des « Monsieur et madame tout le monde » ? Poser ces questions, s'interroger sur leurs caractéristiques, permet de relier directement ces élus au contexte dans lequel ils évoluent (Chapitre 4). La littérature est souvent encline à se focaliser sur leurs caractéristiques sociologiques sans insister sur les effets en amont de la définition des règles du jeu sur la sélection et le fonctionnement des assemblées locales (place laissée à l'opposition, gouvernabilité versus représentativité, etc.).

Bien que les politiques publiques ne soient pas analysées dans cet ouvrage et que nous n'abordions pas le fonctionnement de ces assemblées ni les relations avec l'administration, il ne faut pas négliger le fait qu'une fois leur sésame obtenu, ces hommes et ces femmes vont décider, dessiner les politiques publiques mises en œuvre. Ainsi, avoir un conseil municipal de gauche ou de droite pourra avoir une incidence sur la tarification de la cantine scolaire, les critères d'accès à la garderie ou au centre aéré ou encore la part de budget allouée aux transports en commun ou aux activités culturelles. Souvent qualifiées de secondaires, ces élections ont pourtant une incidence concrète et réelle sur le quotidien des habitants (et pas seulement des citoyens).

Bien que le rôle d'élu local soit nettement moins objectivé que beaucoup d'autres rôles politiques, rendant difficile une socialisation anticipatrice précise (Fontaine et Le Bart, 1994), nombreux sont les travaux à saisir la sociologie des élus par leurs expériences et attributs antérieurs à l'accès aux mandats électifs (Demazière, 2009). Ils peuvent porter attention aux filières de recrutement. Considérant la capacité des élus à bénéficier des ressources militantes pour accroître leur capital d'éligibilité (ou de réélection), il est alors possible d'envisager l'existence et la densité du capital militant, susceptible d'être réinvesti dans l'activité électorale aussi bien pour être désigné que pour bénéficier des ressources partisanes en campagne (matériel, organisation démarchages...). Outre le capital personnel d'autorité politique, les candidats peuvent chercher à capter un « capital délégué d'autorité politique » (Bourdieu, 1981). Toutes les nuances s'observent ici entre les communes rurales (partis politiques absents, argumentation partisane interdite), et les grandes villes (monopolisation de l'offre politique par les formations politiques nationales) (Le Bart, 2001).

Il est également possible d'envisager l'engagement associatif comme un préalable à l'entrée en politique. Au même titre que le syndicat, l'association est un lieu d'apprentissage des règles de la démocratie représentative, ainsi qu'un lieu d'accumulation de capital social (relations) et de capital symbolique (notoriété). Non seulement les associations sont porteuses d'innovation, mais elles sont aussi un des moyens d'accès et de maintien au pouvoir des élus (Balme, 1989). Concernant plus spécifiquement les femmes, les candidates aux élections municipales de 2001 ont ainsi beaucoup été valorisées comme venant du tissu associatif, signe d'un investissement sociétal et citoyen (donner son temps, savoir-faire militant éventuel, capital relationnel, etc.), tout en garantissant une image relativement profane de candidates moins partisanes et issues « de la société civile ».

Plus largement, il existe la relation au tissu associatif qui se révèle politiquement significative. Julien Talpin (2017) a par exemple étudié l'affiliation d'acteurs associatifs lors des campagnes électorales, et notamment porté attention à leur mobilisation dans le travail de démarchage électoral. Avec Pierre Bonnevalle (2023), ils ont entrepris d'étudier les relations entre les majorités au pouvoir et les acteurs associatifs, celles-ci façonnant les éventuelles alliances et leur mobilisation en période électorale, à travers les modalités d'attribution des financements associatifs. Parce que beaucoup d'associations, dont le statut garantit l'indépendance, se voient liées dans les faits aux décisions, subventions et investissements communaux, la collectivité peut aussi exercer un contrôle indirect et entretenir une forme particulière de clientélisme, à base de réciprocité, qui se noue entre les candidats et/ou élus locaux et les associations.

Cet ensemble d'éléments de nature politique se voit redoublé par un ensemble de mécanismes sociologiques informels tout aussi contraignants (Cadiou, 2009b), tous deux jouant au-delà de dispositions juridiques incontournables (avec des conditions en termes d'âge, de nationalité et d'état mental). Ces mécanismes recouvrent aussi bien des mécanismes et filtres de sélection sociale (statuts professionnels, lignages familiaux) que ceux relevant du genre, de l'âge ou encore des origines. En démocratie se pose la question de savoir s'il faut représenter l'unité du groupe (universalisme) ou la diversité de ses composantes (particularisme) ? Dans une conception unitaire du pouvoir, que la culture républicaine française a historiquement privilégiée, la « démocratie mandat » privilégie l'universalisme. *A contrario*, la « démocratie miroir », davantage ancrée dans la tradition anglo-saxonne, a ce souci de représenter la diversité du corps électoral.

Malgré cette tradition universaliste, les problématiques de représentativité, ou plus exactement d'un déficit de représentativité, ajoutant au sentiment de distance entre classe politique et citoyens, se sont imposées en France. Elles ont surgi, pour certaines, dans le débat public et dans le champ politique, quand elles sont par ailleurs mobilisées dans les travaux de sciences sociales. Ces enjeux se traduisent tantôt par des évolutions, plus ou moins achevées, ou peuvent être frappés, en comparaison, d'une relative inertie.

Étudier les élus locaux revient à non seulement s'interroger sur les questions de représentativité, à se demander si le « jeu » est véritablement ouvert à toutes et tous, mais aussi à questionner les motivations et ressorts de la candidature, qu'il s'agisse des visions du développement des territoires ou de la construction d'une carrière politique. Représentant des passages obligés, des raccourcis, des positions d'attente, ces divers mandats locaux ont chacun une « valeur » politique. Recherchés à titre individuel et/ou nom du parti, les fauteuils de conseillers sont parés de nombreux atouts stratégiques et, de ce fait, disputés. Pour faire sauter les verrous, le recours à la loi est nécessaire mais pas toujours suffisant, comme avec le cas emblématique de la parité (Chapitre 3).

Après avoir exploré les étapes, ressorts et manifestations de la féminisation du champ politique local, nous nous intéresserons à trois autres dimensions sociologiques : l'ancrage professionnel, l'âge et les origines des élus locaux. Au-delà de leurs singularités respectives, elles ont en commun de ne pas être traitées en droit et d'avoir connu des changements d'ampleur plus limitée. Leur étude permet de dessiner les contours et biais sociologiques de la population des élus locaux en miroir de la population française. Ces biais jouent de manière différente et inégalement intense : plus les responsabilités politiques visées et occupées sont centrales et élevées dans la hiérarchie (taille de la collectivité et hiérarchie des positions en son sein), plus les filtres politiques et sociologiques opèrent de manière sélective. Il faut également y ajouter le type de scrutin, les scrutins de liste permettant de mélanger candidats expérimentés et profanes (Demazière, 2009).

Chapitre 3

La (fragile) mécanique paritaire à l'épreuve des rouages politiques

50 % de conseillères départementales. 48,5 % de conseillères régionales et 42,2 % d'élues municipales[1]. Au regard de ces données, il serait tentant de se demander s'il reste encore des choses à dire sur la parité, les assemblées locales étant, en effet, désormais composées de presque autant de femmes et que d'hommes. Il importe cependant de déconstruire cette image trompeuse et lisse de « happy end » car non seulement il ne s'agit pas d'une histoire tranquille qui aurait suivi son bonhomme de chemin – les résistances ont été et sont encore nombreuses – mais il reste de surcroît des zones essentielles du pouvoir local à féminiser plus substantiellement.

Revenir sur son évolution – en prenant comme point de départ la loi centrale du 6 juin 2000 – présente un double intérêt. D'une part, exposer le dispositif paritaire tel qu'il a été imaginé au départ et tel qu'il se décline aujourd'hui afin d'en voir le cheminement. D'autre part, insister sur la nature de la parité et revenir sur le flou qui l'entoure (Troupel, 2006). Est-elle un idéal ? Un objectif à atteindre ? Un moyen pour améliorer la représentativité des élus et ouvrir plus

1. Source : DGCL, BIS (Bulletin d'information statistique), n° 162, mars 2022, p. 8.

largement le débat à ce sujet[2] ? La clarification sur la finalité et la forme que devait revêtir la parité n'a pas été poussée à son terme par les différents acteurs mobilisés tout au long des années 1990 (et particulièrement entre 1995-1999) car rester sur le consensus minimal – il fallait briser le plafond de verre empêchant les femmes d'accéder à la politique – permettait d'unifier les forces et d'optimiser sa mise sur agenda[3]. C'est également au cours de cette période que s'est imposé le choix du recours à la loi (plutôt qu'aux quotas internes aux partis) et de son préalable, la révision constitutionnelle[4]. En précisant les modalités de mise en œuvre des principes inscrits dans la Constitution, en définissant *comment* elle serait mise en œuvre (et non plus seulement *pour quoi*), la loi du 6 juin 2000 a fait évoluer le statut de la parité. S'ouvre alors la seconde période (de 2000 à aujourd'hui) au cours de laquelle, en redéfinissant les règles la compétition du jeu politique (nouveaux critères pour être candidat), la parité endosse le statut de loi électorale, et même de « politique publique électorale » selon Thomas Erhardt (2016). Ainsi, voir précisément dans quelles assemblées et selon quelles modalités elle s'applique éclaire sur ses résultats et facilite l'identification des enjeux liés aux points d'achoppement demeurant.

1. PARITÉ : UN DISPOSITIF LÉGISLATIF TOUJOURS NON STABILISÉ

Entre le dispositif paritaire appliqué lors de la dernière séquence électorale (2020-2021) et celui adopté le 06 juin 2000, il n'y a pas seulement vingt ans qui les séparent. Ses modalités ont, au cours de cette période, connu bon nombre de fluctuations, débouchant sur un système alambiqué. Ces variations s'expliquent par sa genèse et la tension qui la traverse depuis son origine : peser sur la composition des assemblées à travers leur féminisation… tout en bouleversant le moins possible le fonctionnement du jeu politique existant.

1.1. La loi du 06 juin 2000 : une version originale rudimentaire

La temporalité politique est un des paramètres à prendre en compte pour comprendre le décalage entre la lente reconnaissance de la sous-représentation des femmes en politique et l'examen, en quelques mois, de la future loi sur la parité du 06 juin 2000.

---

2. Le début des années 2000 est également marqué par un débat sur l'extension du droit de vote (et d'éligibilité) pour les ressortissants européens (qui votent pour la 1re fois en 2001) et de son extension aux extra-Européens pour les élections locales.

3. Voir notamment les références suivantes : (Scott, 2005), (Béréni, 2015), (Sénac, 2008).

4. Afin d'éviter une éventuelle censure du Conseil Constitutionnel, comme en 1982 avec la tentative d'introduction de quota *via* le dépôt d'un amendement par Gisèle Halimi dans le cadre de l'examen du projet de loi sur le mode d'élection des conseillers municipaux, il paraissait plus prudent de réviser la Constitution. Pour plus de précisions sur les enjeux de cette réforme, cf. (Mossuz-Lavau, 1999), (Béréni, Revillard, 2007).

Une loi longtemps attendue mais rapidement adoptée

Si la période 1992-1999 marque la période de haute intensité de la décennie paritaire, les débuts de la prise de conscience du difficile accès des femmes à la politique remontent aux années 1980.

Si nous passons à regret rapidement sur cette période et renvoyons à la littérature prolifique, il est malgré tout essentiel de brosser à grands traits le contexte d'alors. Loin de s'imposer naturellement, le recours à la loi résulte de choix opérés face aux fortes résistances rencontrées par les femmes. Résistances en interne, révélées par des militantes et des élues qui témoignent des difficultés rencontrées au sein de leurs propres formations pour obtenir l'investiture, les dirigeants arguant qu'« une femme de plus c'est un homme en moins ». Florilèges également de déclarations et exemples saisissants sur la scène nationale s'ajoutant aux résultats électoraux démontrant la persistance du plafond de verre.

La décennie paritaire se caractérise par un intense foisonnement, animé et nourri par des associations et universitaires, soutenu par des acteurs institutionnels (Observatoire de la Parité, Conseil de l'Europe), offrant des espaces où se croisent et se retrouvent militantes[5], élues et universitaires. Ces expertes alimentent ces différents canaux en chiffres, en données comparées, développent des réflexions sur les origines de cette sous-représentation systématique. Se fédère ainsi tout un réseau dont l'objectif – atteindre la parité – va dépasser les limites de ce cercle[6] grâce au relais apporté par de grands médias tels que *Le Monde* (Amar, 1999) qui offrent des tribunes mais couvrent aussi les déconvenues subies par les femmes politiques (cf. les « Juppettes ») et plus généralement le pourcentage d'élues à chaque renouvellement.

La piste des « quotas internes » librement fixés par les formations politiques a été assez vite abandonnée par les défenseurs de la cause paritaire, y compris à gauche. Même si elle a davantage que la droite[7] joué (au propre comme au figuré) le jeu de la féminisation précoce[8], le décalage important entre les listes « chabada » présentées en 1994 par le PS et son faible pourcentage de candidates investies en 1997 (notamment dans des circonscriptions gagnables), témoigne de la versatilité de cette option.

---

5. L'emploi du féminin a vocation à insister sur la très forte composante féminine de ces espaces même si la participation d'hommes est à signaler.

6. La question des quotas, de la féminisation a dépassé les frontières des associations féministes (de gauche et de droite) et milieux intellectuels pour faire aussi l'objet de débats dans l'ensemble de la population.

7. À cet égard, les tribunes communes, comme le « Manifeste des Dix » de l'Express signé par des femmes emblématiques et connues (ministres actuelles ou passées…), ont contribué à témoigner d'un intérêt commun, d'une revendication transpartisane sur ce point. Le consensus entre les associations féministes de gauche et de droite se fera également sur l'immuabilité de la sous-représentation des femmes et la nécessité de prendre des mesures.

8. C'est particulièrement le cas pour EELV qu'il convient de distinguer du PS.

Mais quel seuil retenir pour la future loi ? Quel pourcentage d'élues fixer ? 30 % ? 25 % comme dans la version de 1982 censurée par le Conseil constitutionnel ? Se sont ainsi affrontés, par plumes interposées, les pro et antiparitaristes mais aussi les partisans du différentialisme et les défenseurs/protecteurs de « l'universalisme à la française », l'option « quotas » posant selon eux les jalons du communautarisme. Les débats intellectuels ont également porté sur les motifs (pour reprendre le lexique juridique) sur lesquels appuyer cette revendication. Fallait-il invoquer la justice afin de combler le fossé existant entre l'égalité proclamée des citoyens et la réalité (égalité *de jure/de facto*) ? Une fois acté le passage d'un quota de x % à une stricte moitié de candidates (50 %), au moment où la parité devient plus tangible et se rapproche de sa traduction législative, ressurgissent les discours sur les effets positifs qu'elle entraînerait. Impliquant un renouvellement massif d'élus, la loi conduirait à « renouveler la politique », à la moderniser. Elle apporterait en ce sens une réponse à la crise de la représentation[9] sans pour autant remettre fondamentalement en question le fonctionnement des partis ni le système représentatif mis en place sous la Vᵉ République qui ne fait pourtant la part belle qu'à un certain profil de candidats (cf. Chapitre 4).

Mais il faut aller vite. La fenêtre d'opportunité a rarement été aussi favorable entre une opinion publique qui s'est ralliée à l'idée des bienfaits de la parité grâce à une forte couverture médiatique, et un gouvernement Jospin (PS) favorable au dépôt d'un projet de loi et à une révision de la Constitution. Le 8 juillet 1999, deux nouveaux alinéas viennent compléter le texte fondamental. Le premier étoffe l'article 3[10] : « la loi favorise l'égal accès des femmes et des hommes aux mandats électoraux et fonctions électives » ; le second, portant sur l'article 4 (relatif aux partis politiques), précise « [qu']ils contribuent à la mise en œuvre du principe énoncé au second alinéa de l'article 3 dans les conditions déterminées par la loi ». En décembre de la même année, le projet de loi est déposé. Six mois plus tard, la loi « tendant à favoriser l'égal accès des femmes et des hommes aux mandats électoraux et fonctions électives » est adoptée (loi du 6 juin 2000)[11].

Une loi précipitée ?

Familières du jeu politique, nombre d'actrices engagées dans la revendication paritaire (militantes, élues, universitaires) savent à quel point il est crucial d'obtenir dans les plus brefs délais la future loi organisant concrètement la parité. Plusieurs éléments plaident en ce sens. D'une part, cela éviterait que la parité ne reste un concept abstrait puisque, comme le précise la Constitution,

9. Elle se signalait notamment à la fin des années 1990 par la montée de l'abstention et du FN.

10. Depuis la révision constitutionnelle de 2008, l'alinéa relatif à la parité a été complété (il porte également sur d'autres domaines) et déplacé à l'article 1ᵉʳ (« La loi favorise l'égal accès des femmes et des hommes aux mandats électoraux et fonctions électives, ainsi qu'aux responsabilités professionnelles et sociales »).

11. Promulguée le 6 juin 2000, la loi fut adoptée le 3 mai. Ce qui ménage pendant quelques semaines, une incertitude sur l'avenir du texte.

ses modalités d'application sont définies par la loi. Sans loi donc point de parité. D'autre part, la prochaine élection s'approche à grands pas et il ne faudrait pas rater cette occasion d'étrenner la parité. Ces deux bornes temporelles – révision de la Constitution (1998-1999) et les municipales de mars 2001 – vont imprimer leur empreinte sur le texte législatif.

La loi du 6 juin 2000 repose sur deux idées essentielles. Tout d'abord, elle ne porte que sur les candidatures. Comme l'indique son nom, elle « favorise l'égal accès », c'est-à-dire qu'elle veille à ce qu'il y ait autant de candidates que de candidats sans avoir vocation à s'assurer qu'il y ait autant de femmes élues que d'hommes. Il peut donc y avoir un décalage entre le pourcentage de candidates et celui d'élues *in fine*[12]. Ensuite, elle ne porte que sur les élections au scrutin de liste (exception faite des législatives[13]) car la conciliation du principe paritaire avec le scrutin majoritaire paraît alors difficile… voire impossible. Féminiser les candidatures dès lors qu'elles sont nombreuses – comme c'est le cas dans un scrutin de liste – ne s'annonce déjà pas si facile. Comme le font valoir à l'époque élus et responsables politiques, il faut que des hommes « n'ayant pas démérité » cèdent leur place et « trouver suffisamment de candidates » en parallèle[14]. Sur le fond, tout est donc relativement clair[15]… si ce n'est que cette distinction écarte de la loi les élections municipales dans plus de 90 % des communes (celles de moins de 3 500 habitants), ainsi que les élections départementales et sénatoriales se déroulant au scrutin majoritaire (cf. Schéma 1). N'entrent pas non plus dans la loi du 6 juin 2000 les EPCI à fiscalité propre car les délégués communautaires sont élus au suffrage indirect, par et parmi les conseillers municipaux.

Schéma 1 – Modalités d'application de la parité : la loi du 6 juin 2000

	Élections se déroulant au **scrutin de liste**	Élections se déroulant au **scrutin majoritaire**	Élections **écartées**
Locales	**Municipales** (3 500 hab. et +) : Parité par tranches de 6 **Régionales** : Parité par tranches de 6	**Municipales** (– de 3 500 hab.) : / **Départementales** : /	**Délégués intercommunaux** (EPCI à fiscalité propre)
Nationales	**Sénatoriales** (3 sénateurs ou +) : Alternance	**Sénatoriales** : / **Législatives** : pénalité financière déduite de l'aide publique	
Supranationales	**Européennes** : Alternance		

12. C'est particulièrement frappant dans le cas des élections législatives.

13. Pour lesquelles le système de la pénalité financière a été instauré.

14. Cette crainte de ne pas trouver suffisamment de prétendantes, de ne pas savoir où les solliciter a été fréquemment évoquée (au petit nombre d'élues s'ajoute une plus faible présence des femmes au sein des organisations partisanes).

15. Mis à part le cas des élections législatives pour lesquelles la formulation de leur article est absconse.

Au-delà de leur nombre, la loi du 6 juin 2000 donne également des indications quant à la présentation des colistières et colistiers. Il s'agit tout à la fois d'essayer d'assurer un pourcentage minimum d'élues en évitant de reproduire l'expérience belge qui a vu toutes ses candidates être placées en queue de listes (donc en position inéligible), tout en offrant un peu de flexibilité. Le système des tranches de six candidats, imaginé pour l'occasion, répond à cette double injonction. Il consiste à « découper » fictivement la liste de candidats en groupe de six noms et à s'assurer qu'il comprenne bien trois hommes et trois femmes, l'ordre important peu[16], ce qui permet tout à la fois de féminiser tout en facilitant la confection des listes en vue du 2e tour en cas d'éventuelle fusion (cf. Infographie 1).

Infographie 1 – Exemple de listes de candidatures pour les municipales de 2001 et de combinaisons possibles parmi les tranches de six candidats

	Liste A	Liste B	Liste C	Liste D	Liste E	Liste F
1	H	H	H	H	**F**	**F**
2	**F**	H	**F**	H	H	H
3	H	H	**F**	**F**	**F**	**F**
4	H	**F**	H	H	**F**	H
5	**F**	**F**	H	**F**	H	**F**
6	**F**	**F**	**F**	**F**	H	H
7	**F**	...	...	...	...	...
8	H	...	...	...	...	...
9	H	...	...	...	...	...
10	H	...	...	...	...	...
11	**F**	...	...	...	...	...
12	**F**	...	...	...	...	...
13	**F**	...	...	...	...	...
14	H	...	...	...	...	...
15	**F**	...	...	...	...	...
16	H	...	...	...	...	...
17	**F**	...	...	...	...	...
18	H	...	...	...	...	...
19	H	...	...	...	...	...
20	H	...	...	...	...	...
21	**F**	...	...	...	...	...
22	**F**	...	...	...	...	...
23	H	...	...	...	...	...
24	**F**	...	...	...	...	...
25	**F**	...	...	...	...	...
26	H	...	...	...	...	...
27	H	...	...	...	...	...
28	**F**	...	...	...	...	...
29	**F**	...	...	...	...	...

De prime abord, la loi du 6 juin 2000 apparaît comme relativement contraignante. Pour la toute première fois, un critère est imposé *ex nihilo* aux têtes de listes, réduisant leur liberté de choix pour agencer leur liste, et par prolongement celle d'une partie de l'équipe avec laquelle le futur maire exercera son mandat. Pour autant, la version originale de la parité fait montre de souplesse

16. Pour avoir une idée des « jeux » des têtes de listes avec ce dispositif, cf. (Troupel, 2002).

à plus d'un titre. Tout d'abord, nous l'avons vu, en instaurant le système des tranches de six candidats. Ensuite, en ne concernant pour l'essentiel que les scrutins avec le plus de sièges à pourvoir, préservant ainsi une certaine marge de manœuvre aux têtes de liste. Ils correspondent par ailleurs (exception faite des sénatoriales) aux mandats les moins convoités dans la construction d'une carrière politique… et les plus féminisés (cf. *infra*). Enfin, elle occulte toute mesure relative aux fonctions électives (maire, vice-président de conseil régional…) pourtant essentielles pour quiconque désirerait briguer d'autres mandats.

L'omission des fonctions électives ainsi que le périmètre circonscrit d'application de la parité sont le fruit de renoncements auxquels il a fallu temporairement consentir afin de voir le processus législatif aller à son terme. Les circonstances dans lesquelles se déroule cet examen, tant politiques qu'institutionnelles, expliquent particulièrement la limitation de la parité aux seuls scrutins de liste. La France est entrée en période de cohabitation depuis 1997, avec une Assemblée nationale majoritairement à gauche, un Premier ministre PS à la tête d'un gouvernement « gauche plurielle » et un Sénat toujours à droite. Bénéficiant d'un large soutien à l'Assemblée, Lionel Jospin va transformer nombre de ses propositions d'ancien candidat à la présidentielle en mesures politiques. Avec le passage aux 35 heures[17], le PACS, la parité figurait dans son programme et ont constitué autant de points d'achoppements avec les élus de droite[18]. Pour faire accepter le projet de loi constitutionnelle, il s'est ainsi engagé solennellement à ce que la parité ne serve pas de prétexte pour modifier les modes de scrutin. Cette crainte de la part de l'autre camp politique était légitime dans la mesure où elle se fondait sur un précédent[19] et qu'au cours de la campagne, le candidat Jospin avait proposé d'instaurer un double mode de scrutin pour les législatives afin de favoriser la féminisation du Palais Bourbon. Cette dose de proportionnelle aurait par ailleurs facilité l'accès à la chambre basse de ses partenaires de la Gauche Plurielle. Au cours de ce même laps de temps, le Premier ministre et son gouvernement ont transformé le mode d'élection des conseillers régionaux[20] (janvier 1999), celui des sénateurs[21] (juillet 2000), ont interdit les candidatures multiples aux élections cantonales[22] (juillet 2000) et apporté de nouvelles limitations au cumul des mandats[23] (avril 2000).

Ce préalable non négociable a par ailleurs été rappelé par les sénateurs lorsque les députés ont tenté d'abaisser aux communes de 2 500 habitants et plus la

17. Loi du 19 janvier 2000 relative à la réduction négociée du temps de travail.

18. Parallèlement, Lionel Jospin a fait des déclarations visant à remettre en question l'existence du Sénat.

19. Les élections législatives de 1986 se sont déroulées à la proportionnelle intégrale.

20. Loi du 19 janvier 1999 relative au mode d'élection des conseillers régionaux et des conseillers à l'Assemblée de Corse et au fonctionnement des conseils régionaux.

21. Loi du 10 juillet 2000 relative à l'élection des sénateurs.

22. Loi du 07 juillet 2000 interdisant les candidatures multiples aux élections cantonales.

23. Loi du 05 avril 2000 portant sur la limitation du cumul des mandats et fonctions électives.

parité. En exigeant le maintien du *statu quo* à l'égard des modes de scrutin, la droite a gelé toute possibilité d'extension de la parité. L'accord – indispensable à la survie du projet de loi – est à l'origine du déséquilibre entre les différents échelons politiques. Le bras de fer entre les députés de gauche (partisans d'un dispositif contraignant) et la droite sénatoriale (défenseure d'une approche plus souple) a été suffisamment musclé pour ne pas surajouter la question des fonctions électives. Avec les prochaines élections de mars 2001, il convenait d'éviter l'enlisement parlementaire du projet de loi. Pragmatiques et coutumières des arcanes politiques, les défenseures de la parité savent qu'il faut vite entériner la parité, avec ses manquements, et la renforcer ultérieurement.

1.2. Aujourd'hui : un système complexe et toujours précaire

Les transformations apportées à la version initiale viennent effectivement quelques années plus tard. Si la première s'inscrit directement dans la lignée de la loi du 6 juin 2000 (loi du 31 janvier 2007), les autres retouches sont apportées dans d'autres cadres, comme celui de la réforme territoriale. Car en tant que règle électorale, la parité est particulièrement exposée aux changements politiques.

La parité en période de cohabitation/alternance politique (2000-2008)

De retour au pouvoir après une longue cohabitation (1997-2002), la droite s'empresse de détricoter certaines des lois prises sous le gouvernement Jospin : régime électoral des conseillers régionaux[24], changement du seuil à partir duquel les sénateurs sont élus à la proportionnelle[25]. Pour autant, la parité[26] n'est pas concernée par cette phase « réparatrice ». L'expérience aurait pu être soldée après les scrutins de 2001 et 2002 sans la protection constitutionnelle offerte par la révision de 1999. Craignant la censure des Sages, les parlementaires ont intégré à la loi de 2003 des mesures compensatrices. L'instauration des sections départementales conduit à une réduction de l'amplitude de la proportionnelle. Pour contrebalancer cet effet délétère sur les chances d'élection des candidates, l'alternance a été instaurée[27]. En revanche, aucune mesure n'est envisagée en contrepartie pour les sénatoriales alors que l'obligation paritaire concerne moins de prétendants à la Chambre Haute.

C'est dans ce cadre-là que surviennent les premiers compléments à la loi du 6 juin 2000. La loi du 31 janvier 2007 étend l'alternance aux candidatures dans

24. Loi du 11 avril 2003 (relative à l'élection des conseillers régionaux et des représentants au Parlement européen ainsi qu'à l'aide des partis politiques) qui, de ce fait, rend caduque la loi de 1999.

25. Loi du 30 juillet 2003 portant réforme de l'élection des sénateurs.

26. À l'instar d'autres mesures emblématiques comme le PACS ou les 35 h.

27. L'alternance a été mise en place suite à la mobilisation de Marie-Jo Zimmermann (Présidente de la délégation aux droits des femmes à l'Assemblée et rapporteure de l'Observatoire) et parce que le système de tranches de 4 candidats, d'abord envisagé, n'est pas parvenu à compenser l'émiettement de la proportionnelle (Troupel, 2012, p. 8).

les communes de 3 500 habitants et plus (suppression des tranches de six candidats), et l'étire jusqu'aux fonctions électives municipales et régionales. Désormais, les exécutifs municipaux et régionaux doivent être composés d'autant de femmes que d'hommes mais sans qu'un quelconque ordre ne soit prescrit. Or, si l'ordonnancement sur les listes de candidatures sert essentiellement à déterminer quels seront les candidats élus (en fonction du nombre de sièges emportés par la liste), l'ordre du tableau reflète la hiérarchie existant dans l'assemblée, le premier adjoint (ou vice-président) étant au-dessus du second, etc. Par ailleurs, la loi « s'attaque » aux élections cantonales en créant un remplaçant de sexe opposé, inspiré du suppléant pour les législatives si ce n'est qu'il n'accède à l'assemblée départementale qu'en cas de décès du titulaire du siège (cf. Schéma 2).

Schéma 2 – Modalités d'application de la parité en 2008

Élections se déroulant au **scrutin de liste**		Élections se déroulant au **scrutin majoritaire**		Élections **écartées**
Municipales (3 500 hab. et +) :	→ *Alternance* → *Adjoint.e.s : même nombre mais sans alternance*	**Municipales** (– de 3 500 hab.) :	/	**Délégués intercommunaux** (EPCI à fiscalité propre)
Régionales :	→ [Alternance] → *Vice-président.e.s : même nombre mais sans alternance*	**Départementales** :	→ *remplaçant de sexe opposé§*	
Sénatoriales* (4 sénateurs ou +) :	Alternance	**Sénatoriales*** :	/	
		Législatives** :	*pénalité financière déduite de l'aide publique augmentée**	
Européennes :	Alternance			

Légende :

Police normale : Dispositions établies par la loi du 6 juin 2000 conservées

→ *En italique* : Éléments de la loi du 6 juin 2000 modifiés par les lois du 31 janvier 2007 et 26 février 2008§

→ [Entre crochets] : Modification apportée par la loi du 11 avril 2003 relative à l'élection des conseillers régionaux

* : Seuil modifié à partir duquel l'élection se déroule au scrutin de liste ou majoritaire

** : Montant de la pénalité augmenté par différentes lois

De prime abord, la loi du 31 janvier 2007 paraît donc régler de manière relativement rapide et consensuelle certains des manquements de la version initiale de la parité, ce qui détonne au regard de la résistance déployée par la droite sénatoriale quelques années auparavant. Cependant, l'examen des circonstances dans lesquelles le texte a été examiné donne une autre lecture. Alors que les mesures destinées à compléter la loi du 6 juin 2000 sont annoncées publiquement en janvier 2006, le projet de loi ne sera déposé en conseil des ministres qu'en fin d'année, sous l'insistance de l'Observatoire de la parité et des Délégations aux droits des femmes de l'Assemblée nationale et du Sénat qui ne désarment pas. La navette ne débute qu'en janvier 2007, alors que la session parlementaire doit s'achever fin février 2007 en raison des élections présidentielles et législatives. Ce temps très resserré de discussion a pour première conséquence le report des mesures plus ambitieuses, comme la féminisation des EPCI, à des textes ultérieurs. Second effet, ce timing raccourci donne l'impression d'une loi communément acceptée alors que même pour une voie d'accès au conseil général aussi limitée que ne l'est le remplacement, les Présidentes des Délégations aux femmes doivent ferrailler. Tout d'abord, pour obtenir que les motifs de remplacement soient étoffés et qu'ils comprennent *in fine* les démissions pour cause de cumul des mandats. Ensuite, pour corriger le « bug législatif » de la loi du 31 janvier 2007 qui ne concernait que les démissions, anecdotiques, pour cause de cumul de mandats locaux (conseillers généraux et régionaux, par ex.). À un mois des municipales et cantonales de mars 2008, les Délégations obtiennent, avec le soutien de la presse, une rectification avec la loi du 26/02/2008. Désormais, le remplaçant succède au titulaire du siège lorsqu'il est placé en situation de cumul (député-maire et conseiller général, par ex.).

Le contexte politique apporte un autre éclairage à la loi du 31 janvier 2007. À l'approche du scrutin présidentiel de 2007, le Président en exercice Jacques Chirac entend « neutraliser » l'effet politique de la parité tout en profitant de ses retombées positives. La parité, et plus généralement la féminisation, apparaissent comme des marqueurs de gauche, des vecteurs de modernisation de la vie politique française auxquels a précédemment résisté la droite sénatoriale. En inscrivant la parité comme nouvelle règle électorale, la gauche propose un vent de renouveau auprès des électeurs et satisfait des revendications anciennes de ses militantes. Quant aux vives réactions suscitées en interne[28], elles sont apaisées par la formule retenue, faisant de la parité une « révolution maîtrisée ». Les convictions personnelles[29] ont ainsi pu être confortées par les gains stratégiques escomptés, d'autant plus que la droite a été prise de cours et, moins féminisée à l'origine, éprouve plus de difficultés à recruter des candidates. Cette liste, loin d'être exhaustive, éclaire les logiques pouvant sous-tendre les prises de position. La situation est cependant loin d'être aussi simpliste, les députés (de gauche) ayant pu à dessein défendre une version contraignante de la parité en se sachant épargnés et assurés que les sénateurs ne valideraient jamais ces dispositions.

En s'engageant personnellement, dans le cadre de ses vœux à la presse[30], le Président Chirac se positionne à son tour sur le terrain de la parité. En dénommant pratiquement à l'identique la loi du 31 janvier 2007 – seul le verbe change[31] –, en portant sur le volet non traité par la loi du 6 juin 2000 (les fonctions électives, y compris pour les EPCI), elle inscrit indiscutablement son texte dans sa lignée.

28. Elles émanent notamment de la « génération sacrifiée ».

29. Lionel Jospin est marié à Sylviane Agacinsky, philosophe féministe engagée dans les débats sur la parité.

30. Jacques Chirac, vœux à la presse, 4 janvier 2006.

31. Le verbe « promouvoir » remplace « favoriser ». Loi du 31 janvier 2007 tendant à promouvoir l'égal accès des femmes et des hommes aux mandats électoraux et fonctions électives.

Ensuite, la droite s'offre avec cette initiative la possibilité d'en choisir la temporalité et les contours. Placé sous contrainte calendaire (entre la fin de la session et les prochains scrutins locaux à venir), le débat est nécessairement restreint, acculant les pro-paritaires au même choix qu'en 2000, à savoir voter une loi incomplète plutôt que de la voir reporter *sine die*. Le projet, d'apparence ambitieuse[32], se révèle au final être davantage une loi apportant une clarification que marquant un réel tournant. Elle simplifie les modalités de confection des listes, tous les scrutins proportionnels étant désormais soumis à l'alternance. Elle clarifie en second lieu au sens d'uniformisation. L'introduction de la parité au niveau des exécutifs municipaux et régionaux s'appuie sur leur féminisation bien amorcée en 2001 (36 % d'adjointes) et 2004 (37,3 % de vice-présidentes de conseils régionaux) (Troupel, 2006). Mais les disparités entre communes ou régions, entre formations politiques, sont fortes. En établissant ce seuil de 50 %, la loi du 31 janvier 2007 lisse ces écarts, et empêche tout retour en arrière. Elle apporte enfin un éclaircissement, dans la mesure où la parité ne semble devoir concerner que les élections au scrutin de liste, les autres ayant atteint la limite des modifications tolérables (comme avec la création du remplaçant de sexe opposé pour les cantonales) ou étant carrément écartées (EPCI). Enfin, la droite éteint les velléités réformatrices à travers ces solutions (fonctions électives, disposition pour les cantonales, augmentation de la pénalité financière pour les législatives). Malgré la persistance de lacunes, il devient plus difficile de remobiliser sur cet enjeu paritaire. De fait, les corrections ultérieures qui sont apportées proviennent de textes sans lien explicite avec la parité.

La parité dans un contexte de « big bang » territorial (2008-?)

Tour à tour dommage collatéral, prétexte invoqué ou disposition vaguement évoquée, la parité connaît de nombreuses et substantielles transformations au gré de réformes visant le millefeuille territorial, auxquelles s'attèlent les présidents successifs depuis Nicolas Sarkozy[33].

Le grand chantier de réorganisation territoriale s'ouvre en effet sous la présidence de Nicolas Sarkozy, qui entend notamment réduire les coûts et diviser par deux le nombre d'élus locaux. À cette fin est instauré le conseiller territorial, sorte de « super élu » siégeant conjointement au conseil régional et général (cf. Chapitre 1). La création de ce nouvel élu, le temps de son existence législative (décembre 2010-2013), porte un coup dur à la parité. Lors des échanges relatifs au mode d'élection de ce « super conseiller », la représentation des territoires ou la gouvernabilité de la future assemblée priment sur la parité, critère plus secondaire avec lequel composer. Cette relégation est permise par la position exprimée par le Conseil constitutionnel lors de ses saisines en 2003. Interrogé sur les modifications apportées aux élections régionales et européennes puis sur les sénatoriales, il les valide au motif que « les dispositions attaquées

32. Encore convient-il de préciser que sans un amendement sénatorial le dispositif paritaire pour les fonctions exécutives, temporaire, n'aurait été déployé qu'à deux reprises.

33. Sarkozy, UMP ; Hollande, PS ; Macron, LREM-Renaissance.

n'ont cependant ni pour objet, ni pour effet direct et nécessaire de réduire la proportion d'élues. Si elles avaient indirectement cet effet, ce serait pour des raisons extérieures à la volonté du législateur »[34]. Ce faisant, il fait primer la liberté du législateur sur la parité s'agissant de la fixation des règles électorales[35]. À partir de là, les parlementaires ne redoutent plus de potentielle censure, ne s'embarrassent plus d'éventuelles mesures compensatrices destinées à préserver la parité (comme cela a été le cas en 2003 avec l'instauration de l'alternance pour les régionales). Il leur est désormais loisible de détricoter la parité sans craindre la censure des Sages. Alors que les différentes projections démontrent ses effets délétères sur la féminisation des assemblées locales, le pourcentage de conseillères régionales passant de 48 % en 2010 à 19 % selon les estimations[36], le texte final est promulgué en l'état. En vertu de la formulation retenue lors de la révision de 1999 (« la loi favorise » et non « garantit »), le Conseil peut en faire une lecture très lâche. Dès lors, l'interprétation dominante des parlementaires « fondée sur la jurisprudence du Conseil constitutionnel est de considérer que les dispositions favorisant une exigence de parité ne constituent pas une exigence mais un objectif constitutionnel »[37]. Jamais appliquée – puisqu'elle a été abrogée dès la victoire de la gauche au Sénat en 2011 puis aux élections de 2012 – il n'est pas possible de constater empiriquement ses effets, ni même les réactions qu'elle aurait générées. Elle n'en reste pas moins un précédent ancré dans la mémoire politique des confins vers lesquels il est possible de repousser le dispositif paritaire sans être inquiété.

Officiellement dernières élections de ce type, les régionales de 2010 et départementales de 2011 laissent, à l'expiration de leurs mandatures, un vide à combler suite à l'abrogation du conseiller territorial. Les conseillers régionaux sont restaurés en l'état, le cadre d'élection n'ayant été modifié que pour les sept grandes régions créées début 2015[38]. En revanche, l'espace laissé concernant les conseillers généraux offre une occasion unique de métamorphoser leur mode d'élection. Deux motifs sont invoqués pour justifier cette réforme en profondeur : une meilleure représentation des territoires sur la base des évolutions démographiques et la parité. La mise en place conjointe d'un nouveau mode de scrutin et la réévaluation du *ratio* entre conseillers ruraux et urbains permet ainsi de totalement rebattre les cartes pour les départementales (cf. Chapitre 1).

D'un genre nouveau, ce mode d'élection des conseillers départementaux a été âprement débattu, notamment le volet « scrutin binominal ». Outre l'incertitude sur le déroulé de l'appariement des binômes, sur les résultats électoraux que ces changements vont induire, l'imposition d'un duo mixte suscite l'ire des

34. Décision n° 2003-476 DC du 3 avril 2003.

35. Article 34 de la Constitution.

36. OPFH, Brunel Chantal, « Délégations régionales confiées selon le sexe en 2004 et 2010 », note d'information, 23 juillet 2010.

37. Maurey Hervé, Collombat Pierre-Yves, Rapport sur les modes de scrutin envisageables pour l'élection des conseillers territoriaux, Sénat, n° 509, 27 mai 2010, p. 27.

38. Loi du 16 janvier 2015 relative à la délimitation des régions, aux élections régionales et départementales et modifiant le calendrier électoral.

sénateurs de droite. « Le centriste Hervé Maurey qualifie ce scrutin de « totalement baroque », de « gadget », assurant que « beaucoup de femmes risquent de se retrouver dans le rôle de potiches ». [...] « C'est humiliant pour les femmes », renchérit Bruno Sido (UMP), qui propose de laisser ce binôme juste pour une mandature. Ainsi, les femmes « auront eu le temps de faire leurs preuves »[39]. Cette flambée de propos misogynes, inhabituelle depuis l'adoption de la loi sur la parité[40], traduit leur profond rejet du nouveau mode de scrutin. D'autres paramètres qu'un sexisme institutionnel ou politique de sénateurs de droite l'expliquent. Le scrutin binominal provoque en effet une féminisation massive et brutale dans le sens où, étant donné le faible pourcentage d'élues, une part non négligeable de conseillers généraux ayant de fortes chances de réélection devront se retirer. Cela signifie également que la droite, plutôt avantagée par le scrutin uninominal et les territoires ruraux, se trouve doublement affaiblie. Le binôme reste malgré tout « la solution du moindre mal » (Chevalier, 2021 : 1068) dans la mesure où il concilie parité et représentation des territoires sans basculer du scrutin nominal au scrutin proportionnel de liste. Il a vocation à limiter la défaite annoncée aux départementales et offre un regain de jeunesse à cette institution sur la sellette.

La même loi du 17 mai 2013[41] modifie également le mode d'élection des conseillers municipaux, et par ricochet celui des conseillers communautaires. Elle abaisse de 3 500 à 1 000 habitants le seuil de déclenchement du scrutin de liste bloqué. Le nombre de communes concernées par la parité passe ainsi de 3 189 à 10 043[42]. Et c'est aussi ce même seuil démographique de 1 000 habitants à partir duquel est mis en œuvre le nouveau scrutin fléché servant à désigner les conseillers communautaires et qui connaît une alternance sexuée des candidats (cf. Chapitre 1). Ainsi, le nombre d'élues dans les EPCI à fiscalité propre décolle, même s'il reste encore faible et mal estimé. Le double mode de désignation (selon l'ordre du tableau municipal dans 71,7 % des communes[43] et dans le meilleur des cas, de la moitié des candidats fléchés) engendre une féminisation partielle de cette strate communautaire.

En modifiant dans la même loi le mode de scrutin pour les départementales et les municipales (pour les intercommunalités), la loi du 17 mai 2013 laisse une profonde empreinte sur ces échelons. Menées tambour battant, ces réformes auxquelles se greffent les lois MAPTAM, NOTRe et sur la fusion des régions[44],

---

39. « Parité : un « festival de propos misogynes » au Sénat », AFP, 17 janvier 2013.

40. Ces déclarations sont une résurgence des arguments formulés en douzaine d'années en arrière pour s'opposer à la parité et qui se sont tus une fois la loi adoptée.

41. Loi organique du 17 mai 2013 relative à l'élection des conseillers départementaux, des conseillers municipaux et des conseillers communautaires.

42. Après abaissement du seuil, 28,3 % des communes appliquent le scrutin de liste paritaire (au lieu de 9 % avant). Source : amf.asso.fr.

43. Celles comptant moins de 1 000 hab. (25 454 sur 35 497) Source : amf.asso.fr.

44. Loi du 27 janvier 2014 de modernisation de l'action publique territoriale et d'affirmation des métropoles (« MAPTAM »); loi du 16 janvier 2015 relative à la délimitation des régions, aux élections régionales et départementales et modifiant le calendrier électoral; loi du 7 août 2015 portant nouvelle organisation territoriale de la République (« NOTR »).

achèvent de déstructurer, en quelques années, le paysage local. S'esquisse un nouveau rapport de forces entre le couple communes/départements et intercommunalités/régions. Or, si les femmes sont très présentes à la région – y compris dans les exécutifs – leur faible percée dans les assemblées intercommunales demeure problématique.

Après cette période d'intense bouillonnement – surtout que s'opèrent ensuite, sur plusieurs années les fusions des régions et les transferts de compétences – les élus locaux aspirent à une pause. Pourtant, bien que reléguées par l'actualité politique (Gilets jaunes, COVID) et les mesures phares adoptées durant le premier quinquennat d'Emmanuel Macron (loi travail, réforme de l'ISF, nouveau bac, etc.), les lois « Engagement et proximité »[45] et « 3Ds »[46] viennent compléter la réorganisation territoriale précédemment amorcée. Elles ne reprennent pas le programme présidentiel du candidat Macron qui avait proposé de s'attaquer à son tour au millefeuille territorial en supprimant « au moins un quart des départements pouvant être rapprochés des grandes métropoles ». Essentiellement techniques, elles apportent des réponses concrètes aux élus locaux et particulièrement municipaux. Il s'agit également de textes marqués par les crises survenues assez rapidement en début de mandat. Crise des Gilets Jaunes[47] tout d'abord et la tenue du Grand Débat National en réponse. Crise du COVID ensuite qui bouleverse l'ordre des priorités, la temporalité et l'agenda politique sur près de deux années (mars 2020-décembre 2021).

Présenté comme étant le fruit des échanges issus du Grand Débat National (dans son volet rencontres avec les élus et particulièrement les maires), le texte valide 118 mesures, dont certaines très concrètes, afin de fluidifier l'accès et les conditions d'exercice du mandat[48]. Mais la loi « Engagement et Proximité » comprend aussi quatre articles qui l'inscrivent dans les traces de ses prédécesseurs. Tout d'abord, elle abroge, en toute discrétion, l'élection au suffrage direct sans fléchage des conseillers métropolitains[49] qui devait s'appliquer pour la première fois quelques mois plus tard, lors des municipales (cf. Chapitre 1). S'agissant de la parité, elle valide le principe de candidatures alternées pour les fonctions d'adjoint.e.s au maire dans les communes de 1 000 habitants et plus[50]. Cette disposition, qui s'applique dès 2020, prévoit en outre qu'en cas de démission, le remplaçant doit être de même sexe afin que les femmes ne soient pas poussées à la démission pour récupérer leur délégation.

---

45. Loi du 27 décembre 2019 relative à l'engagement dans la vie locale et à la proximité de l'action publique.

46. Loi du 21 février 2002 relative à la différenciation, la décentralisation, la déconcentration et portant diverses mesures de simplification de l'action publique locale.

47. Elle démarre en novembre 2018 tandis que le Grand Débat, annoncé en décembre, se tient du 15 janvier au 15 mars 2019.

48. Par exemple : « la suppression de l'obligation de créer diverses instances et d'établir divers documents (art. 80), « l'augmentation du crédit d'heures à la disposition des élues et des élus » (art. 87), « faciliter le télétravail des élues et élus locaux salariés de droit privé » (art. 89).

49. Article 6.

50. Article 29.

Cet article ne rencontre pas d'obstacle, contrairement à « l'abaissement du seuil d'habitants conditionnant l'application du scrutin de liste paritaire aux municipales »[51] (et par extension aux intercommunalités) qui oppose sénateurs et députés sur le palier à retenir. Les premiers défendent l'application immédiate de la parité pour les vice-présidences d'EPCI en guise de premier pas, tandis que les seconds privilégient une approche globale de la question paritaire (c'est-à-dire traitant simultanément la question des élections municipales et intercommunales). La résolution de ce dissensus se trouve différée par la commission mixte paritaire de manière à adopter un texte de compromis. Il est en effet prévu qu'avant le 31 décembre 2021, le code électoral modifie les modalités d'élection des conseillers municipaux et communautaires pour « étendre l'égal accès des femmes et des hommes aux fonctions électives dans les communes et leurs groupements » mais que ces dispositions ne s'appliqueront qu'en 2026 (et non 2020) : « Les députées et députés avaient prévu que le scrutin de liste paritaire s'appliquerait aux communes de plus de 500 habitants au lieu de 1 000 actuellement – soit dans près de 7 000 communes supplémentaires. Cette disposition n'a pas été retenue par la commission mixte paritaire qui renvoie à une loi ultérieure la modification des actuels modes de scrutin ». La loi « 3Ds », promulguée le 21 février 2022, ne constitue cependant pas l'occasion de trancher sur la question du seuil. À sept jours de la fin de la session parlementaire et à deux mois de la présidentielle, il faut aller vite et pouvoir, à l'issue d'un quinquennat entravé par les Gilets Jaunes et la crise du COVID, présenter au bilan un texte, sachant que le chef de l'État avait annoncé un nouvel acte de la décentralisation au 1er trimestre 2020. Dans ce climat mouvementé, redoublé par le début de la guerre en Ukraine, l'enjeu paritaire, pas plus que la question décentralisatrice, ne retiennent l'attention.

Présentées comme des réponses gouvernementales aux échanges ayant eu lieu dans le cadre du Grand Débat National et aux consultations des maires, apportant des réponses concrètes facilitant l'exercice du mandat (comme le remboursement des frais de garde[52] par exemple), les lois « Engagement et proximité » et « 3 Ds » laissent ouverte la question de la parité aux prochaines municipales. Le délai du 31 décembre 2021 ayant expiré, les modifications du code électoral doivent nécessairement avoir lieu avant l'échéance de mars 2026 (sachant que la coutume veut qu'un mode de scrutin ne soit pas modifié à moins d'un an avant l'élection).

À la lecture du schéma 3, qui résume les modalités d'application en l'état actuel de la parité, le premier constat est que le seul mode d'élection resté en l'état[53] depuis la version originelle de la loi du 6 juin 2000 est celui relatif aux représentants du Parlement européen. Tous les autres ont connu des modifications substantielles – sachant que ne sont représentés ici que les textes appliqués – conférant au dispositif paritaire un *design* complexe et temporaire. Complexe

51. Article 28.

52. Article 91 « Prise en charge des frais de garde et d'assistance des élues et élus locaux ».

53. Si on exclut sa subdivision en superrégions de 2004 à 2018 (loi du 3 avril 2003 et loi du 25 juin 2018).

dans la mesure où la simplicité initiale a laissé place à une ingénierie électorale propre à chaque scrutin, et où ces dispositions se trouvent éparpillées dans divers textes, souvent sans lien direct avec la féminisation. Cela induit une vigilance constante afin de surveiller cet équilibre précaire.

Schéma 3 – Modalités d'application de la parité en 2024 (mandats électoraux et fonctions électives)

Élections se déroulant au **scrutin de liste**	Élections se déroulant au **scrutin majoritaire**	Échelon **écarté**
Municipales (→ 1 000 hab. et +) : → *Alternance* → Adjoint.e.s : alternance°° **Intercommunales** (→ 1 000 hab. et +) : → Fléchage respectant l'alternance sur les listes aux municipales	**Municipales** (→ moins de 1 000 hab.) : /	/ **Délégués intercommunaux** (→ moins de 1 000 hab.)
Départementales : → Binôme de candidats de sexe opposé → Vice-président.e.s : même nombre mais sans alternance **Régionales** : → [Alternance] → *Vice-président.e.s : même nombre mais sans alternance*		
Sénatoriales* : Alternance	**Sénatoriales*** : / **Législatives**** : *pénalité financière augmentée*	
Européennes : Alternance		

Légende :
Police normale : Dispositions établies par la loi du 6 juin 2000 conservées
→ *En italique* : Éléments de la loi du 6 juin 2000 modifiés par les lois du 31 janvier 2007
→ [Entre crochets] : Modification apportée par la loi du 11 avril 2003 relative à l'élection des conseillers régionaux
→ Souligné : Modifications apportées par la loi du 17 mai 2013
→ Avec °° : Modifications apportées par la loi du 27 décembre 2019
* : Seuil modifié à partir duquel l'élection se déroule au scrutin de liste ou majoritaire
** : Montant de la pénalité augmenté par différentes lois

2. RENFORCER OU ATTÉNUER LA PARITÉ

Étudier attentivement la place qu'occupent les femmes dans les différents conseils revient à dépasser les seules préconisations juridiques afin d'observer leur traduction dans la réalité. Ce passage du texte aux chiffres permet ainsi d'identifier ce qui fonctionne ou pas, les zones de flou préjudiciables, les nœuds persistants. Mais c'est aussi l'occasion d'insister sur l'importance des données quantitatives.

2.1. Analyser ses résultats : les enjeux du chiffrage

Les données quantitatives remplissent principalement deux fonctions : une fonction de visibilisation et d'objectivation. Par leur caractère tangible, les pourcentages établissent des faits, leur confèrent une authenticité, constituent un gage de crédibilité. Dans le cas de la parité, ils ont ainsi été régulièrement mobilisés au cours des années 1990[54] pour attester de la réelle sous-représentation des femmes en politique. Utilisés dans le cadre de comparaison européenne et internationale – la France étant « lanterne rouge de l'Europe » –, ils ont servi, à travers cette stigmatisation, à alerter[55]. Replacé dans une perspective historique, ce nombre d'élues, demeurant bas, prouve l'existence du fameux « plafond de verre ». Preuves irréfutables, ces pourcentages sont ainsi utilisés à des fins de démonstration et pour obtenir la résolution de cette situation problématique. Conscient de leurs enjeux, l'Observatoire de la parité a rapidement demandé la production de statistiques sexuées après chaque élection et les a centralisées dans des rapports[56]. Ce rôle de diffuseur d'informations auprès des chercheurs comme des médias a contribué à maintenir sous les projecteurs la question paritaire et à légitimer les demandes de renforcement du dispositif législatif.

Quelles qu'elles soient, ces finalités ont vocation à, hier comme aujourd'hui, préserver voire faire progresser la parité. En ce sens, elles endossent une dimension militante, voire politique comme le soulignent également les questions méthodologiques suivantes : dans quelles circonstances ces données ont-elles été produites ? Que mesurent-elles ? Jusqu'où est-il possible d'aller dans leur interprétation ? Appliquées à la part d'élues dans les assemblées locales puis aux adjointes/vice-présidentes, elles apportent un autre éclairage sur la portée conférée à ces chiffres.

La parité dans les assemblées locales

Pour se donner les moyens de pleinement saisir la question de la féminisation des assemblées locales, il convient de procéder à sa présentation globale puis par échelon, ce sur une période assez longue (1992-2022). Ainsi retravaillées[57], les données peuvent être articulées aux réformes électorales successives afin que soit évalué leur impact réel sur la présence des femmes dans les conseils. Cette approche macro et micro contribue également à dégager les tendances expli-

54. Ils ont même parfois été produits par des chercheuses engagées dans le Mouvement pour la Parité, à l'instar de F. Gaspard qui s'est intéressée aux investitures aux législatives de 1993 et 1997 (Gaspard, Bataille, 1999).

55. Ces classements ont été régulièrement repris dans les médias et ont ainsi connu une large diffusion auprès du public.

56. Surtout qu'au début, les données relatives aux élus (principalement locaux) n'étaient pas informatisées. Pour travailler sur des données plus fines, il fallait contacter chaque collectivité pour les recevoir en format papier (Troupel, 2006).

57. C'est-à-dire agencées différemment pour faire ressortir des éléments qui, noyés dans la masse, passeraient inaperçus (et non pas les tronquer ou ne sélectionner que celles allant dans le sens voulu).

quant les succès (ou non) des lois adoptées pour accroître le nombre de sièges occupés par les femmes.

Le tableau 1[58], constitué à partir des données publiées par la DGCL, fait d'abord ressortir une amorce de féminisation plus précoce dans les conseils municipaux et les conseils régionaux, à un moment où la loi n'existait pas encore mais où baignait une atmosphère imprégnée par les débats sur la parité (en gris clair gras).

Tableau 1 – Part des femmes parmi les élus locaux depuis 1992

	Avant la loi sur la parité				1re application		2e application			3e application		4e application		Situation en 2022
	1992	1994	1995	1998	2001	2004	2008	2010	2011	2014	2015	2020	2021	
Ensemble														41,5
Municipaux*			21,7		33		35			**40,3**		40		42,2
Régionaux	12			27,1		47,6		48			47,8		48,1	48,5
Communautaires										31,39		31,4		35
Départementaux**	5,6	5,4		8,6	9,8	10,9	**13,1**		13,8		**50**		50	50

* Ensemble des communes

** (Pas de parité avant 2015)

Source : Données provenant du BIS n° 162, 2022 (ministère de l'Intérieur, bureau des élections et des études politiques, application élection et RNE)

La séquence de quatre renouvellements suivants montre ensuite qu'il n'y a pas eu d'effet « adaptation à la nouvelle règle » pouvant se traduire par une difficulté à constituer des listes paritaires. Les résultats du 2e cycle pour les municipales, les régionales et départementales (2021) s'inscrivent en effet dans la lignée de la 1re application. Une fois étrennée, la parité ne connaît pas non plus d'essoufflement. Après des débuts galvanisés par la couverture médiatique, les autres scrutins auraient pu être marqués par un ralentissement ou une baisse progressive. Les trois élections suivantes pour l'échelon municipal et régional ne le démontrent pas. Enfin, tout ajout au dispositif paritaire ne se traduit pas nécessairement par une hausse d'élues. Tout comme celle-ci n'est pas toujours imputable à la loi (cf. les élections de 2008 et de 2011), comme le prouve l'analyse plus fine conduite pour chaque strate.

58. Depuis que l'Observatoire de la parité a été transformé en Haut Conseil, les informations sont moins disponibles bien que soit poursuivie la tradition de rapports. Ses domaines d'intervention ont été élargis (santé, violences sexistes, égalité professionnelle...) sans que les moyens humains et financiers alloués, déjà restreints, ne soient augmentés. Depuis quelques années, il est secondé par la DGCL qui produit régulièrement un bulletin de huit pages sur la place des femmes dans les assemblées locales sur la base de données fournies par le ministère de l'Intérieur.

Au niveau régional, les assemblées se caractérisent par un fort taux de féminisation dès la seconde élection des conseillers en 1992, et franchissent un palier significatif dès 1998 (au cours desquelles se sont présentées des listes 100 % féminines). Il demeure cependant d'importants contrastes. Aux deux extrémités du spectre, on trouve en 1998 le conseil régional d'Île-de-France avec plus d'un tiers de conseillers régionaux femmes (36,8 %) contre seulement 13,7 % en Corse. En 2004, le baptême de la parité enregistre un bon résultat malgré la création des sections départementales en 2003 (cf. Chapitre 1) grâce à l'alternance des candidatures et au grand nombre de femmes têtes de sections départementales (sans aucune obligation législative). Depuis, le pourcentage plafonne à 48 % d'élues.

Les conseils municipaux se caractérisent eux aussi par une féminisation précoce et nette après l'entrée en vigueur de la loi en 2001. Au scrutin précédent, en 1995, les taux de féminisation étaient relativement modestes (21,7 %) et homogènes d'une strate démographique à l'autre puisqu'ils oscillaient, à l'intérieur d'une fourchette resserrée, entre 21 % pour les communes de moins de 3 500 habitants et 26,9 % pour les communes de plus de 30 000 habitants. Avec l'application de la loi sur la parité en 2001, un premier palier est franchi et le taux passe de 21,7 % à 33 %. Si ce score est aussi éloigné de l'objectif des 50 % d'élues, c'est parce qu'il intègre les résultats des communes non soumises à la parité (30 % pour les communes de moins de 3 500 habitants). Pour les seules communes de plus de 3 500 habitants, le pourcentage atteint en effet 47,5 % d'élues[59]. Le pourcentage – présenté dans le tableau – franchit un nouveau palier en 2014, lorsque le nombre de communes astreintes au scrutin de liste paritaire s'agrandit (abaissement à 1 000 hab. et +). En revanche, la substitution des listes alternées aux tranches de six candidatures en 2008 ne se traduit pas par une hausse d'élues. Bien qu'elles n'entrent pas dans le cadre de la loi, les communes de moins de 3 500 hab. (puis moins de 1 000) se féminisent aussi, gagnées par « un effet d'entraînement », tributaire cependant du nombre de volontaires se portant candidates et/ou du choix des électeurs[60].

La féminisation des conseils départementaux est une des plus intéressantes à étudier compte tenu de son revirement. Qualifié jusqu'à il y a peu de « bastion masculin » par excellence, il est, depuis 2015, l'échelon où la féminisation est la plus aboutie. Le tableau 1 illustre bien cette résistance à la féminisation : le contexte pro-paritaire de la fin des années 2000 ne s'est pas diffusé dans les assemblées départementales ni après, avec la féminisation enclenchée à partir de 2001 dans les autres collectivités. Que les conseils généraux n'aient pas été impactés par la féminisation des conseils régionaux n'est pas réellement surprenant dans la mesure où il y a une frontière tacite entre ces deux échelons. Si les conseillers généraux, au cours de leur vie politique, ne passent pratiquement

---

59. Source : Troupel, 2006. Ce taux atteint à 48,5 % en 2020 (1 000 hab. et +) (Source : HCE, « Comment obtenir la parité au sein des communes et des intercommunalités : freins et leviers », Rapport n° 2022-02-02-PAR-51, 02 février 2022, p. 51).

60. Élisant au scrutin majoritaire plurinominal leur conseil municipal, les électeurs interviennent directement sur sa composition en pouvant notamment ajouter ou rayer des noms.

jamais par l'assemblée régionale, en revanche, la plupart sont issus des conseils municipaux dans lesquels ils ont souvent exercé des fonctions électives. La timide tentative d'amélioration, représentée par la création du remplaçant de sexe opposé, ne s'est pas traduite par une augmentation des conseillères générales. Peu investies – sachant qu'il existe de plus une forte variation suivant les partis politiques – les candidates ont peu de chances d'emporter un siège. Dans ces conditions, le faible sursaut observé en 2008 n'est pas imputable à la mise en place du remplaçant de sexe opposé (l'effet n'aurait pu être visible aussi tôt) mais s'explique par le nombre de cantons emportés par la gauche qui avait présenté plus de candidates.

La stagnation constatée lors du renouvellement par moitié de 2011 en apporte confirmation : seulement 280 femmes sont élues sur les 2 026 mandats soumis à renouvellement. Le taux de féminisation atteint alors péniblement les 13,8 %. À l'issue du scrutin, les femmes sont même totalement absentes dans trois hémicycles départementaux (Haute-Corse, Deux-Sèvres et Tarn-et-Garonne). Le seuil de 30 % de candidates titulaires appelé de ses vœux par le président Sarkozy n'a été atteint, selon le compte rendu chiffré de l'Observatoire de la parité, que par Europe Écologie – Les Verts (35,8 % de candidates, pour 22,2 % de femmes élues) et le parti communiste avec 31,2 % de femmes. Les chiffres descendent à 25,7 % pour le Front National, 23,1 % pour le parti socialiste et enfin 18,6 % de candidates investies pour l'UMP (pour 11,7 % de femmes élues). Ces chiffres témoignent non seulement qu'il y a beaucoup moins de femmes candidates titulaires que d'hommes, mais que le verdict des urnes leur est plus défavorable. Les femmes seraient plus souvent désignées que les hommes dans des circonscriptions perdues d'avance (Achin *et al.*, 2007).

En revanche, la mise en œuvre du scrutin binominal en 2015 engendre de manière prompte, mécanique et durable une féminisation importante des conseils départementaux, la part d'élues grimpant de 13,8 % en 50 %. Ils n'ont pas connu les étapes intermédiaires des conseils municipaux et régionaux, dont le dispositif paritaire permet d'approcher la barre des 50 % d'élues sans l'atteindre complètement.

Graphique 1 – Représentation graphique des données du tableau 1 : Part des femmes parmi les élus locaux (1992-2022)

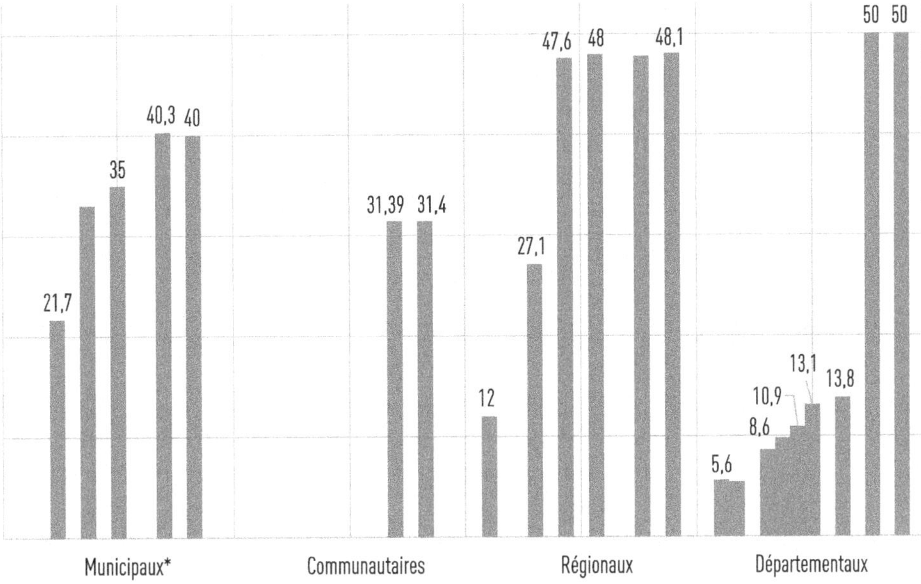

* Ensemble des communes, y compris celles de moins de 1 000 hab. (hors loi sur la parité)

Enfin, pour terminer ce tour d'horizon, restent les conseillers communautaires pour lesquels le manque d'informations disponibles, malgré les demandes en ce sens, explique le vide laissé dans le graphique ci-dessus. À la volonté de ne pas les diffuser s'ajoute jusqu'à 2015, une difficulté à les produire, les périmètres des intercommunalités étant particulièrement mouvants. Elles sont toutefois disponibles au niveau des préfectures. On peut alors s'en remettre à des enquêtes échantillonnées, et non des chiffres officiels. Une enquête réalisée en 2009 par l'association *Elles aussi* fait ressortir, sur l'échantillon, un taux de féminisation de 21,5 % des conseillers communautaires (le chiffre tombant à 16,7 % dans les communautés de communes et grimpant légèrement à 22 % dans les communautés d'agglomération). Alors que la désignation des conseillers communautaires échappe à la loi sur la parité, beaucoup de petites communes n'envoient souvent qu'un ou deux délégués dans ces structures, le maire ou l'adjoint, qui sont majoritairement des hommes.

En l'absence de repères antérieurs, il est impossible de déterminer l'effet du fléchage testé en 2014. Jusqu'à quel point cette nouvelle modalité a-t-elle permis aux femmes d'intégrer les EPCI à fiscalité propre ? Quelle part, parmi elles, représentent les « fléchées » par rapport aux « désignées » (selon l'ordre du tableau) ? Qui sont ces élues (caractéristiques sociodémographiques) ? Quelle position occupent-elles dans le conseil municipal : sont-elles adjointes ? conseillères de la majorité ? De l'opposition ? De la même manière, les conséquences du passage à des « intercommunalités XXL » (dont le seuil minimal est fixé à 15000 habitants) ne peuvent être évaluées. Les chiffres de janvier 2021 témoignent d'une féminisation tout aussi réelle qu'inachevée. Dans les groupements de moins de 15000 habitants, les femmes occupent 31 % des sièges communautaires contre 40 % pour les groupements de plus de 300000 habitants. Toutes strates confondues, les femmes représentent désormais 37,6 % des conseillers communautaires (sans fonction exécutive)[61].

Que pouvons-nous retenir de cette féminisation disparate, chaque échelon ayant connu des temporalités et des modalités spécifiques pour approcher ou atteindre une égale répartition des sièges entre femmes et hommes ? Une chose est sûre : elle ne peut se résumer à la simple équation « loi = pourcentage élevé d'élues ». La création du remplaçant de sexe opposé ou le passage à une liste de candidatures alternées pour les municipales (2008) ne gonflent pas le pourcentage d'élues, alors que la féminisation d'une assemblée peut avoir lieu sans loi, à l'image des élections municipales dans les communes de moins de 3 500 habitants ou des élections régionales de 1998.

Malgré tout, il ressort une ligne directrice de l'analyse des données précitées. L'efficacité de la parité dépend ainsi de la combinaison de deux facteurs : la nature de son dispositif et l'usage qui en fait. Pour qu'elle puisse opérer sans être dévoyée, la contrainte paritaire doit au préalable être acceptée un minimum par les partis ou têtes de listes, c'est-à-dire qu'ils respectent la philosophie de la loi en jouant le jeu. Tel est le cas pour les municipales, où le pourcentage d'adjointes et de premières adjointes est, dès 2001, assez élevé alors qu'il n'y avait aucune prescription en la matière[62]. Cet assentiment est d'autant plus facile quand la règle donne l'impression d'avoir été forgée sur mesure pour l'assemblée, correspondant à ses *us* et coutumes, la rendant acceptable. Ainsi, instaurer un scrutin de listes alternées pour les municipales a pu se faire relativement facilement dans la mesure où il s'appuie sur la féminisation déjà entrée dans les mœurs de cet échelon et où il s'agit, pour la plupart des communes, d'un scrutin peu politisé, faisant appel à des candidats largement issus de la société civile. Dans le cas des régionales, il s'agit d'une institution de « transit », perçue comme moins utile à la constitution d'une carrière politique et donc marquée par un fort *turn over* de ses élus (même dans un contexte propice à la reconduction de ses sortants) (Troupel, 2018).

Ce premier élément découle du second, à savoir la nature du mécanisme paritaire instauré. Plus il est strict – dans le sens laissant peu de marge de manœuvre – plus il a de probabilité d'aboutir à des conseils très féminisés. Entrent dans ce cadre le scrutin de liste paritaire (listes bloquées et alternées) mais aussi le scrutin majoritaire binominal[63]. Un système strict garantit, en outre, une forme de certitude quant à la fourchette élevée de candidates élues. Pas seulement parce

61. Sources : DGCL, Répertoire national des élus ; ministère de l'Intérieur-DMAT-BEEP.

62. Ils ont été estimés à 36 % et 25 % à partir d'un échantillon de 797 communes de 3500 hab. et + en France métropolitaine (Troupel, 2006 : 128-130).

63. Le scrutin binominal démontre qu'il est possible de concilier, dans ces conditions, scrutin majoritaire et parité. La proportionnelle n'est donc plus le seul mode de scrutin favorisant la féminisation.

que le dispositif est « contraignant »[64] (une liste ne peut concourir à l'élection sans respect des « injonctions paritaires »), mais aussi parce qu'il rend cette assemblée imperméable au contexte politique. La féminisation n'est plus tributaire des succès électoraux d'un parti (cf. le PS aux cantonales en 2008) mais est, au contraire, assurée par l'ensemble des formations politiques. Il y a un alignement des partis, tous tenus de déposer des listes paritaires. (Troupel, 2006; Sineau, 2011 : 240). Un tel dispositif sécurise également le nombre d'élues. En cas de déroute électorale sévère, une partie des sièges ne peut plus être récupérée par des hommes pour leur offrir une position de repli en attendant des jours meilleurs (comme cela aurait pu être le cas aux régionales ou départementales de 2021 après les cuisantes législatives de 2017 pour le PS et LR).

La combinaison de ces deux facteurs est la meilleure équation expliquant le taux de féminisation d'une assemblée. Reste un contre-exemple : le cas départemental. Il s'agit actuellement du seul échelon paritaire alors qu'il y était extrêmement réfractaire. Le mécanisme paritaire est strict et incontournable, sans qu'il y ait eu acceptation de la règle, comme le prouve le faible pourcentage d'élues jusqu'en 2015 et les débats houleux relatifs à l'instauration de ce mode d'élection. Contrairement aux élections municipales et régionales pour lesquelles la loi sur la parité est venue généraliser une féminisation déjà enclenchée, sans bouleverser les pratiques politiques, la loi a ici imposé une volte-face dans un contexte menaçant sur l'avenir départemental.

La féminisation des fonctions électives

Cet élan de féminisation ne masque-t-il pas un déplacement du « plafond de verre » ? Les élues ne seraient-elles pas nombreuses parmi les conseillères et plus rares à occuper des fonctions électives ? Être adjointe ou vice-présidente (sans parler d'être à la tête de la collectivité) signifie être l'élue de référence arbitrant, pilotant les politiques publiques relatives à un secteur précis pour lequel elle a délégation de signature. Cette fonction procure à l'élue des moyens humains (administration), matériels (bureau, etc.), donne la possibilité de remplacer l'édile à certaines réunions ou manifestations, de recevoir les administrés, bref, l'expose. En tant que membre de l'exécutif, elle participe également aux réunions du « Bureau », proche du chef de la collectivité ainsi qu'aux réunions préparatoires des conseils. À la tête de cette « garde rapprochée » autour du maire (ou président de conseil), le 1er adjoint (ou 1er vice-président). Autant le numéro précédant le nom d'un conseiller sur le tableau de composition du conseil municipal importe peu (le conseiller occupant la 25e position n'étant pas supérieur au 26e), autant pour les adjoints, il révèle le rang occupé au sein de l'exécutif. Pour devenir adjoint, il faut avoir été élu lors de la première séance

64. Pendant longtemps ont été opposés parité contraignante et incitative. La première est assimilée aux scrutins de liste pour lesquels la parité de candidatures est indispensable à l'enregistrement d'une liste. La seconde renvoie aux législatives pour lesquelles la pénalité financière est proportionnelle au pourcentage de candidates investies.

par le conseil, même s'il n'est pas rare qu'au moment de la constitution de la liste de candidatures soit décidé qui occupera cette fonction en précisant le domaine d'intervention. L'adjoint pressenti peut alors développer dans le programme soumis aux électeurs, les points qu'il aimerait développer dans ce secteur en cas de victoire.

Cette présentation esquissée à grands traits souligne quelques-uns des attraits représentés par ces fonctions électives. Le graphique 2 (*infra*) présente la situation actuelle pour les quatre échelons étudiés. Deux collectivités se détachent nettement : la région puis le département. Si les données pour l'échelon municipal n'agrégeaient pas une nouvelle fois celles des communes de moins de 1 000 hab., les communes se situeraient dans les mêmes proportions que les régions[65].

Graphique 2 – Proportion de femmes parmi les élus locaux en 2022, selon la fonction exercée (en %)

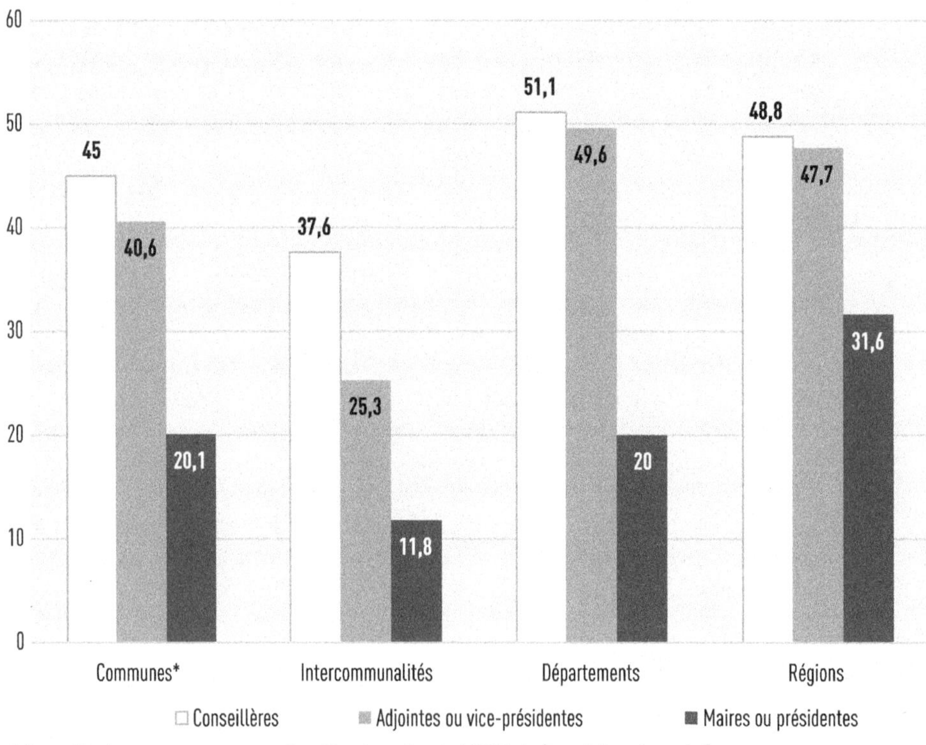

* Ensemble des communes, y compris celles de moins de 1 000 hab. (hors loi sur la parité)

Sources : DGCL, BIS n° 162, mars 2022, p. 2

65. Le pourcentage de conseillères municipales dans les communes de 1 000 hab. et + en 2020 est de 48,5 % (et celui de 1res adjointes de 36,9 %) (HCE, Rapport n° 2022-02-02-PAR-51, 02 février 2022, p. 51).

Le pourcentage élevé d'adjointes/vice-présidentes à ces trois niveaux résulte des lois introduisant la parité dans les fonctions électives[66]. Bien qu'elles n'imposent pas l'alternance (seulement un même nombre), les vice-présidences sont attribuées à quasiment autant de femmes que d'hommes. Les constats dressés précédemment pour la féminisation des conseillers fonctionnent également pour les adjointes/vice-présidentes. La loi du 31 janvier 2007 a ainsi imposé un critère de parité alors que dès sa première application, le pourcentage d'élues avait aussi gagné le sommet des assemblées. Aux municipales de 2001, le pourcentage d'adjointes a été estimé à 36 % et celui de 1res adjointes à 25 % (Troupel, 2006) ; aux régionales de 2004, elles étaient 37,3 % (contre 15,1 % en 1998). Le texte de 2007 prolonge ainsi l'élan amorcé lors des scrutins municipaux et régionaux antérieurs.

En 2021, dans un contexte de tension des ressources politiques, et sans aucune obligation en la matière, les femmes représentent 31,6 % des présidents de conseils régionaux, soit le double pratiquement de 2015 (elles étaient 16,7 %). La hausse est d'autant plus significative que plusieurs éléments auraient pu entraver cette progression. Suite aux processus de fusions régionales, et l'accroissement des budgets et compétences qui en résulte, être à la tête d'une telle collectivité aurait pu modifier la valeur symbolique de ce mandat et le rendre plus convoité. Alors qu'auparavant, la notoriété des présidents de conseils régionaux était faible, à quelques exceptions près, de grandes régions sont désormais présidées par des personnalités politiques de 1er rang : Valérie Pécresse en Île-de-France, Xavier Bertrand et les Hauts de France, ou encore Laurent Wauquiez et la région AURA[67]. En 2021, non seulement le processus de fusion des régions est achevé (et avec lui son cortège de conflits, de casse-têtes liés au regroupement) mais la défaite cinglante de 2017 aurait pu attiser la convoitise de prétendants désireux de conquérir ces nouveaux postes. La suppression du cumul des mandats a peut-être étouffé ces ardeurs ? Il faudra attendre le prochain scrutin pour tester cette hypothèse et s'assurer également que ce pourcentage n'est pas artificiellement gonflé par le petit nombre de régions métropolitaines (13). S'il n'y avait eu que trois présidentes (au lieu des 4 actuellement), le pourcentage aurait ainsi perdu 7,7 points d'un coup.

La féminisation des vice-présidences des conseils départementaux connaît la même croissance massive, prompte et durable que celle des conseillères. Introduite en même temps que le scrutin binominal, elle amène le pourcentage de vice-présidentes de 15 % en 2011[68] à 50,1 % en 2015[69] et à 49,6 % en 2021. La part de femmes à la tête de conseils départementaux progresse de 5 points

66. Loi du 31 janvier 2007 et loi du 17 mai 2013 pour les conseillers départementaux.

67. Pourrait également être citée Carole Delga, ancienne secrétaire d'État et présidente de la région Occitanie.

68. Source : OPFH (Observatoire de la parité entre les femmes et les hommes), *Élections cantonales, mars 2011. Les chiffres de la parité*, 2011.

69. Source : HCE, « Quel partage du pouvoir entre les femmes et les hommes élu.e.s au niveau local ? État des lieux de la parité aux niveaux communal, intercommunal, départemental et régional », Rapport n° 2017-01-27-PAR-026, publié le 02 février 2017.

en 2015 (passant de 5 % en 2011 à 9,9 % en 2015) pour atteindre 20,2 % en 2021. Deux facteurs peuvent expliquer cette accélération : l'installation d'une nouvelle « génération » d'élues sur laquelle s'appuient les partis et/ou un effet de l'interdiction du cumul entre un mandat de parlementaire et une fonction élective locale (vice-présidence incluse) (cf. Chapitre 5). Les prochaines élections permettront de vérifier ces suppositions en procédant à une analyse détaillée des trajectoires politiques de ces présidentes et/ou en observant les conséquences d'un éventuel retour du cumul[70].

La féminisation de la fonction mayorale demeure, elle, relativement faible et lente (elle atteint 19,8 % en 2020 contre 16,1 % en 2014), sachant que les données intègrent les maires de l'ensemble des communes. Paradoxalement, les femmes sont plus souvent maires dans les petites communes, là où elles sont pourtant moins nombreuses et où l'image d'un conservatisme peu propice à l'émancipation des femmes semble plus ancrée (Marneur, 2019). Elles sont également plus souvent maire dans les très grandes villes[71]. Cette inertie pourrait s'expliquer par le fait que les femmes sont moins investies par les partis (ou les fédérations locales) pour conduire une liste aux municipales. Mais l'hypothèse peut également être faite qu'elles s'autocensureraient davantage en raison d'une moindre disponibilité et d'une articulation complexe avec la sphère professionnelle et personnelle. Dans son étude des conseils municipaux de Gironde, Victor Marneur (2016) montre qu'une fois élues, les femmes progressent plus lentement dans la hiérarchie politique ou sont plus enclines à ne pas se représenter à cause des tensions entre vie privée et vie publique. Il montre aussi à partir d'un dépouillement de 1 700 lettres de démission que celle des femmes est imputée aux tâches parentales, avec des démissions maximales chez les élues qui ont entre 26-35 ans, quand leurs enfants sont jeunes. Une explication supplémentaire tiendrait à la rareté des places liée à la réélection des sortants (cf. Chapitre 2). Ces raisons s'articulent probablement entre elles. Par ailleurs, les rôles et valeurs attachés à la figure du maire varient en fonction de la strate démographique, et les configurations locales entrent en ligne de compte (nombre de listes concurrentes, difficulté à trouver un volontaire pour endosser cette responsabilité).

Cette sous-représentation des élues parmi les édiles n'en demeure pas moins doublement problématique. Tout d'abord, cette fonction joue encore largement le rôle de « passe-partout » ouvrant la voie aux autres assemblées locales (particulièrement départementales) et nationales. Ancrage territorial, notabilité, connaissances des autres élus du territoire sont quelques-uns des atouts que présente cette fonction. Ensuite, le pourcentage de femmes maires a des répercussions directes sur la féminisation des EPCI, échelon qui ne cesse de prendre de l'ampleur (Lefebvre, Vignon, 2023). Parce que le maire de la commune est toujours assuré d'y siéger, étant parfois le seul représentant de la commune, la

70. Une revendication faisant l'objet de plusieurs propositions de lois et mentionnée dans le rapport Woerth (2024 : 87).

71. Pour plus d'informations sur le pourcentage de femmes maires en fonction de la taille de la commune, cf. DGCL, BIS, n° 162, mars 2022.

faible part de femmes maires se répercute au sein des conseils communautaires ainsi que dans leurs bureaux : elles n'occupent qu'un quart des vice-présidences et sont moins d'un dixième à les gérer[72] (Graphique 2 *supra*).

Pour l'élue, diriger une collectivité revient à faciliter son ancrage dans le paysage politique, dans le temps (réélection) et/ou en accédant à d'autres assemblées (Sineau, 2011). Sans le sésame mayoral, le chemin pour parvenir au Parlement est plus long et plus incertain. L'augmentation du pourcentage de vice-présidentes/présidentes/maires présente également des avantages pour les partis politiques car elles constituent un vivier d'élues dans lequel puiser pour trouver des candidates aux divers scrutins. Même si c'est en accéléré, elles peuvent d'autant plus prétendre à l'éligibilité qu'elles ont respecté les étapes encore incontournables du *cursus honorum*. C'est ainsi, par exemple, que se retrouvent parmi les conseillères départementales élues en 2015 d'anciennes « remplaçantes » (en 2008 ou 2011) mais aussi des adjointes (Troupel, 2015). Cette réserve d'élues potentielles ne signifie pourtant pas que les formations politiques s'en saisissent systématiquement. La diminution du nombre de candidates aux législatives de 2022 alors que les conseils départementaux sont paritaires depuis 2015 le démontre.

Au-delà des chiffres se pose la question des types de délégations détenus par les adjointes/vice-présidentes : les élues ne sont-elles pas cette fois-ci confrontées à des « murs de verre », c'est-à-dire cantonnées à des thématiques étiquetées comme féminines (petite enfance, affaires sociales, etc.) ? Outre la reproduction de stéréotypes de genre, entre également en considération le rang de cette délégation : aux hommes les travaux, les finances, le développement économique, soit les délégations prestigieuses, aux femmes celles jugées plus secondaires (Koebel, 2017). Au niveau municipal par exemple, dans la hiérarchie des délégations, le 1er adjoint est souvent en charge des affaires générales (ou des finances). Viennent ensuite les délégations plus techniques telles que les travaux ou l'urbanisme. Ces adjoints occupent donc le haut du tableau. Portant sur le nombre d'adjoints, la parité n'impose pas de réformer cette répartition dans la hiérarchie des fonctions.

Pour pertinent que soit cet objet d'études, les informations disponibles manquent et méritent discussion. En effet, attester objectivement de la répartition genrée des délégations soulève de vraies questions méthodologiques de nature à impacter la généralisation des commentaires qui en est faite[73]. Conformément à son rôle de banque d'informations, les quelques données relatives au genre des délégations sont présentées dans trois rapports du HCE[74]. L'un est spécifiquement dédié à ce sujet, se concentrant sur les délégations exercées par les conseillères régionales en 2004 et 2010[75] ; les deux autres portant sur les

72. Sachant qu'il s'agit surtout d'EPCI de petite taille.

73. Hormis la contribution de Michel Koebel (2017) sur les adjointes en 2008 qui expose ses sources et l'échantillon retenu.

74. Le Haut Conseil à l'Égalité ayant remplacé l'Observatoire de la parité.

75. OPFH, 2010, *Op. cit.*

adjointes de 2008 et 2020[76]. Étant donné la sensibilité du sujet, connaître les contextes de production de ces informations est essentiel. Savoir qui les a collectées, comment elles ont été obtenues (*via* les préfectures ou sur les sites Internet des collectivités ?) puis retravaillées, sont autant d'éléments sur lesquels il est utile d'avoir des précisions. L'une des principales difficultés rencontrées (outre leur obtention) réside dans la phase d'agrégation (Koebel, 2017). En effet, les intitulés des délégations – particulièrement au niveau municipal – n'obéissent à aucune règle, aucune typologie préétablie. De ce fait, il existe une infinité de combinaisons possibles (jeunesse et sports ou sport tout seul par exemple). En outre, certains domaines peuvent ne pas faire l'objet de délégations spécifiques dans une commune (ex. : la sécurité ou le développement durable). Entrent en jeu plusieurs facteurs tels que le contexte local (agriculture et patrimoine par exemple), la couleur politique de la ville (démocratie participative/sécurité), etc. Sans compter qu'une même labellisation – développement durable par exemple – ne recouvre pas toujours la même acception. Si le champ des délégations régionales est plus réduit, la question de la pluralité de leur assemblage demeure.

Par ailleurs, et il s'agit là plus d'un problème d'interprétation des données[77], celles-ci sont souvent datées et contextualisées. Les informations disponibles pour les adjointes remontent en 2008 et celles pour les régionales à 2004-2010, soit aux débuts de la parité[78]. Ces constats sont-ils toujours d'actualité ? Fonctionnent-ils de la même manière pour les différentes strates de communes (comme le laisse sous-entendre le terme englobant « d'adjointes ») alors que les profils et ressources des élus de petits villages et les grandes villes diffèrent, que l'influence partisane y est inégale ? Le risque est aussi de passer à côté d'autres variables explicatives. Parce qu'elles sont plus diplômées que les adjointes et exercent pour certaines des professions en lien avec l'activité politique, les élues régionales accèdent plus facilement à des délégations diversifiées que les adjointes.

Outre le choix de commenter tout ou une partie des données, de les contextualiser ou de les généraliser, reste enfin à savoir le sens qui leur est donné. Cela commence par interroger sur le mode de dévolution de ces délégations : est-ce le même pour chaque échelon ? pour les différentes couleurs politiques ? Ces délégations sont-elles attribuées ou choisies par les élues elles-mêmes ? S'agit-il d'un choix conscient, objectivé par d'autres critères (la « petite enfance » déléguée à une élue ayant été parents d'élèves et/ou exerçant un métier directement en lien tel qu'enseignante par exemple) ? Lorsqu'il s'agit d'un premier mandat, qui nécessite un fort investissement en temps et des compétences (à acquérir),

76. (HCE, 2017) et (HCE, 2022).

77. De mêmes données peuvent parfois faire l'objet de commentaires quelque peu divergents. Alors que Mariette Sineau (2011) considère que l'instauration de la parité dans les exécutifs régionaux en 2010 s'est accompagnée d'une diversification des domaines, Catherine Achin et Sandrine Lévêque (2014) insistent-elles sur la persistance d'une répartition genrée et n'évoquent pas cet accès à de nouveaux secteurs.

78. OPFH, 2010, *Op. cit.*

comment ne pas comprendre qu'une élue cherche à s'investir prioritairement sur des sujets qu'elle maîtrise (compétences professionnelles ou issues du terrain dans le cas d'engagement associatif par ex.) et/ou qui l'intéresse ? Dès lors, il apparaît rationnel de chercher à minimiser le « coût » d'entrée en allant sur un sujet déjà maîtrisé et/ou à l'origine de l'engagement. En cas de réélection, il conviendrait, là encore à partir d'enquêtes plus fines, d'observer si ce périmètre s'élargit, si la thématique change.

Par ailleurs, l'attribution genrée des délégations signifie-t-elle nécessairement qu'il s'agit de délégations secondaires, mineures ? La création d'indicateurs serait un moyen d'objectiver cette réflexion. Pourrait ainsi être mobilisé le budget alloué aux postes occupés par les différents adjoints ou vice-présidents. Ou comptabilisé le nombre de délibérations relatives aux domaines des élus au terme de la mandature. Elles pourraient aussi être mises en relation avec les compétences cardinales de la collectivité étudiée. S'agissant des affaires sociales par exemple, il serait intéressant de voir quelle place et qui est en charge de cette compétence dans les conseils départementaux nouvellement paritaires ? D'autant plus que Michel Koebel notait en 2008 qu'à l'échelon municipal, elles représentaient une exception, figurant assez haut dans la hiérarchie des délégations (Koebel, 2017). Beaucoup d'énigmes restent à résoudre, en modifiant l'approche et en jumelant enquêtes quantitative et qualitative de la parité. D'autant que les élections municipales de 2026 devraient apporter de nouvelles interrogations telles que l'impact de l'instauration de l'alternance au niveau des adjoints sur le rang des délégations ou l'extension du scrutin de liste bloqué à l'intégralité des communes françaises.

2.2. Contraintes juridiques, libertés politiques

La féminisation des EPCI paraît si enlisée qu'il en ressort une sensation de fatalisme face à la situation. Tout se passe comme si avait été atteint là un point indépassable puisqu'améliorer l'accès des femmes à ces assemblées impliquerait de rouvrir le dossier sensible du mode d'élection et du cumul avec le mandat municipal. Ce sentiment de résignation est entretenu par le fait que seuls les textes législatifs adoptés sont étudiés. Pour autant, cela ne signifie pas que rien n'ait été entrepris dans les couloirs du Parlement, au HCE, ni que la situation ne puisse évoluer. L'analyse de l'activité parlementaire sur la courte période 2019-2024 met en lumière deux phénomènes : le détachement au regard d'obligations législatives se traduisant par une inaction ; la trajectoire d'une PPL et les usages qui en sont faits.

Un cadre légal véritablement contraignant ?

Le point de départ est constitué par la loi « Engagement et Proximité » (27 décembre 2019) qui stipulait qu'une modification des actuels modes de scrutin devait avoir lieu avant le 31 décembre 2021 afin « d'étendre l'égal accès des femmes et des hommes aux fonctions électives dans les communes et leurs groupements ». Plusieurs années après l'expiration de cette date, aucun changement n'a été apporté au code électoral. Cet immobilisme, pouvant s'apparenter à une forme de résistance passive, a déjà été observé s'agissant d'obligations introduites par la loi MAPTAM (27 janvier 2014). Elle prévoyait en effet que le gouvernement procède, dans les six mois suivant les élections municipales et communautaires, à une évaluation du fléchage, notamment dans une perspective paritaire. À sa suite, un second rapport devait présenter, avant le 30 juin 2015, les « solutions envisageables, les avantages, les inconvénients et les conséquences de l'élection d'une partie des membres du conseil des métropoles dans une ou plusieurs circonscriptions métropolitaines » (HCE, 2017 : 86). Dans les deux cas, l'indication d'échéances fixait un cadre et témoignait du fait qu'il s'agissait de prendre des mesures suivies d'effets[79]. La mention de repères temporels a vocation à s'assurer que les préconisations ne courent pas *ad vitam aeternam* et qu'elles débouchent sur des actions concrètes. Ces repères s'inscrivent à chaque fois dans le cadre du mandat présidentiel en cours. Certes, des causes extérieures pourraient expliquer ces retards, voire ces oublis, comme la crise sanitaire qui court sur la période 2020-2021 par exemple. Cependant, depuis sa publication au JO (et après le COVID), deux opportunités de légiférer se sont présentées sans avoir été saisies. La première, la plus évidente, aurait consisté à profiter de la loi « 3DS » pour ajouter un ou deux articles réglant cette question. En supprimant le seuil de 1 000 habitants pour les municipales, la part des femmes dans les EPCI aurait ainsi augmenté. Le HCE et les associations d'élus appelant à un tel changement (HCE, 2019), le vote d'un tel amendement était donc plausible et possible[80]. La seconde consistait à faire en sorte que la proposition de loi n° 4587 déposée le 19 octobre 2021 par Élodie Jacquier-Laforge (Modem) aille jusqu'à son terme. Au regard de ces éléments, l'inaction résulte ici d'un choix délibéré.

De la « mission flash » à la PPL n° 4587 : itinéraire d'une presque avancée de la parité

Plusieurs éléments rendent pertinente la présentation de la PPL n° 4587. Le contexte de son dépôt tout d'abord. Elle est une réponse directe à la prescription de la loi « Engagement et proximité » et une résurgence de la mission flash conduite à ce sujet. Portant sur « la parité dans les fonctions électives et exécutives du bloc communal »[81] elle présente à la commission des lois les deux axes envisagés. La féminisation des EPCI se poursuivrait à la base, en augmentant la part de femmes élues aux élections municipales. Au sommet serait instaurée une « féminisation en miroir » des fonctions exécutives. Les conseils communautaires n'étant pas composés d'autant d'hommes que de femmes, il ne paraissait pas possible d'exiger qu'une moitié des vice-présidences soit attribuée à des

79. Pourrait également être ajoutée l'obligation guère respectée de produire un rapport en matière d'égalité dans tous les EPCI de + de 20 000 habitants (introduite par la loi du 4 août 2014) (HCE, 2019).

80. Compte tenu du sujet de la loi, il n'aurait pu être taxé de cavalier législatif.

81. Jacquier-Laforge Élodie, Schellenberger Raphaël, Mission flash sur la parité dans les fonctions électives et exécutives du bloc communal, communication, 6 octobre 2021.

élues, comme c'est le cas dans les autres collectivités locales. Néanmoins, elle pourrait refléter la composition de l'assemblée et compter 40 % de vice-présidentes si celle-ci comprend 40 % de conseillères. Les députés nommés pour conduire cette mission flash[82] – Raphaël Schellenberger et Élodie Jacquier-Laforge – s'accordent sur ce 2e point ainsi que sur l'idée de l'abaissement du seuil pour les municipales. Leurs divergences portent toutefois sur le niveau à retenir. Le député LR préconise un abaissement à 500 habitants tandis qu'Élodie Jacquier-Laforge prône sa suppression. Devant ce désaccord, elle dépose seule quelques jours plus tard une proposition de loi.

Quelques moins plus tard, sa discussion fait disparaître l'article relatif à la féminisation des vice-présidences des exécutifs communautaires. Les autres dispositions ont toutes trait au seuil pour les municipales. Pour rendre plus acceptable sa volonté d'appliquer le scrutin paritaire à l'ensemble des communes, Élodie Jacquier-Laforge a « bougé deux autres curseurs »[83]. Afin de préserver le pluralisme politique est autorisé le dépôt de listes incomplètes dans les communes de moins de 1 000 habitants[84], alors qu'une dérogation au principe de complétude du conseil municipal est étendue aux communes entre 500 et 999 habitants[85]. Ces dispositions, destinées à amener un peu de souplesse dans les toutes petites communes, n'ont pas empêché les discussions âpres lors de l'examen du texte. Arguant de la difficulté à trouver des candidats dans les toutes petites communes, évoquant une réduction probable de l'offre (et donc du pluralisme politique), une partie des députés quitte la salle. Le texte est au final adopté à « l'unanimité » comme le répétera son auteure… mais par les seuls députés LREM et Modem, les élus LR et PS n'ayant pas participé au débat. Logiquement, il aurait dû être ensuite transmis au Sénat. Mais la fin de la session parlementaire, pour cause d'élections présidentielles et législatives, interrompt le processus. Réélue députée en juin 2022, et désormais Vice-Présidente de l'Assemblée nationale, Élodie Jacquier-Laforge intervient en 2023 et 2024 sur des thématiques centrales[86] sans que pourtant cela ne profite à sa toute première proposition de loi.

Cette PPL risque-t-elle, comme la plupart, de tomber en déshérence ? À l'instar de celle signée par Marie-Pierre Rixain en 2019 ? Cette députée LREM avait présenté en tant que Présidente de la Délégation des Droits des Femmes deux ans auparavant une proposition visant à « renforcer la parité à l'échelle locale » (Rixain, 2019). Bien qu'appartenant à la majorité, le texte ne reçoit aucun soutien, n'est pas examiné ni ne sert de base à la proposition d'Élodie Jacquier-

82. *Ibid.*

83. Entretien de recherche réalisé par téléphone (6 juillet 2023).

84. Cf. la réduction du nombre de listes en concurrence en 2014 (Troupel, 2021).

85. Cette dérogation permettrait à des listes incomplètes de pouvoir concourir à l'élection dans les petites communes, et éventuellement que le nombre de conseillers soit inférieur à celui fixé dans le code électoral.

86. Elle a fait partie des trois rapporteurs sur le projet de loi « 3DS », a été co-rapporteure de la CMP sur le PJL visant à contrôler l'immigration. En mai 2024, elle réalise une mission d'information sur le rôle local et l'ancrage territorial des parlementaires.

Laforge. Les mesures inscrites dans la PPL portent elles aussi sur la féminisation des fonctions exécutives locales mais sont plus ambitieuses[87]. Elles concernent tous les échelons et généralisent l'alternance sur les listes des candidats aux vice-présidences (ou adjoints) et ajoutent que le président de l'exécutif et son 1er vice-président (ou 1er adjoint) doivent être de sexe différent. Cette dernière disposition, surnommée « le tandem » concernerait également les EPCI. Cette PPL prévoit également de supprimer tout seuil pour les municipales.

L'approche retenue par la députée Modem Élodie Jacquier-Laforge est tout autre. S'appuyant sur les auditions menées dans le cadre de la mission flash pour élaborer son texte, elle déclare : « vous voyez bien les solutions proposées et celles qui sont envisageables [...] Moi ma volonté c'est d'avoir un texte le plus simple à mettre en œuvre possible [...], c'est d'avoir un dispositif qui se cale le plus possible sur ce qui existe déjà dans les communes de plus de 1 000 hab. [...] mais par contre, je ne voulais pas que ce soit une source d'inquiétude pour ceux qui se représenteront en 2026 ou une équipe qui souhaiterait se présenter »[88]. La posture choisie par la députée d'aller vers la simplicité, la recherche de « pragmatisme », c'est-à-dire s'adapter aux us et coutumes politiques, est peut-être ce qui permettra à son texte de poursuivre son cheminement au Parlement. En effet, cette approche n'est pas sans rappeler l'une des conditions de réussite de la parité évoquée plus haut, à savoir son acceptabilité par les élus. Règle électorale s'appliquant en premier lieu à ceux qui la votent (Ehrhardt, 2016), la parité, pour optimiser ses chances d'être renforcée, doit donner l'impression de changer sans rien perturber.

2026 : un horizon réaliste ?

Si la mission flash d'Élodie Jacquier-Laforge et de Raphaël Schellenberger correspond à l'évaluation requise avant le 31 décembre 2021, reste en suspens la modification du code électoral. À moins d'abroger cet article de la loi « Engagement et Proximité » (ou d'en amender l'échéance), le changement doit intervenir avant les élections municipales de 2026. Les probabilités pour que la parité évolue semblaient élevées. D'une part, car il existe un large consensus – hormis du côté des élus LR, semble-t-il – en faveur de l'établissement du scrutin de liste paritaire pour la totalité des communes. Le HCE, la Délégation aux Droits des femmes de l'Assemblée, mais aussi les associations d'élus (parmi lesquelles l'AMF et l'AMRF) et le Sénat, tous ont, à un moment ou un autre, reconsidéré positivement cette option. Le ralliement à la cause paritaire dessine une communauté d'intérêts : obtenir une gouvernance facilitée dans les petites communes grâce au scrutin de liste (AMRF), conforter la tutelle communale sur les conseils communautaires pour l'AMF, jouer son rôle de défenseur des collectivités locales et de faire échos aux demandes de son collège électoral pour

87. Même si n'ont pas été retenues les solutions présentées par le HCE qui elles, « bouleversent l'économie générale de l'organisation territoriale » [...] « qui reviendrait substantiellement sur les équilibres existants [...] » (Rixain, 2019 : 3-4).

88. Entretien réalisé par téléphone le 6 juillet 2023 (déjà cité plus haut).

le Sénat... Ainsi fonctionne le jeu politique. D'autre part, le rapport d'Éric Woerth, chargé par le Président Macron de réfléchir à de nouvelles pistes en matière de décentralisation, préconise également la généralisation du scrutin de liste paritaire à l'ensemble des communes (Woerth, 2024). Les suites (calendrier, orientations) étant indexées à la configuration politique, le changement de majorité parlementaire consécutif à la dissolution de juin 2024 introduit une forme d'incertitude[89].

CONCLUSION

Au final, la parité présente un caractère stimulant dans ce qu'elle nous apprend sur le fonctionnement du jeu politique, dans ce qu'elle donne à voir ses coulisses du jeu politique, à travers les usages qui en sont faits (Achin, Lévêque, 2014) mais aussi sur les contextes de production des lois électorales. Il reste donc bien des choses à dire et à écrire. Pas seulement pour surveiller les évolutions législatives à venir. Mais aussi au regard des champs de recherche qu'il reste à défricher à l'instar du terrain intercommunal pratiquement laissé à l'état vierge ; ou des thématiques à revisiter comme l'effet de la « masse critique » d'élues sur la pratique du métier[90] ; ou encore décortiquer le genre des politiques publiques et les conséquences de leur apparente neutralité (cf. genre et espace local ou les budgets genrés).

89. Suite à la dissolution, Élodie Jacquier-Laforge a perdu son siège tandis que Yaël Braun-Pivet a retrouvé son fauteuil de Présidente de l'Assemblée nationale.

90. Cf. également la rhétorique de la « politique autrement ».

Chapitre 4

La représentativité des élus locaux à distance de la loi : ancrages socioprofessionnels, âge et diversité

Dans les démocraties représentatives, il n'y a aucune raison pour que la morphologie sociale des élus soit la figure réduite à l'identique de l'ensemble du corps électoral. La France a d'ailleurs longtemps communié dans une forme d'universalisme théorique privilégiant la « représentation mandat », qui insiste sur l'unité du pouvoir et de la société, à la « représentation miroir », attentive aux particularismes et à la diversité. Mais la distance entre l'universalisme théorique et les pratiques représentatives est telle qu'elle finit par nourrir la critique (Avanza, 2010). La persistance d'un écart entre l'élite gouvernante et les gouvernés alimente le sentiment diffus d'une crise de représentation. Jusqu'où la représentativité sociale des élus locaux permet-elle de combler, au moins partiellement, cet écart ? La question précédemment étudiée du genre, mise à l'agenda politique, traitée en droit, et qui a connu un processus de féminisation de la classe politique locale à la fois puissant et inachevé, n'épuise évidemment pas le portait sociologique que nous pouvons dresser des élus locaux. D'autres attributs, aussi bien socio-économiques que sociodémographiques, contribuent en effet à dessiner plus précisément les profils des élus locaux. Ce chapitre 4 se propose d'étudier les propriétés sociologiques des élus locaux français à partir de trois entrées : le statut socioprofessionnel, l'âge et la diversité. Elles apparaissent plus ou moins étudiées par la littérature scientifique, nourrissent des débats sociaux et politiques, mais ne font en revanche pas l'objet d'interventions législatives. Ce qui explique que les évolutions observées dans les trois cas ressortent incomparablement plus limitées que dans celui de la féminisation.

1. UN « CENS CACHÉ » SOCIOPROFESSIONNEL ?

Dans l'édition 2002-2003 de l'ouvrage *Les collectivités locales en chiffres*, la Direction générale des collectivités locales (DGCL) faisait figurer pour la première fois, sur un même tableau, l'origine sociale des élus et les caractéristiques correspondantes de la population active française. Ce qui permettait alors au lecteur de mieux repérer les caractéristiques socio-professionnelles des élus avant de conclure à l'existence de distorsions considérables.

La DGCL a pour habitude d'utiliser la nomenclature phare des regroupements professionnels de l'Insee, les professions et catégories sociales (PCS), bien que celle-ci ait quelque peu perdu de sa centralité. Avant que les PCS n'apparaissent, il y eut d'abord la nomenclature des catégories socioprofessionnelles (CSP). Elle fut pour ses concepteurs un outil pour décrire les différentes conditions objectives d'éducation, d'emploi et de mode de vie, avant de devenir par la suite une référence incontournable pour représenter la société française, sa principale grille de lecture, une variable aussi structurante que l'âge ou le sexe pour ventiler la population. Cette nomenclature des CSP fut imaginée par Jean Porte au début des années 1950, et entra vigueur à l'Insee à partir de 1954. C'est au début des années 1980 qu'elle fut transformée en nouvelle nomenclature des Professions et catégories socioprofessionnelles (PCS), sans que les grandes lignes de construction ne soient fondamentalement changées. Force est d'observer que ces catégories socioprofessionnelles ont quelque peu perdu de leur visibilité dans les publications de l'Insee (*Données sociales*, *Insee Première*) à partir des années 1990, quand la place accordée aux variables du revenu et du diplôme augmentait corrélativement (Pierru, Spire, 2008).

Si les catégories socioprofessionnelles n'opèrent plus autant que par le passé comme grille de lecture du monde social, elles continuent néanmoins d'être mobilisées pour étudier les propriétés sociales des élus locaux. Elles (dé)livrent une information imparfaite. Parce que les PCS sont des catégories larges et hétérogènes, en particulier du point de vue des diplômes et des revenus, leur finesse sociologique est toute relative. Par ailleurs, le caractère déclaratif des données – avec des stratégies de présentation de soi – charrie des erreurs d'encodage des professions, par sous-estimation, surestimation ou dissimulation. Sans compter que la présentation des données, notamment par la DGCL, fait parfois figurer la catégorie « retraités » sans mention des statuts socioprofessionnels passés. Isoler cette catégorie n'a pas pas beaucoup de sens d'un point de vue sociologique si ce n'est de monter comment, au-delà du phénomène de structure d'âge et de vieillissement démographique, la disponibilité octroyée par la retraite est une des conditions nécessaires au fonctionnement des assemblées locales et des exécutifs. Enfin, on peut remarquer que les structures des données proposées par la DGCL varient selon qu'elles font ou non apparaître « Autres professions » dans les tableaux.

Malgré ces limites, et la prudence interprétative qu'elles imposent, la photographie des élus locaux à partir des PCS conserve une utilité certaine pour saisir les biais de représentativité, et illustrer un « cens caché » (Gaxie, 1978) de la représentation politique locale. Cette expression de « cens caché » désigne les formes cachées d'(auto)exclusion du politique et de la participation politique de citoyens détenteurs d'une faible compétence politique ou se percevant eux-mêmes comme faiblement dotés. Les inégalités politiques décalquent ainsi les inégalités sociales.

1.1. Des distorsions en matière d'ancrages socioprofessionnels des élus locaux

La probabilité d'accéder à un mandat électif est d'autant plus forte que sa place dans la hiérarchie sociale est élevée (Gaxie, 1983), ce phénomène se renforçant à mesure que l'on s'élève dans la hiérarchie des positions politiques. La sélection des élus locaux n'échappe pas à cette quasi-loi d'airain sociologique. Les distorsions importantes constatées recouvrent en particulier l'asymétrie spectaculaire entre une surreprésentation des « cadres et professions intellectuelles supérieures » d'un côté, et une sous-représentation, plus marquée encore, des « ouvriers », de l'autre. L'autre élément le plus notable tient à une surreprésentation historique des agriculteurs, plus accentuée dans la strate municipale, mais qui s'affiche tendanciellement en recul.

Comme l'illustrent à nouveau les données pour l'année 2023 (Tableau 1 *infra*), la surreprésentation des cadres existe partout, mais ressort de manière inégalement intense. Elle apparaît moins fortement au niveau de la strate municipale, lorsqu'elle est observée dans son ensemble, qu'au niveau des responsabilités communautaires (souvent réservées aux « premiers » dans l'ordre protocolaire de la municipalité), et davantage encore qu'à celui des mandats départementaux et régionaux. La surreprésentation y apparaît incroyablement marquée, jusqu'à atteindre plus de quatre fois et demie leur poids démographique observé dans la population de 15 ans et plus. *A contrario*, la présence des ouvriers reste très rare parmi le personnel politique local, à l'exception des fonctions « subalternes » de conseillers municipaux (7,1 %)[1]. L'avènement des EPCI à fiscalité

1. Michel Koebel a montré (Koebel, 2014b), à travers son étude réalisée sur un échantillon de 894 adjoint(e)s au maire de 79 villes moyennes françaises, après les élections municipales de 2008, que les premiers rangs d'adjoints sont très fréquemment occupés par les cadres et professions intellectuelles supérieures : plus de la moitié des premiers et deuxièmes adjoints des villes de 10000 à 20000 habitants, entre 58 % et 65 % des trois premiers adjoints des villes de 60000 à 80000 habitants.

propre a renforcé la sélectivité sociale des élites locales. Les réformes engagées (notamment l'instauration du fléchage en 2014) n'ont guère affecté, ou à la marge, un ordre communautaire qui assure la promotion de profils d'élus qui ne sont que très imparfaitement les reflets sociologiques des conseils municipaux desquels ils sont pourtant issus. En raison de l'élévation du niveau de compétence politique exigé par l'institution communautaire (technicisation des débats et des dossiers, recherche permanente du consensus, changement d'échelle de conception et de mise en œuvre des politiques publiques), les postes clés au sein des exécutifs communautaires (présidence et vice-présidences) sont très souvent dévolus aux élus les mieux dotés en titres scolaires et occupant les professions les plus valorisées socialement (professions libérales, enseignants, cadres supérieurs, ingénieurs…) (Le Saout, Vignon, 2015).

Tableau 1 **– L'origine socioprofessionnelle des élus locaux (au 1er janvier 2023)**

Catégories socio-professionnelles	Ensemble des élus locaux	Conseillers régionaux et territoriaux	Conseillers départementaux	Conseillers communautaires	Conseillers municipaux	Dont maires	Population de 15 ans et +
Agriculteurs exploitants	8,0	3,7	4,1	7,7	8,1	11,8	0,7
Artisans, commerçants, chefs d'entreprise	6,6	9,9	6,6	6,6	6,6	6,0	3,5
Cadres et prof. intellectuelles supérieures	21,4	49,1	38,9	26,3	20,5	21,4	10,6
Professions intermédiaires	17,0	11,2	14,0	13,2	17,5	10,8	13,7
Employés	13,1	5,8	6,4	7,8	13,8	6,1	14,2
Ouvriers	6,5	0,7	0,4	2,1	7,1	2,5	10,9
Retraités	23,9	11,5	23,1	33,1	22,7	38,7	46,1
Autres sans activité professionnelle déclarée	3,6	8,2	6,6	3,3	3,6	2,7	
Total		**100,0**	**100,0**	**100,0**	**100,0**	**100,0**	**100,0**

Source : DGCL. Données : ministère de l'Intérieur, bureau des élections et des études politiques (répertoire national des élus, février 2023) ; Insee, enquête Emploi 2020

La moindre surreprésentation des cadres et professions intellectuelles supérieures à l'échelle municipale s'explique par le caractère moins sélectif des élections municipales, avec plus d'un demi-million de mandats municipaux en jeu contre quelques milliers seulement pour les mandats départementaux et régionaux, ainsi que par la part écrasante des très petites communes (rurales et périurbaines). C'est d'ailleurs ce dernier élément qui explique la place considérable, bien que déclinante, des agriculteurs exploitants dans l'exercice de la fonction mayorale. Il suffit de décomposer les communes en deux strates démographiques pour mesurer l'étroite corrélation entre taille communale et distribution socioprofessionnelle des élus, comme l'illustre l'exemple des élections municipales 2001 : c'est à partir de 3 500 habitants, là où se pratiquait le scrutin de liste bloquée, que le scrutin municipal produisait tous ses effets en termes de sélectivité et que la présence des agriculteurs s'affiche en recul (Tableau 2 *infra*). L'accès au pouvoir exige de mobiliser des ressources auxquelles accèdent plus facilement les candidats bien dotés en capital culturel, économique et social[2]. Chez les ouvriers, la régularité prédomine avec une sous-représentation partout : seuls 2 % des maires des communes de moins de 3 500 habitants sont alors ouvriers.

Tableau 2 – L'origine socioprofessionnelle des maires (2001) selon la taille de la commune

Catégorie socioprofessionnelle	Maires – 3 500 habitants	Maires + 3 500 habitants
Agriculteurs exploitants	21,3 %	1,8 %
Artisans, commerçants, chefs d'entreprise	7,0 %	5,2 %
Cadres et prof. intellectuelles supérieures	15,5 %	44,5 %
Professions intermédiaires	11,8 %	10,7 %
Employés	8,5 %	4,4 %
Ouvriers	2,0 %	0,4
Retraités	29,4 %	26,0 %
Autres prof. ou sans prof. déclarée ou étudiée	4,4 %	7,0 %
Total	**100,0 %**	**100,0 %**

À partir du répertoire national des élus locaux, Michel Koebel (2014) a bien montré cet effet discriminant de la taille communale, couplé à celui de la fonction exercée, sur les ancrages socioprofessionnels. Dans les communes de plus de 10 000 habitants, le pourcentage de maires cadres supérieurs s'élevait en 2008 à 70 % (jusqu'à 93 % au-dessus de 100 000 habitants).

Si les catégorisations socio-professionnelles utilisées dans les données les plus immédiatement accessibles fournies par la DGCL apparaissent relativement larges, l'exploration du répertoire national des élus locaux permet de gagner en granularité. L'un des intérêts du fichier est notamment de quantifier le poids des agents publics dans l'ensemble des élus locaux. Nous pouvons saisir leur surreprésentation à partir des données concernant les conseils départementaux et

2. Les données concernant l'ensemble des conseillers municipaux, et non les seuls maires, montreraient une sélectivité moindre.

régionaux, s'agissant des cadres (distinguo entre cadre de la fonction publique et cadre administratif et commercial d'entreprise), des professions intermédiaires (distinguo entre profession intermédiaire administrative de la fonction publique, et regroupement entre profession administrative et commerciale et profession intermédiaire de la santé et du social), et des employés (distinguo entre employé civil et agent de service de la fonction publique et employé administratif d'entreprise) (Graphique 1 *infra*). Il n'est pas ici possible d'intégrer la catégorie « anciens » (pour les retraités) dès lors qu'elle regroupe les secteurs privé et public. En additionnant le total des trois catégories précitées, nous obtenons un total de 1 168 élus travaillant dans le secteur public, contre 1 141 dans le secteur privé, bien loin des équilibres du marché du travail.

***Graphique 1* – Répartition entre secteur public et secteur privé dans les assemblées départementales et régionales (au 30 novembre 2023)**

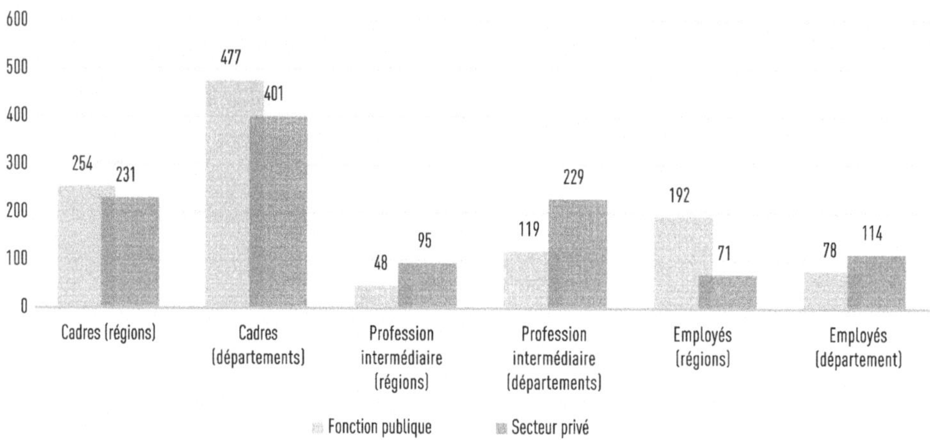

Source : Répertoire national des élus locaux (ministère de l'Intérieur)

1.2. Quelle évolution socioprofessionnelle des élus locaux ?

Lorsqu'on privilégie une comparaison diachronique, afin de mieux saisir les évolutions tendancielles, l'importance et la hiérarchie des différents groupes socioprofessionnels ressortent transformées. Intéressons-nous au cas des élus municipaux et des agriculteurs. Leur poids en milieu rural fut si écrasant par le passé que le sociologue Henri Mendras écrivait, en 1956, que « le conseil municipal, qui ne compte plus que des agriculteurs, tend à ressembler à un conseil d'administration de coopérative agricole » (p. 18). Longtemps en position dominante dans les instances du pouvoir municipal, encore qu'à l'échelle historique il s'agisse d'une conquête tardive (Barral, 1968), les agriculteurs se sont vus de plus en plus dépossédés de ce dernier. Les données statistiques, élaborées à partir des six PCS – sans faire apparaître en tant que telles les autres catégories – montrent que pratiquement un maire sur deux était agriculteur exploitant en 1977. En 2001, leur part était tombée à 28,5 % de l'ensemble des maires de France (Tableau 3 *infra*). Malgré la démographie déclinante de ce groupe, leur surreprésentation persiste néanmoins, dans des proportions bien plus modestes que par le passé. L'ancrage local et le capital d'autochtonie dans le tissu communal rural pèsent d'un moindre poids. Une augmentation concomitante du nombre de maires cadres est observée, passant de 20,1 % à 35,8 % sur la même période. Ce groupe socioprofessionnel devient le plus représenté, toute taille de communes confondues. Ce qui ne change pas en revanche est le pourcentage résiduel de maires ouvriers. Le faible sentiment de compétence statutaire et le déclin du PCF, qui a assuré la promotion sociale et politique des ouvriers (Mischi, 2010), contribuent de manière générale au processus d'exclusion des milieux populaires de la sphère politique locale.

Tableau 3 – Évolution de l'origine socioprofessionnelle des maires des communes françaises (1977-2001)

Catégorie socioprofessionnelle	1977	1983	1989	1995	2001
Agriculteurs exploitants	48,4 %	45,6 %	38,9 %	29,9 %	28,5 %
Artisans, commerçants et chefs d'entreprise	15,6 %	13,0 %	11,6 %	10,7 %	10,9 %
Cadres et professions intellectuelles supérieures	20,1 %	18,9 %	22,2 %	26,8 %	35,8 %
Professions intermédiaires	8,6 %	12,8 %	15,5 %	17,8 %	10,9 %
Employés	5,4 %	6,9 %	9,1 %	11,9 %	11,5 %
Ouvriers	2,0 %	2,7 %	2,6 %	2,8 %	2,4 %

Source : DGCL, ministère de l'Intérieur

Quelles explications peut-on avancer pour comprendre ces mutations quant au profil des maires ? Le premier réflexe consiste à mobiliser l'évolution démographique des groupes socioprofessionnels respectifs. Aussi peut-on invoquer la baisse continue du nombre d'agriculteurs en même temps que la forte augmentation du nombre de cadres et professions intellectuelles supérieures. Jusqu'où ces facteurs jouent-ils ? Pour y répondre, il est possible de neutraliser l'évolution démographique d'ensemble de chacun des groupes socioprofessionnels en considérant la prévalence de la fonction mayorale par PCS. Les données chiffrées portant sur la période 1983-2008 (Tableau 4 *infra*) montrent alors que parmi les agriculteurs exploitants, dont le nombre recule par ailleurs, de moins en moins exercent le mandat de maire : 901,5 agriculteurs-maires pour 100 000 agriculteurs en 1983, contre 667,2 en 2008. Alors que les villages ruraux ont connu, certes à des degrés et rythmes variables des recompositions sociales (déprise des effectifs agricoles, arrivée de nouveaux résidents issus des centres urbains notamment), la disponibilité des agriculteurs est impactée par les transformations de leur métier avec des chefs d'exploitations agricoles plus importantes (Laferté, 2018) au moment où l'exercice de la fonction mayorale devenait plus chronophage et complexe avec la montée en puissance de la coopération intercommunale (Encadré 1 *infra*). Il faut cependant objecter que lorsque la population française augmente alors que celle des maires reste stable (voire recule très légèrement), la prévalence de la fonction mayorale tend au global – toutes PCS confondues – à diminuer (y compris pour des PCS de mieux en mieux représentées comme celle des cadres et professions intellectuelles supérieures).

Encadré 1
Les maires ruraux

Les critères qui jalonnent la sélection professionnelle des maires des petites communes ont évolué de manière significative depuis la Libération, et ce au détriment des agriculteurs. En effet, le modèle du maire sédentaire, ayant ses racines familiales dans la commune où il travaille et où il vit, incarné principalement par le maire agriculteur, est en perte de vitesse. Le déclin numérique des agriculteurs a une triple origine : la perte de l'importance puis de la centralité du groupe agricole dans les villages ruraux ; le désintérêt croissant des plus « gros » exploitants (entrepreneurs embourgeoisés) (Laferté, 2018), pour des mandats municipaux vidés de leur pouvoir par le transfert des prérogatives aux intercommunalités (Desage, Guéranger, 2011) ; la concurrence accrue avec d'autres catégories sociales diplômées au sein des communes en voie de « périurbanisation ». Pour les élus des petites communes, à l'instar de leurs homologues urbains, il ne s'agit plus seulement d'accéder au centre du pouvoir municipal, mais aussi d'impulser des projets et de définir des stratégies de développement attestant de leur volontarisme et du dynamisme de leur territoire (Vignon, 2021[3]). Les valeurs attachées à la personne (notabilité locale) et au dévouement (proximité, services personnalisés, etc.) n'ont pas disparu. Mais les catégories moyennes (instituteurs, fonctionnaires de catégorie B, techniciens principalement) et supérieures salariées (cadres supérieurs d'entreprise et du secteur public, ingénieurs, professeurs) s'investissent dans le rôle en y important des ressources (compétences techniques, capacité d'expertise) qui participent à la dévaluation progressive, selon les contextes, de celles détenues par les autres catégories d'élus (petits agriculteurs et artisans principalement) dont la légitimité s'est construite (uniquement) sur des critères traditionnels (interconnaissance, ancrage communal). Bien entendu, les élus peuvent alterner, combiner et articuler ces deux registres – le dévouement familier/notabilité locale et la compétence gestionnaire (Faure, 1991) – en fonction des contextes sociaux, relationnels, le métier d'élu local tenant dans l'articulation de ces rôles et registres d'action (Briquet, 1994). Les maires se doivent d'être tout à la fois proches de leurs administrés (provoquer le contact, être à l'écoute et disponibles...) et impliqués dans des dispositifs d'action publique technicisés s'ils veulent maximiser les chances d'élection ou de réélection. Les agriculteurs « modernistes », inscrits dans des réseaux d'interconnaissance localisés, et très investis dans les organisations professionnelles agricoles (militantisme syndical, fonctions à la chambre d'agriculture), familiarisés avec la prise de parole en public, les techniques managériales et les rouages administratifs, sont ceux qui résistent le mieux à ces

3. À partir d'une enquête par questionnaire réalisée dans les communes de moins de 3500 habitants de Picardie, Sébastien Vignon montre que la part des agriculteurs (y compris retraités) chute entre 1965 (70 %) et 2012 (20 %).

reconfigurations sociales et politiques. Pouvant user à volonté de l'interconnaissance et de la familiarité avec leurs administrés, ils apparaissent aussi (auprès des nouvelles populations par exemple) comme des élus capables de mobiliser et rassembler autour de projets structurants en raison de leurs savoir-faire en matière d'action publique (Vignon, 2016). À l'« éthos du dévouement » se substitue progressivement un « éthos de la compétence » (compétences techniques et/ou entrepreneuriales) pour paraphraser J.-N. Retière.

Bien qu'on observe un déclin du nombre de maires agriculteurs (y compris retraités), c'est néanmoins dans ce groupe socio-professionnel que la prévalence de la fonction mayorale demeure la plus forte. Le pourcentage croissant de maires appartenant à la PCS des cadres et professions intellectuelles supérieures doit beaucoup à la croissance numérique de ce groupe socio-professionnel, puisque la prévalence de la fonction mayorale dans le groupe s'affiche, elle, en recul sur la période considérée (avec, proportionnellement, moins de cadres qui sont maires) : 289,4 cadres-maires pour 100 000 cadres en 1983, et 210,6 en 2008 (Tableau 4 *infra*).

Tableau 4 – Nombre de maires par PCS (pour 100 000 personnes)

Catégorie socioprofessionnelle (six postes)	1983	1995	2008
Agriculteurs exploitants	901,5	848,7	667,2
Artisans, commerçants, chefs d'entreprise	206,7	144,0	103,4
Cadres et professions intellectuelles supérieures	289,4	216,8	210,6
Professions intermédiaires	94,4	80,1	70,0
Employés	32,3	37,8	48,1
Ouvriers	10,2	9,0	10,7

Source : Koebel (2014)

Toujours sur la même période, les données établies par Michel Koebel (2014), plus fines sur le plan socioprofessionnel, mettent au jour des baisses très significatives du côté de professions considérées comme pourvoyeuses de notables locaux : 40,6 % de baisse pour les médecins et professions médicales (1 042 à 619 maires), et 60,9 % pour les notaires (de 151 à 59). Étudiant les maires des villes de plus de 30 000 habitants entre 1983 et 2014 (260 communes), Luc Rouban (2015) montre lui aussi une fermeture croissante du profil social des maires : ces derniers appartiennent à 88 % aux catégories professionnelles supérieures en 2014 (elles représentent 15 % de la population française) contre 67 % lors du renouvellement municipal de 1983. On assiste à la montée en puissance de professionnels de la politique (25 %), c'est-à-dire d'édiles qui proviennent des cabinets mayoraux, des directions d'EPCI, voire des postes de cadres territoriaux municipaux et qui ont souvent suivi une équipe avant d'être sollicités pour candidater aux élections. C'est autant que les cadres des secteurs privé et public réunis – respectivement 10,5 % et 12,3 % – et cette progression s'avère fulgurante : ces professionnels de la politique représentaient moins de 1 % des maires en 1983 et 20 % lors du mandat précédent 2008-2013.

1.3. Quel ancrage socioprofessionnel des candidats ?

En complément des chiffres traditionnellement mobilisés, qui concernent les « vainqueurs » des élections, il est intéressant d'interroger l'ancrage professionnel de l'ensemble des candidats.

Biais représentatifs et (auto)exclusion des classes populaires

L'une des explications habituellement avancées au sujet de la faible représentation des catégories populaires réside dans le phénomène d'auto-exclusion : les ouvriers, et dans une moindre mesure les employés, se présentent plus rarement aux élections locales. Ce phénomène a pu par exemple être observé de manière particulièrement saillante aux élections cantonales de 2001 : les candidats ouvriers étaient alors seize fois moins nombreux à briguer un mandat que les candidats cadres supérieurs, dans les catégories sociales respectives. Une sanction des urnes, défavorable aux classes populaires, se surajoute à ce processus d'auto-élimination comme le révèle ce même exemple de scrutin départemental, qui favorise, il est vrai, la notabilité (Tableau 5 *infra*).

Tableau 5 **– Pourcentage de candidats élus aux élections cantonales de 2001 selon l'origine socio-professionnelle**

Catégorie socio-professionnelle	Pourcentage de candidats élus
Agriculteurs exploitants	27,1 %
Cadres et professions intellectuelles sup.	23,7 %
Retraités	18,8 %
Autres professions ou sans profession	16,4 %
Professions intermédiaires	12,4 %
Artisans, commerçants, chefs d'entreprise	12,3 %
Employés	7,7 %
Ouvriers	2,7 %

Source : Koebel (2012)

Les données agrégées qui concernent le double scrutin départemental et régional de 2021 font ressortir des distorsions entre la structure de la population française en emploi et le profil socioprofessionnel des candidats (Graphique 2 *infra*), avec cette même présence massive des cadres et professions intellectuelles supérieures et la rareté des candidats ouvriers.

Graphique 2 – **Comparaison des catégories socioprofessionnelles des candidats aux élections régionales et départementales de 2021 avec celles de la population générale française (en % des travailleurs en emploi)**

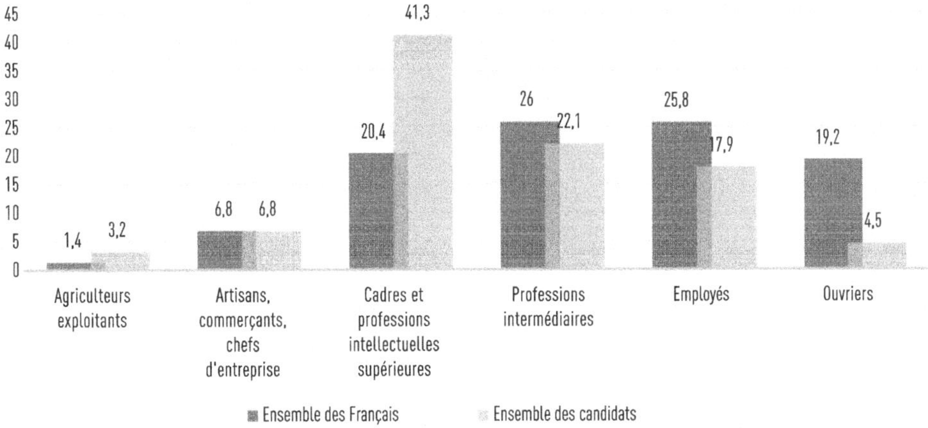

Source : Colange, Manternach (2021)

Identités partisanes et postions socioprofessionnelles

Cette distribution socioprofessionnelle des candidats est-elle ou non homogène entre tendances politiques ? À partir des données du ministère de l'Intérieur, Céline Colange et Sylvain Manternach (2021) ont opéré des regroupements socioprofessionnels qui séparent et recombinent certaines des PCS. Leurs données (Graphique 3 *infra*) font ressortir une relative homogénéité de la « hiérarchie » des PCS sur le spectre politique allant des socialistes et écologistes à gauche au parti LR à droite. Celle du bloc de gauche PC-LFI s'en écarte légèrement, quand celle du RN s'en éloigne fortement. À côté des biais communs mais inégalement intenses de surreprésentation des cadres et de sous-représentation des ouvriers, on observe comment les différences observées entre les « blocs » recoupent assez largement ce qu'exposent les travaux de sociologie politique sur la politisation des groupes socioprofessionnels.

Si nous rentrons dans le détail des candidatures et des chiffres, il ressort une nette surreprésentation des cadres et professions intellectuelles supérieures pour l'ensemble des formations politiques (40,5 %), à l'exception notable du RN pour lequel ils sont deux fois moins nombreux que la moyenne (19,8 %). La difficulté habituellement éprouvée pour le RN à séduire électoralement les cadres et professions intellectuelles supérieures se retrouve dans le recrutement des candidats. Leur poids est également moins marqué dans le bloc PC-LFI (32,8 %), même s'ils constituent la catégorie la mieux représentée. C'est au sein de ce bloc central, qui présente le plus de cadres et fournit le plus d'élus, que les candidats ouvriers sont les plus rares avec moins d'un candidat sur cent. Il n'y a finalement qu'au sein des partis plus décentrés sur l'échiquier politique

que les ouvriers ressortent (comparativement) mieux représentés dans le vivier des candidats : 6,1 % de candidas ouvriers pour le PCF et LFI et 6,8 % pour le RN. C'est encore dans ces deux formations que les employés, appartenant aux classes populaires ou petites classes moyennes, sont davantage recrutés. Mais là encore, le RN se distingue avec un pourcentage qui double la moyenne (29,9 % de candidats employés) et les place en tête des ancrages socioprofessionnels.

Cette résonance entre la sociologie de l'électorat et celle des candidats se prolonge avec davantage de recrutement à gauche qu'à droite des enseignants. Représentant 9,3 % de l'ensemble des candidats, leur taux grimpe à 17 % pour EELV, le parti écologiste ayant supplanté le PS comme premier parti l'engagement politique de la classe enseignante. La part d'enseignants et professeurs est divisée par presque trois à LR (5,9 %) et par sept au RN (2,5 %). Inversement, la droite et le centre présentent davantage de profils socioprofessionnels privilégiés : 15,4 % de candidats chefs d'entreprise et professions libérales, contre 9,4 % parmi l'ensemble des candidats. La place faite aux artisans, commerçants et agriculteurs, y est, comme pour le RN, plus marquée qu'à gauche.

***Graphique 3* – Ancrages socioprofessionnels des candidats des principaux partis politiques aux élections départementales de 2021 (en %)**

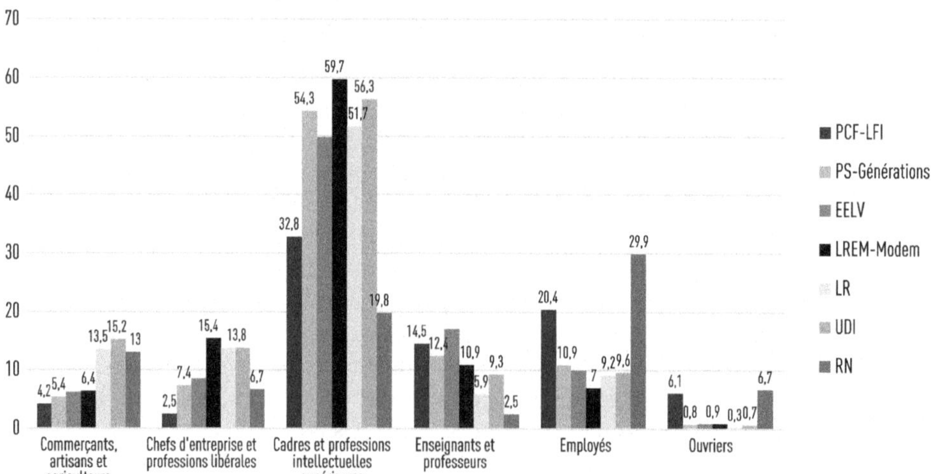

Sources des données : Colange, Manternach (2021)

1.4. Une qualification au-dessus de la moyenne

Alors que la thèse d'une démocratisation de l'engagement politique local ne convainc guère, cette sélectivité socioprofessionnelle des élus locaux est logiquement redoublée par le niveau de qualification, défini en fonction du niveau de diplôme. Il est logique, au regard de ce qui précède, que les élus locaux soient plus qualifiés que la moyenne de la population comme le montrent Éric Kerrouche et Élodie Lavignotte (2020) au sujet des élus municipaux. Les résultats concernant les conseillers départementaux et régionaux ne feraient que renforcer ces conclusions. Les deux chercheurs citent une enquête européenne de 2010 couvrant les communes de plus de 10 000 habitants, d'où il ressort que seulement 28,2 % des conseillers municipaux sont alors titulaires d'un diplôme inférieur au baccalauréat. La « sur diplomation » ressortait encore plus marquée pour le cas français : 71,8 % des conseillers de ces grandes communes étaient titulaires d'un diplôme universitaire ou équivalent, contre « seulement » 60,6 % dans l'ensemble des autres pays enquêtés. Une enquête comparative de 2004 portant sur les maires avait déjà mis en exergue cette surqualification des édiles français : 78,7 % d'entre eux étaient titulaires d'un diplôme universitaire. Plus la strate communale et le niveau de responsabilité locale augmentent, plus la qualification des élus s'élève.

Exploitant les résultats d'un échantillon de répondants volontaires (8 521), dont la représentativité par rapport à la population-mère considérée n'est pas garantie, une enquête sénatoriale de 2017 faisait apparaître cette correspondance entre strate communale et niveau de qualification, particulièrement marquée pour les communes de plus de 10 000 habitants (Graphique 4 *infra*).

***Graphique 4* – Niveau de qualification des élus municipaux selon la strate en 2017 (enquête Sénat) (données exprimées en %)**

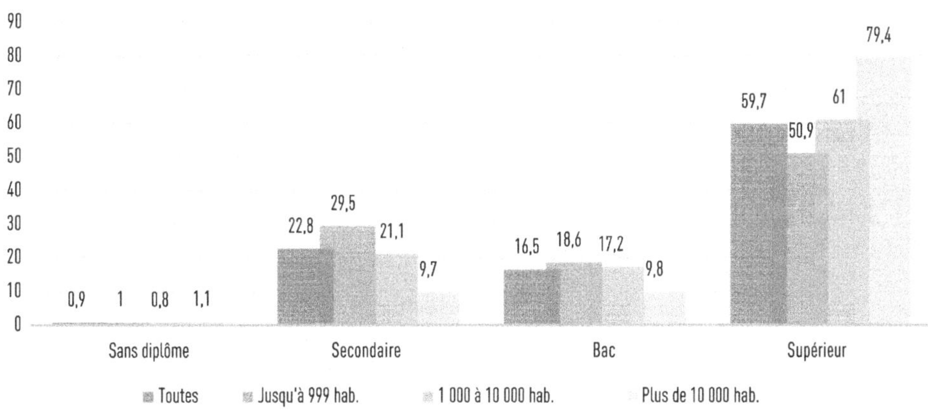

Source : Kerrouche, Lavignotte (2020)

2. UNE CLASSE POLITIQUE LOCALE VIEILLISSANTE

En comparaison des questions de genre et d'appartenance socioprofessionnelle, l'âge des élus locaux suscite peu d'intérêt chez les politistes à quelques exceptions près. S'intéressant par exemple aux jeunes maires, Isabelle Lacroix et

Laurent Lardeux (2022) font ainsi de l'âge un critère de classement qui est à la fois un atout et un frein dans les carrières politiques. Si la jeunesse ressort comme une ressource possible pour s'imposer auprès des électeurs ou contre des rivaux, elle bute sur un ensemble de contraintes objectives, aussi bien professionnelles (carrière professionnelle privée en ascension) que domestiques (vie familiale en construction). Sans compter les préjugés qui s'attachent à une jeunesse synonyme d'inexpérience.

2.1. Une structure d'âge tributaire du moment

Étudier et interpréter les données statistiques quant à la structure d'âge de la classe politique locale exige de rappeler qu'elles sont contingentes du moment de la mandature retenu pour faire la coupe. Pour une même collectivité, les données varient mécaniquement selon qu'elles sont collectées en début ou en fin de mandature (soit six ans après en règle générale). L'exemple régional le montre clairement. Au 31 décembre 2010, quelques mois après les élections régionales, 17,2 % des conseillers régionaux étaient âgés de moins de 40 ans, contre 62,4 % pour les 40-59 ans et 20,4 % pour les 60 ans et plus. En 2015, avant le renouvellement électoral de décembre, ce taux était tombé à 9,3 % pour les premiers, grimpant à 55,5 % pour les 40-59 ans et 35,2 % pour les 60 ans et plus. Les variations sont très significatives comme le montre le tableau 6 (cf. *infra*). Les trois petites années d'écart qui séparent les deux coupes, au 1er janvier 2018 et au 1er janvier 2021, suffisent à ce que les pourcentages respectifs se modifient significativement. Ceci nous invite à une certaine prudence face à la comparaison brute des structures d'âge entre pouvoirs locaux, lorsque la coupe est synchrone mais correspond à des périodes respectives de mandature différentes.

Tableau 6 – Comparaison de la répartition par âge des élus locaux au 1er janvier 2018 et 1er janvier 2021

		Moins de 40 ans	De 40 à 59 ans	60 ans et plus	Âge moyen
Ensemble des mandats	2021	16,8 %	48,8 %	34,4 %	52,8 ans
Conseilleurs régionaux et territoriaux	2021	10,9 %	53,8 %	35,3 %	54,4 ans
	2018	15,2 %	57,3 %	27,5 %	
Dont Présidents	2021	0 %	58,8 %	41,3 %	58,3 ans
	2018	0 %	70,6 %	29,4 %	
Conseillers départementaux	2021	4,5 %	45,3 %	50,2 %	58,7 ans
	2018	7,4 %	51,5 %	41,2 %	
Dont Présidents	2021	1,0 %	34,4 %	64,6 %	62,6 ans
	2018	0 %	43,8 %	56,3 %	

➤

		Moins de 40 ans	De 40 à 59 ans	60 ans et plus	Âge moyen
Conseillers communautaires	2021	7 %	44,9 %	48,0 %	57,3 ans
	2018	4 %	40,2 %	55,8 %	
Dont Présidents	2021	4 %	47 %	49 %	58,2 ans
	2018	2,6 %	38,1 %	59,3 %	
Conseillers municipaux	2021	18,2 %	49,3 %	32,5 %	52,2 ans
	2018	12,2 %	50,5 %	37,3 %	
Dont maires	2021	3,9 %	40,9 %	55,3 %	59,5 ans
	2018	2,0 %	35,2 %	62,8 %	
1er adjoint	2021	6,8 %	46,0 %	47,2 %	57,2 ans
	2018	3,8 %	42,9 %	53,3 %	
Dont communes de moins de 1 000 habitants	2021	19,9 %	47,9 %	32,1 %	51,9 ans
	2018	13,6 %	50,5 %	35,9 %	
Dont communes de 1 000 habitants et plus	2021	16,0 %	51,1 %	32,9 ans	52,6 ans
	2018	10,5 %	50,4 %	39,1 %	
Population française de 18 à 99 ans (1er janvier 2021)		33,0 %	32,9 %	34,2 %	
Population française de 18 à 99 ans (1er janvier 2018)		33,6 %	33,6 %	32,8 %	

Source : DGCL. Données : ministère de l'Intérieur, bureau des élections et des études politiques (répertoire national des élus) ; Insee, estimations de population. Champ : France métropolitaine + DOM

2.2. La représentation marginale des jeunes dans la classe politique locale

Lorsqu'on étudie l'âge des élus locaux, l'élément qui ressort en premier est la marginalité des jeunes au sein du champ politique local. Au-delà des querelles sociologiques sur le fait de savoir si la « jeunesse » n'est qu'un mot (Bourdieu, 1984) ou pas seulement un mot (Lahire, 2006), la jeunesse se trouve généralement objectivée à travers des catégories statistiques qui la fixent avant 25 ans (18-24 ans pour la sociologie électorale). Les publications de la DGCL proposent un découpage bien plus extensif avec un premier groupe regroupant l'ensemble des élus âgés de moins de 40 ans. Cet intervalle possède un avantage, celui de montrer qu'en dépit de la très grande largesse de la catégorie, le groupe le plus jeune reste faiblement représenté, sinon marginalisé pour certains mandats. Une délimitation plus restrictive du groupe « jeunes », plus fine, davantage conforme aux usages administratifs, statistiques et scientifiques, renforcerait la conclusion d'une forte sous-représentation des jeunes dans l'exercice des responsabilités politiques locales.

Michel Koebel (2012) a mis en exergue le lien ténu et régulier qui s'établissait entre l'âge et la prévalence de la fonction de conseiller par strate d'âge pour ce qui concerne les conseillers municipaux élus en 2008. Le nombre de conseillers par tranche d'âge augmente de manière continue jusqu'à 64 ans, avant de décroître ensuite (Tableau 7 *infra*). C'est entre 50 et 65 ans que les responsabilités politiques locales sont les plus concentrées.

Tableau 7 – Nombre de conseillers municipaux par tranche d'âge pour 10 000 habitants (élections 2008)

Âge	Hommes	Femmes	Ensemble
18 à 24 ans	12,8	8,1	10,5
25 à 29 ans	42,0	28,0	34,9
30 à 34 ans	88,8	60,2	74,3
35 à 39 ans	144,8	96,2	120,3
40 à 44 ans	175,6	109,3	142,0
45 à 49 ans	207,6	116,8	161,4
50 à 54 ans	222,7	114,3	167,1
55 à 59 ans	246,2	104,7	173,5
60 à 64 ans	256,9	102,3	177,5
65 à 69 ans	174,3	60,3	114,3
70 à 74 ans	88,3	23,1	52,3
75 à 80 ans	32,3	6,4	17,2
80 à 84 ans	9,6	1,7	4,6
85 à 89 ans	3,5	0,5	1,5
90 ans et plus	0,4	0,1	0,2
Ensemble	104,3	52,2	77,4

Source : Recensement de la population 2009 (Insee), Répertoire national des élus (élections 2008)

Si nous prenons en compte les données récentes issues du fichier national des élus locaux, arrêtées au 30 novembre 2023, les élus municipaux nés entre 1993 et 2005 (soit ceux âgés de 18 à 30 ans) étaient au nombre de 11 979 sur un total de 493 949 conseillers municipaux, soit seulement 2,42 % de l'ensemble. L'examen par année de naissance montre une réduction à presque zéro à mesure qu'on descend vers l'âge de la majorité électorale (Graphique 5 *infra*).

Graphique 5 – **Nombre de conseillers municipaux par année de naissance au 30 novembre 2023**

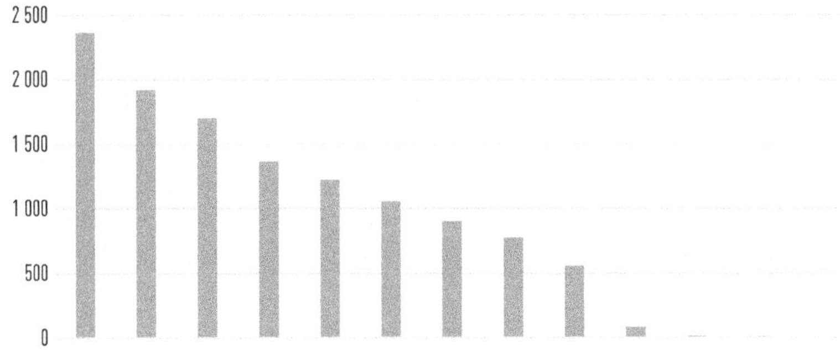

	1993	1994	1995	1996	1997	1998	1999	2000	2001	2002	2003	2004	2005
Conseillers municipaux	2 366	1 922	1 700	1 367	1 224	1 056	901	774	555	85	18	9	2

Les recherches de Laurent Godmer (2009), portant sur une comparaison des assemblées régionales en France, en Allemagne et en Espagne, ont rappelé la quasi-absence des « vingtenaires » au sein des assemblées régionales françaises. La professionnalisation politique y apparaît plus limitée et tardive qu'en Allemagne et en Espagne où les branches jeunes des partis politiques sont significativement plus structurées. Il notait cependant un rajeunissement significatif des élus régionaux au scrutin de 2004, dynamique déjà en gestation lors de la mandature précédente. La place des jeunes ressortait cependant très contrastée, avec un pourcentage des trentenaires oscillant entre 4 % en Basse-Normandie et 17 % en Île-de-France. Bien qu'en augmentation, ces chiffres nous semblent trop fragiles pour conclure à une mutation du capital d'éligibilité, et à une moindre efficacité que par le passé des logiques hiérarchiques et gérontocratiques. Le rajeunissement est ici plus « impressionnant » en pourcentage (hausse par rapport à la précédente mandature) qu'en points (quelques points gagnés seulement). Par ailleurs, si la proportion des jeunes élus régionaux a augmenté de manière significative entre 1995 et 2015, multipliée par pratiquement deux fois et demie, on constate chez les élus départementaux un rajeunissement à la fois plus tardif (après 2008) et plus limité. Davantage, les dernières élections départementales et régionales (2021) donnent à voir une baisse chez les élus départementaux et surtout régionaux, quand elle est stable dans les conseils municipaux (18 % au lendemain des deux dernières élections) et communautaires (7 % en 2014 comme en 2021). Il n'y a donc pas de mouvement continu et homogène de rajeunissement de la classe politique locale, et les données assez récentes (Tableau 6 *supra*) sont toujours marquées par une forte sous-représentation des « moins de 40 ans ». Alors que ce groupe pesait au 1er janvier 2018 environ un tiers de la population française majeure (33,6 % des 18 à 99 ans), sa représentation la plus forte dans l'exercice des responsabilités locales, chez les conseillers régionaux et territoriaux, s'établissait à seulement

15,2 %, descendant encore légèrement pour les conseils municipaux, et significativement pour les conseillers départementaux. Les pourcentages chutent encore lorsque l'on s'intéresse aux seuls exécutifs locaux.

Sous-représentés, les jeunes élus locaux apparaissent « sur-dotés » socialement par rapport à la population française comme le montrent Isabelle Lacroix et Laurent Lardeux (2022) dans leur enquête sur les jeunes élus municipaux (conseillers, adjoints et maires de 18 à 35 ans). Ils sont nettement plus avantagés d'un point de vue professionnel que les élus plus âgés. À titre d'exemple, 26 % des jeunes élus de cette enquête appartiennent à la catégorie des cadres supérieurs contre seulement 16 % pour l'ensemble des élus municipaux toutes classes d'âge confondues. Les jeunes élus se caractérisent également par un activisme associatif (74 % d'entre eux adhéraient à une association avant leur élection, contre 37 % pour l'ensemble des jeunes de 18-35 ans). Ils sont beaucoup plus diplômés que l'ensemble des jeunes Français : 28 % ont un Bac +2 (contre 15 %) et 23 % détiennent un diplôme égal ou supérieur à Bac +3 (contre 10 %). Les deux sociologues mettent aussi en évidence l'importance de la socialisation politique des jeunes élus : discussions politiques avec les parents et les amis ; adhésion à un mouvement de jeunesse, un syndicat lycéen ; participation des parents à un conseil municipal… L'analyse de correspondances multiples leur a permis de réaliser une classification en trois catégories : les « *hypersocialisés politiques* », caractérisés par une forte imprégnation durant leur enfance et adolescence à un environnement politique ou militant, les « *néophytes* », marqués par l'absence de toute socialisation politique et les « *socialisés politiques* » caractérisant une situation intermédiaire où la politisation intervient de manière plus indirecte (jeune élu qui n'a pas grandi dans un environnement familial politisé, mais qui s'est engagé ensuite dans des mouvements de jeunesse).

2.3. Agencement en âge et accès aux fonctions exécutives

Michel Koebel (2012) a rappelé comment l'inégalité d'accès aux instances de décision municipales selon l'âge se renforçait à mesure que l'on montait dans la hiérarchie des postes : la présence des jeunes se raréfie à mesure que la fonction s'élève. Le pic est atteint à un âge plus élevé pour la charge de maire (70-79 ans) que d'adjoint (pic à 60-69 ans) (Graphique 6 *infra*). En 2021, cette observation est toujours valable pour l'ensemble des conseils, aussi bien pour les municipalités que les pour les conseils départementaux et régionaux, avec une part des moins de 40 ans résiduelle pour les présidents d'exécutifs, et au contraire une forte présence des plus de 60 ans.

Graphique 6 – Âge et hiérarchie des postes municipaux en 2008

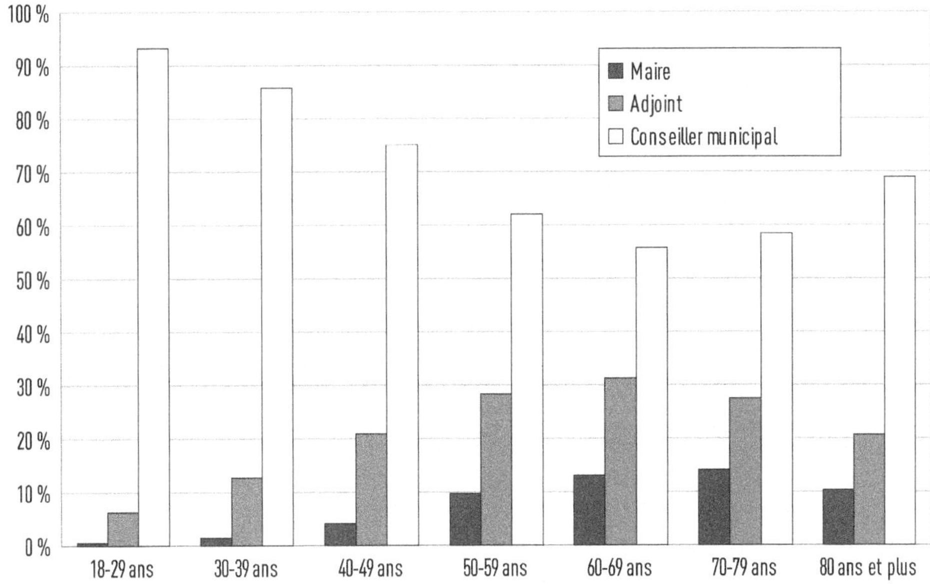

Source : Koebel (2012)

En 2021, l'âge moyen des conseillers était de 50,2 ans pour les conseillers régionaux et territoriaux, 51,6 ans pour les conseillers municipaux, 54 ans pour les conseillers départementaux et 57,3 ans pour les conseillers communautaires. L'âge moyen plus élevé des conseillers communautaires tient à la surreprésentation des maires et adjoints au sein des assemblées communautaires, plus âgés en moyenne que les « simples » conseillers municipaux. Du côté des chefs d'exécutifs, la moyenne d'âge s'établissait à 58 ans pour les Présidents des régions, à 58,2 ans pour les Présidents d'EPCI, à 58,4 ans pour les Présidents de conseils départementaux et à 59,5 ans pour les maires[4]. Particulièrement élevé, l'âge des maires s'affiche même en hausse. Le nombre de maires âgés de moins de 40 ans au moment de leur élection est tombé à un peu moins de 4 % en 2020, dans les mêmes eaux qu'en 2014, contre 12 % en 1983. Le nombre de maires âgés de 40 à 59 ans est en revanche en net recul, à 40,6 %, soit six points de moins qu'en 2014. En toute logique, c'est donc la proportion de maires âgés de 60 ans et plus qui a augmenté, atteignant 55,3 % de l'ensemble (contre 49,7 % en 2014). Variable selon les strates démographiques, la présence des maires jeunes reste cependant résiduelle partout, y compris dans les plus petites communes. À leur prise de fonction en 2020, il y avait 171 maires de moins de 30 ans, dont 24 de moins de 25 ans, quand pratiquement autant, 166 maires, avaient 80 ans et plus (deux plus de 90 ans)[5]. C'est en Seine-Saint-

4. Source : ministère de l'Intérieur, bureau des élections et des études politiques (RNE).
5. Ces données sont celles publicisées par Maire info.

Denis que les maires sont, en moyenne, les plus jeunes (51,7 ans) ; et dans l'Indre qu'ils sont le plus âgés (62,3 ans).

En croisant cette variable de l'« âge » avec celle du « genre » pour l'année 2021 (cf. Chapitre 4), il ressortait que plus les élus étaient jeunes, plus la proportion de femmes était forte dans la strate concernée. Ce poids recule ensuite continuellement à mesure du vieillissement. Par exemple, 51 % des conseillers régionaux de 18 à 40 ans étaient des femmes, contre 32 % pour les conseillers âgés de 70 ans ou plus. On pouvait cependant observer que les élections départementales et régionales avaient surtout renforcé la proportion de femmes parmi ces élus les plus âgés, partant d'un niveau antérieur particulièrement bas avant 2021 (évolution de ce type moins marquée du côté des élections municipales de 2020[6]).

3. LA CAUSE DE LA DIVERSITÉ

La « diversité » a travaillé la question de la représentativité du champ politique en général, et des élus locaux en particulier, y ajoutant une forme de nouvel impératif après celui de la féminisation (dans des proportions bien moindres cependant). L'émergence du vocabulaire de la « diversité » en France, dans le contexte de mise en place dans les années 2000 d'un cadre juridique antidiscriminatoire, reflète alors un changement paradigmatique : les problèmes sont moins pensés en termes d'immigration et davantage en termes de minorités visibles (Bereni, Jaunait, 2009). Cette notion de « diversité » est plus difficile à saisir que la « parité des sexes ». De quelle diversité parle-t-on ? Celle des « origines » désignant les élus de l'immigration ? Mais laquelle ? Celle des élus « de couleur » ? Il faudrait alors parler de minorités visibles. Celle liée au religieux ? Il faudrait alors évoquer des élus « musulmans » par exemple. Il semble bien que la diversité renvoie principalement aux registres phénotypique et généalogique, les origines constituant une caractéristique contribuant à définir la diversité lorsqu'elles s'accordent avec le fait d'être perçu comme un non-blanc. Il s'agit donc d'une représentation des Français racialisés (Avanza, 2010). La diversité, telle que précédemment définie, recouvre alors la question de la représentation des minorités (ethniques) étudiée notamment par Camille Hamidi (2021). Elle renvoie l'ethnicité à des types d'organisation sociale fondés sur l'assignation et/ou l'auto-attribution des personnes à des catégories ethniques. Si beaucoup d'éléments objectifs sur lesquels l'ethnicité se fonde peuvent disparaître (origine nationale, langue, religion, etc.), l'ethnicité peut perdurer en s'appuyant sur d'autres supports (expériences de discrimination ou de ségrégation partagées, formes de culture communes, expérience minoritaire partagée). La diversité recouvre la question des minorités dites « visibles ». Mais faute de statistiques en France, leur situation en politique est mal connue. Peu

6. Source : ministère de l'Intérieur, bureau des élections et des études politiques (Répertoire national des élus).

de recherches quantitatives, et de recherches en général, y ont été consacrées. Il faut cependant mentionner le recours à des méthodes indirectes, notamment le couplage des repérages photographiques avec la méthode onomastique, en vue de combler partiellement ces lacunes (Simon, Escafré-Dublet, 2009).

3.1. La mise à l'agenda de la diversité comme leitmotiv d'une meilleure représentativité

En France, la cause de la « diversité » a réussi à progresser à petits pas, sous l'impulsion en particulier de groupes d'intérêt (CRAN, Mouvement pour une citoyenneté active, Club 21e). Le Conseil représentatif des associations noires, constitué en porte-parole de groupe au moment de la révolte des banlieues, en novembre 2005, naît dans les classes moyennes (pas d'assimilation des populations noires au prolétariat) et porte une « couleur » qui ne trie pas entre les Français d'outre-mer et les Noirs, Français ou non, venus d'Afrique. On le voit ici, la question « noire » ne peut ainsi se réduire aux seules logiques de l'immigration (Fassin, 2010). La problématique de la diversité a gagné les milieux entrepreneuriaux (cf. « Charte de la diversité ») avant d'atteindre les milieux politiques, traditionnellement porteurs d'un universalisme républicain pour lequel l'expression de particularismes (religieux, ethniques, raciaux) contredit la neutralité qui sied à la communauté des citoyens défendue par Dominique Schnapper (1994). Mais la « doxa républicaine ne fait plus obstacle aux revendications à une plus grande représentation de la « diversité » en politique » écrivent Patrick Simon et Angéline Escafré-Dublet, (2009, p. 126). Cette diversité est-elle une nouvelle figure imposée de la politique française (Geisser, Soum, 2008) ? Les élections locales font-elles office de banc d'essai d'une « politique de la reconnaissance » (Taylor, 1992) ?

Historiquement, la représentation de la diversité a pu constituer un enjeu davantage marqué à gauche qu'à droite. Ce que souligne Laurent Godmer (2009) à propos des élections régionales. Les premières, en 1986, connurent une présence valorisée des « beurs » sur les listes, à des positions généralement inéligibles. Au scrutin régional de 1992, un nombre plus significatif de conseillers régionaux issus des minorités fut observé. Puis, en 1998 encore, les élus incarnant la diversité apparaissaient plus présents à gauche – notamment sur les listes socialistes – qu'à droite. Mais c'est dans le prolongement des débats puis de l'adoption de la loi sur la parité (cf. Chapitre 3) qu'a véritablement émergé cette question de la « diversité » selon Éric Fassin (2010). Les problématiques sont nettement distinguées par les avocates de la parité pour lesquelles les femmes ne sauraient être mises sur le même plan qu'une classe, qu'une catégorie sociale, qu'une communauté ethnique ou confessionnelle (Gaspard *et al.*, 1992). Il s'agissait de poser la différence des sexes comme différente de toutes les autres différences afin d'échapper au procès en multiculturalisme. L'universalité de la différence des sexes, telle que défendue par Sylviane Agacinski, se heurte ainsi à l'universalisme républicain le plus strict, celui défendu par Élisabeth Badinter, qui voit dans la parité la porte ouverte à d'autres revendications particularistes. Mais c'est au moment de la révision constitutionnelle de 1999 puis de la loi d'application de la parité de 2000 qu'est véritablement mis à l'agenda ce sujet des « minorités visibles ». Si le droit français demeure imperméable à toute catégorisation ethno-raciale, la mise en scène des « minorités visibles », au même titre que les femmes, fait écho au contexte de supposée « crise de la représentation » pour laquelle le rapprochement avec la réalité sociale représente une forme de remédiation.

À partir des années 2000, la situation a-t-elle évolué par rapport à la fermeture de la politique locale aux minorités précédemment observée dans les années 1980 et 1990, et mise en exergue par Romain Garbaye (2005) dans sa recherche comparative entre Birmingham en Grande-Bretagne, Lille et Roubaix en France ? Dans leurs travaux comparatistes, Jennifer Hochschild et John Mollenkopf (2009) ont conclu à une plus grande incorporation politique et aux structures de pouvoirs des minorités outre-Atlantique qu'en Europe, bien que cette dernière ne connaisse pas la tradition états-unienne de subordination raciale et offre davantage de droits de citoyenneté sociale (indépendamment de la nationalité). Ici, l'incorporation politique des immigrés de la deuxième génération s'y révèle pourtant particulièrement difficile. En France, le singularisme de l'universel républicain cède difficilement le pas à une représentation de la diversité suspectée d'alimenter le communautarisme.

Évoquant la transformation d'une différence minoritaire socialement reconnue en ressource positive ayant une valeur convertible en éligibilité, Laurent Godmer (2009) fait état d'une percée palpable de la diversité dans la constitution des castings électoraux, aussi bien à travers des chiffres que des places et des figures. Ainsi, les élections municipales de 2001 et 2008 ont fait émerger une génération nouvelle d'élus locaux « issus de la diversité ». Suite au scrutin de 2008, le PS devait par exemple revendiquer l'élection de « 400 maires adjoints et 1 500 conseillers municipaux issus de l'immigration ». Si le scrutin régional de 2004 a pu conduire le même PS à revendiquer une trentaine de conseillers issus de la diversité (ce qui, rapporté à l'ensemble, fait peu), dont une dizaine de vice-présidents, c'est le scrutin régional de 2010 qui a marqué une intensification de cet enjeu. Alors que s'observe une inflation de communiqués et d'articles sur le sujet, une réduction du différentiel partisan entre le parti socialiste et les autres partis (en particulier l'UMP), plutôt qu'une disparition, semble à l'œuvre. Le parti alors le plus volontariste sur le sujet est le Modem présidé par François Bayrou. Les têtes de liste régionale sont confiées à Alain Dolium (d'origine antillaise) en Île-de-France et à Azouz Begag (d'origine maghrébine) en Rhône-Alpes, soit les deux régions françaises les plus peuplées. Aux élections municipales de 2008, le Modem avait déjà largement ouvert ses listes aux candidats de la « diversité » en les investissant plus particulièrement dans certains territoires (comme la Seine Saint-Denis). Cette « audace » stratégique est d'autant plus permise que ce nouveau parti n'a pas à gérer le problème du renouvellement des mandats (Avanza, 2010). En comparaison, le parti socialiste et les écologistes apparaissent plus en retrait : Ali Soumaré (secrétaire de la section socialiste de Villiers-le-Bel) est désigné tête de liste de la section départementale du Val-d'Oise ; Safia Lebdi, fondatrice de « Ni putes, ni soumises » l'est également dans le Val-d'Oise du côté des écologistes. À l'UMP, le sujet s'invite dans les débats. C'est à l'automne 2009, alors qu'aucune avancée significative concernant la représentation de la diversité n'est observée, qu'est lancé un appel des « élus de la diversité » au président de la République N. Sarkozy pour le rappeler à ses engagements en la matière : « Nous disons que l'élection est mieux qu'une nomination » (en référence au trio gouvernemental Dati-Yade-Amara). Après quelques ajustements, l'UMP revendique de faire « figurer dans le premier tiers des listes régionales au moins un représentant issu de la diversité ». « À résultats électoraux comparables à ceux de 2004, le nombre des représentants élus de la diversité serait ainsi multiplié par 8 ».

3.2. Une diversité « à la française ». La mise à distance du multiculturalisme

La représentation des groupes minorisés pose des problèmes analogues à ceux des États-Unis, à savoir les insuffisances d'un système formellement universel de représentation qui se révèle dans les faits fondamentalement excluant pour certaines catégories de la population (Avanza, 2010). Mais contrairement au continent nord-américain, la promotion de la diversité en politique ne va pas de pair avec une valorisation discursive du multiculturalisme. Ainsi, les élus de la « diversité » n'ont généralement pas vocation à représenter des communautés particulières (culturelles, religieuses) et communiquent facilement sur leur attachement à une laïcité toute française. Des exceptions existent, telle la candidature de Patrick Karam, délégué interministériel pour l'égalité des chances des Français d'outre-mer et numéro deux sur la liste de Valérie Pécresse (UMP) à Paris en 2010. Sa campagne est alors entièrement axée sur les communautés en fonction de leurs origines (Réunionnais, Français d'origine arménienne, serbe ou maghrébine) mais aussi de leur statut de minorité (Lesbiennes, gays, bisexuels et transgenres – LGBT, personnes handicapées). Ce « volontarisme communautaire » semble plus difficilement praticable au parti socialiste, où le républicanisme continue d'apparaître comme le mot d'ordre (Avanza, 2010). Mais peut-être y a-t-il là les effets des contraintes rhétoriques propres au contexte idéologique de la société française, qui pèsent sur le discours des individus ? Au-delà des mots, ces élus de la diversité ne sont-ils pas condamnés à composer avec le « paradoxe minoritaire » avancé par Joan W. Scott à propos des femmes ? Prendre la parole et être traitée en tant que communauté visible ? Éric Keslassy (2009) a par exemple montré comment, dans les dix plus grandes villes françaises, les « minorités visibles » élues ne recevaient pas n'importe quelle délégation, mais souvent les délégations autour de l'égalité et de la lutte contre les discriminations. Vincent Geisser et El Yamine Soum (2008) y voient une diversion communicationnelle n'entraînant pas de changements dans les pratiques partisanes.

Comment la question de la diversité est-elle perçue du côté des représentés, et non des représentants ? C'est la question que pose Camille Hamidi (2021) à partir d'une enquête qualitative menée par entretiens dans les quartiers du Mas-du-Taureau et de la Grappinière, à Vaulx-en-Velin, en banlieue lyonnaise, entre 2007 et 2009. Elle conclut à ce que les prétentions à la représentation sur une base ethnique sont assez faibles dans les discours des personnes interrogées, à rebours des revendications qui peuvent exister dans la sphère militante. Mais elles ont des représentations structurées sur la question, lorsqu'on les sollicite. Derrière une grammaire universaliste largement partagée, avec un discours *color blind*, plus attentif à la question sociale qu'à la question raciale, et qui pourrait souscrire à l'idée d'un modèle national républicain universaliste, celui ordinairement mobilisé dans les comparaisons internationales (Amiraux, Simon, 2006), l'analyse que Camille Hamidi mène – à l'aide d'un CAQDAS (Computer-Assisted Qualitative Data Analysis Software, ou logiciel d'aide à l'analyse qualitative) – met en lumière des réponses très différentes à la question de savoir s'il est légitime de « voir la couleur » dans l'espace public, et des façons d'envisager la représentation miroir très contrastées. Sans en faire une revendication, la présence de représentants de minorités peut servir à se situer politiquement pour les plus jeunes, peu diplômés, peu qualifiés et peu politisés. Moins jeunes, plus diplômés, exerçant des professions plus qualifiées, plus politisés, d'autres enquêtés en font un enjeu de mobilisation et développent une conception assez clientéliste des rapports politiques. C'est finalement dans les groupes intermédiaires que le discours *color blind* est le plus actif.

PARTIE 3

ÉLUS, TERRITOIRES ET PROFESSIONNALITÉS

Après avoir précédemment examiné les règles institutionnelles et les logiques politiques qui entourent l'accès aux fonctions électives locales, puis questionné les propriétés sociales et la représentativité des élus, cette troisième partie se propose d'étudier un certain nombre de dimensions inhérentes à l'exercice du métier politique. La littérature en sciences sociales a d'abord fait des « notables » et des « professionnels » deux figures incontournables de l'étude des élus locaux (du moins pour ce qui concerne les élites politiques locales). Ces deux figures du pouvoir local ont pu historiquement fonctionner sur un mode alternatif, l'élu étant l'un ou l'autre au prix de quelques simplifications, mais recouvrent désormais deux facettes possiblement imbriquées.

Une manière complémentaire d'appréhender les différentes facettes de l'activité des élus locaux consiste à interroger leurs différents types d'ancrage dans le territoire. Il peut s'agir d'insister sur l'intimité du lien reliant les élus locaux à leur territoire et à la population, en convoquant les questions d'autochtonie, de proximité ou d'échanges clientélaires. Une autre manière pour les élus de réagencer leur rapport à la population et l'exercice de leur mandat réside dans le recours à une rhétorique et à des dispositifs de participation. Avec la démocratie participative, le fait de faire de la politique n'est jamais loin. Mais il s'agit dans le même temps d'associer les habitants d'un territoire (ou un segment spécifique de population) à l'élaboration des politiques publiques locales.

Si les travaux consacrés au métier politique ont pu étudier et éclairer la diversité des registres d'action des élus locaux dans leur rapport au(x) territoire(s), la dimension « action publique » prime plus que toute autre, aussi bien pour les maires (Cadiou, 2014) que les élites exécutives locales en général. Avec la réforme décentralisatrice engagée depuis les années 1980, les élus locaux sont pressés d'être des décideurs et entrepreneurs de politiques et de projets, allant au-delà de leur fonction passée de courtier, de médiateur ou d'intercesseur de leur territoire auprès d'acteurs tiers. En apparence, les élites locales disposent de capacités et d'une autonomie globalement renforcée vis-à-vis de l'État, dont les tutelles se sont allégées, tout en jouissant par ailleurs de positions locales exorbitantes. Il y a en effet chez les chefs d'exécutifs locaux, maires en tête, une confusion des pouvoirs exécutif et délibératif sur leur personne. Leur pouvoir semble d'autant mieux établi que les oppositions se trouvent dans une position d'infériorité manifeste, et que la participation des citoyens demeure pour sa part largement contrôlée ou neutralisée. Cependant, les « patrons » de collectivités locales importantes s'engagent dans une série de décisions qui ne dépendent pas seulement d'eux. Leur légitimité et leur capacité à agir se construisent aussi dans l'interaction et la mobilisation d'acteurs tiers (aussi bien publics que privés). L'ancienne « régulation croisée » entre les élus locaux et les représentants locaux de l'État est devenue singulièrement entrecroisée, mettant en dialogue et en négociation de multiples espaces concentriques infra- et supra-départementaux (Faure, 2015). C'est là l'enjeu de la gouvernance territoriale sur lequel nous nous proposons également de revenir.

Chapitre 5

Notabilisation et professionnalisation des élus locaux

Il est classique de résumer l'opposition historique entre les notables et les professionnels de la politique par un critère de rémunération : les premiers vivaient pour la politique sans devoir en vivre, quand les seconds vivaient pour et de la politique. Derrière cette formulation lapidaire, attachée à une configuration désormais datée, se profilaient d'autres différences touchant aussi bien aux origines et à la classe sociale, qu'à la manière d'envisager la compétition et les savoir-faire politiques. Nous nous proposons, dans ce chapitre, de repartir des notions de notables et de notabilisation, de professionnels et de professionnalisations, pour en souligner les significations et mieux caractériser les élus locaux. Aux clivages du passé a succédé une imbrication entre ces différentes notions. Parce qu'il participe simultanément d'un ordre notabiliaire et d'une professionnalisation, le cumul des mandats illustre mieux que toute autre dimension cette interpénétration.

1. NOTABLE ET NOTABILISATION DES ÉLUS LOCAUX

Les travaux français consacrés aux élus locaux ont longtemps appréhendé ces derniers à travers la figure immuable et changeante du notable (Garraud, 1994). Un peu moins d'une vingtaine d'années après l'article de Jean-Pierre Worms (1966), « Le préfet et ses notables », un collectif de chercheurs évoquait, sous le pseudonyme de Jacques Rondin (1984), *Le sacre des notables* en référence aux récentes lois de décentralisation. Il s'agissait d'abord du sacre des micro-légitimités locales caractéristiques du système territorial français. Figure omniprésente dans la littérature scientifique, il est difficile de déterminer précisément la genèse et de proposer une définition claire et fédératrice du « notable ». En revanche, il est plus facile d'en mesurer l'apport, celui de dépasser le clivage historique entre noblesse (qui conserve une position déterminante sans être exclusive) et bourgeoisie (notamment propriétaire). La notion de « notables » réunit en un seul groupe une même classe d'individus définie par le cumul d'un pouvoir économique (richesse), social (notoriété) et politique (exercice de mandats et fonctions), tant au niveau national que local (Faure *et al.*, 2000). Si le terme servait à désigner les élites dirigeantes du XIXe siècle, c'est la mutabilité de la notion qui contribua à la perpétuation de son usage.

1.1. Les notables avant la professionnalisation : une figure historique

Historiquement, le terme « notable » a servi à désigner aussi bien les « principaux habitants » – comme les propriétaires fonciers – à la fin de l'Ancien Régime, érigés en relais locaux de l'autorité royale, que les élites locales nouvelles ayant émergé avec le processus révolutionnaire. Elles se placent en relais d'opinion et d'influence capables de « tracter les sociétés locales vers l'avenir et une certaine modernité » (Chamouard, Fogacci, 2015 : 2).

Au XIXe siècle, dans une époque précédant la professionnalisation politique, l'élection au suffrage censitaire s'apparentait régulièrement à une opération de ratification de l'autorité sociale des notables. Cette idée générale est au cœur de la célèbre définition wébérienne des notables, précédant les nouveaux professionnels de la politique :

> « [Les notables sont] *des personnes qui, de par leur situation économique, sont en mesure, à titre de profession secondaire, de diriger et d'administrer effectivement de façon continue un groupement quelconque, sans salaire ou contre un salaire nominal ou honorifique ; jouissent d'une estime sociale – peu importe sur quoi celle-ci repose – de sorte qu'ils ont la chance d'occuper des fonctions dans une démocratie directe formelle, en vertu de la confiance de ses membres, d'abord par acte volontaire, puis à la longue par tradition. La signification première de cette définition étant que les notables peuvent vivre pour la politique sans devoir vivre d'elle, leur situation présuppose un degré spécifique de « disponibilité » résultant de leurs affaires privées* » (Weber, 1971 : 298).

D'un côté, les notables disposent de revenus et du temps nécessaires pour se consacrer à l'activité politique à « titre de profession secondaire ». De l'autre côté, ils incarnent une faible différenciation entre la sphère sociale et la sphère politique : la notabilité établie dans la vie sociale se reporte en quelque sorte « naturellement » dans la vie politique. Les électeurs accordent leurs voix à des personnalités locales avec lesquelles ils entretiennent des attaches aussi bien économiques (employeurs, prêteurs) que psychologiques. Ils peuvent leur être redevables (formes paternalistes qui octroient des logements, soins, ou loisirs). Ils les connaissent déjà, et les estiment en raison d'une action personnelle, ou d'une identité familiale (transmission familiale des « charges » dans la direction des affaires communales). La dimension programmatique est alors réduite au minimum, avec des professions de foi très succinctes. Ainsi, la légitimité des élus apparaît davantage sociale, fondée sur la tradition et le charisme, que strictement politique. En reconvertissant leurs capitaux économiques et sociaux dans l'activité politique, les notables cherchaient à perpétuer les rapports de clientèle ou de patronage au principe de leur puissance sociale.

L'avènement du suffrage universel masculin, introduit en 1848 mais réellement stabilisé sous la IIIe République, a engendré une rationalisation des modalités de mobilisation électorale – expérimentées par les notables – par de (véritables) hommes politiques professionnalisés. Les « entrepreneurs politiques », pour reprendre l'idée schumpétérienne de politiciens tenant le rôle d'entrepreneurs sur le marché politique[1], occupent un rôle décisif dans la création et l'entretien de l'accoutumance au vote (Offerlé, 1985). L'émergence de la compétition électorale démocratique ouverte à des millions d'électeurs et la professionnalisation de l'activité politique, accompagnée d'un effacement des notables traditionnels (Gaxie, 1993), vont de pair. Avec la République, ce sont de « couches nouvelles qui forment la démocratie » annonçait Léon Gambetta[2]. Faut-il alors considérer les « notables » comme les protagonistes d'une époque de transition entre une société passée d'ordres, prolongeant l'Ancien Régime, et une modernité politique adossée à la République et dont ils seraient l'une des figures antithétiques (Briquet, 2017) ?

Certes, la IIIe République a représenté une période d'intense renouvellement des élites (avec un recul des nobles et grands propriétaires fonciers). Mais plus qu'une opposition irréductible entre notables et professionnels, un remplacement des premiers par les seconds, il convient d'en souligner les zones de recouvrement. En effet, les notables ont, eux aussi, dû se professionnaliser.

1. C'est dans la dernière partie de son ouvrage *Capitalisme, socialisme et démocratie* que Joseph Schumpeter élabore sa théorie fonctionnelle de la démocratie, reconnaissant au peuple le fait de choisir – ses représentants – et non de décider. Appliquant à la vie politique ses thèses sur le fonctionnement du capitalisme, il assimile la démocratie à un marché politique sur lequel « la bataille pour la direction politique remplace la concurrence industrielle, l'électeur tient le rôle du consommateur, le politicien, celui de l'entrepreneur, le parti, celui des entreprises, et le profit se calcule en pouvoir » (Bouchard, 2000, p. 82). L'ordre politique se retrouve aux mains de spécialistes, d'« entrepreneurs politiques » (*Ibid.*, p. 98).

2. Discours prononcé à Auxerre le 1er juin 1874 (reproduit dans *Discours et plaidoyers politiques de Gambetta* [éd. J. Reinach], t. IV, Paris, Charpentier, 1881, p. 155).

Ainsi, Jean Joana (2000) a-t-il exposé les logiques de professionnalisation affectant les notables par le jeu de l'institution parlementaire jusqu'à la IIIe République. Elle leur impose des façons de faire propres, qui ne se résument pas aux pratiques sociales attachées à leur prestige. Cet apprentissage de la professionnalisation par les notables peut être illustré à partir de trajectoires individuelles, comme celle du Baron de Mackau minutieusement étudiée par Éric Phélippeau (1996). Fils d'un ancien pair de France, ministre du Second Empire, il fut candidat officiel sous le Second Empire[3], élu conseiller général (1858) puis député (1866). Il réussira à conserver ces charges mandats jusqu'à sa mort (1918) grâce à la mise en place d'une organisation rationalisée (équipe électorale permanente, travail continu de propagande et de pédagogie politique). Elle lui permet de quêter efficacement les suffrages, tout en continuant à assurer une gestion « patrimoniale » de son électorat (secours, œuvres, bienfaisance, services), combinant ainsi spécialisation politique et puissance sociale et relationnelle (Briquet, 2017). Une hybridation qu'on peut retrouver chez les riches industriels lorsqu'ils jouent du paternalisme usinier et de la philanthropie tout en menant une carrière proprement politique (Delalande, 2008). Inversement, les nouvelles élites républicaines, agents du projet de transformation et du changement de régime, ont eu à connaître des processus de notabilisation, jusqu'à se voir accusées de devenir les rentiers de positions établies (Chamouard, Fogacci, 2015). Ceci est particulièrement vrai des radicaux, taxés de conservatisme par André Siegfried dans son *Tableau des Partis politiques en France* (1930) ou qui se voient étrillés comme un parti lâche et opportuniste par Daniel Halévy dans son pamphlet *La République des comités* (1934).

Alors que le fait de devoir vivre (ou non) de la politique comme critère de démarcation entre notables et professionnels a perdu de sa pertinence, la séparation entre notables et professionnels s'efface. L'un ne se définit plus par rapport à l'autre. Au cours de la première moitié du XXe siècle, la dépolitisation continue en revanche à définir le notable. Ce modèle du notable dépolitisé, maître de clientèles, ne pouvait convenir aux forces politiques de gauche (les socialistes et les communistes) dont les réseaux ne sont pas spécifiques et n'ont de sens que mis au service d'une cause commune. L'affirmation d'une identité et d'attaches partisanes est stimulée par le poids croissant des partis dans la fonction de sélection et d'encadrement. L'échange idéologique et programmatique se substitue ici au clientélisme et au patronage. Mais ce rejet apparent du « notable » n'empêche cependant pas les élus socialistes et, dans une moindre mesure, communistes, de s'approprier une grammaire classique du notable. Elle

3. La pratique des candidatures officielles consiste dans le fait de recommander des candidats aux électeurs. Si elle remonte au Directoire et à la Restauration, cette pratique revêt une importance cruciale à partir du Second Empire (jusqu'à sa disparition en 1870), se dotant alors d'une véritable doctrine. Entre autres avantages pour faire campagne, les candidats officiels bénéficiaient de la mobilisation d'agents de l'administration préfectorale et au-delà (professeur, instituteur, garde champêtre, gendarme, maire…). Leurs affiches électorales sont reconnaissables – y compris pour les électeurs analphabètes – à leur couleur blanche, couleur des documents officiels publiés par le gouvernement. En retour, ils s'engagent à être des soutiens loyaux au régime impérial et s'auto-discipliner dans leur pratique parlementaire.

est faite de pratiques clientélaires qui facilitent leur ancrage (*Ibid.*). Ce sont précisément ces dynamiques qui expliquent pourquoi l'étude de la notabilisation est devenue aussi importante, sinon plus, que celle des notables, traditionnellement définis par la détention d'un capital social de départ. L'attention se porte alors sur les processus par lesquels certains acteurs politiques s'enracinent localement par la conversion de ressources nationales, bureaucratiques, académiques dans l'implantation territoriale, ou plus généralement par lesquels se développe et se déploie un capital local, sans référence au capital social initial.

1.2. Les notables comme médiateurs

À partir des années 1960, des chercheurs du Centre de Sociologie des Organisations évoquent une continuation du pouvoir notabiliaire en s'attachant toutefois à redéfinir ce dernier. La question du poids social dont dispose le notable est abandonnée au profit d'une attention portée aux relations qu'il aura su tisser avec les représentants locaux du pouvoir central. Dans une approche fonctionnelle du pouvoir, le notable est défini comme tel eu égard à sa fonction de médiation entre le Centre et la Périphérie, au fait d'occuper une position charnière entre le territoire et la bureaucratie de l'État français (Faure *et al.*, 2000). Il y a là une forme de cogestion latente du territoire entre fonctionnaires de l'État et élus locaux, qui atténue le caractère centralisateur du système français et assure en retour sa longévité. D'un côté existe une centralisation apparente appuyée sur un quadrillage du territoire par les services extérieurs de l'État (travaillant sous l'égide du préfet) et semblant placer le pouvoir local dans une relation de subordination vis-à-vis du pouvoir central. De l'autre côté, cette centralisation se voit apprivoisée par l'existence d'une « régulation croisée » (Grémion, 1976). Dans une forme de complicité objective, les notables résistent aux injonctions du centre, quand les représentants locaux du pouvoir central se mettent à plaider la cause du local auprès de ce dernier. Les fonctionnaires de l'État, intégrés au milieu local dans lequel ils interviennent, contrôlent pour le compte de l'État, mais intercèdent aussi à Paris, fournissent des services aux collectivités locales. Un tel système s'épanouit plus encore avec le développement de la planification et de la politique d'aménagement du territoire après la Seconde Guerre mondiale.

Le préfet est placé au cœur de ce système de la « régulation croisée ». Sa centralité s'appuie sur les pouvoirs dont il dispose à l'égard des services extérieurs (même si ceux-ci demeurent rattachés à leurs ministères parisiens de tutelle). Elle est confortée par la relation privilégiée qu'il tisse avec le conseil général. Le pouvoir des élus locaux est d'autant mieux conforté que leur est reconnue une représentativité par le préfet, comme par les différents responsables des services extérieurs. Ce qui leur garantit un accès privilégié à l'administration, renforce leur capacité d'influence et de négociation (intercessions, orientation des financements et des investissements) et démontre *in fine* leur pouvoir auprès des électeurs. Il y a là une forme d'accréditation de leur pouvoir par la puissance étatique. Leur « capacité d'interconnexion bureaucratique » se transforme en

« propriété personnelle » (Briquet, 2017). Ce qui se négocie entre préfets et notables, ou plus largement services extérieurs et élus, est aussi une adaptation locale de la règle nationale (Worms, 1966). En ce sens, l'approche sociologique du CSO, éloignée d'une vision strictement juridique (finalement conforme à l'idéal-type wébérien de l'administration), met en exergue l'autonomie relative dont disposent les fonctionnaires des services extérieurs à l'égard des ministères. Les élus locaux, malgré l'unification partisane, jouissent eux-mêmes d'une certaine autonomie vis-à-vis des appareils partisans nationaux. La pratique des responsabilités locales induit ainsi une solidarité de fonctions objective qui assigne au préfet le double rôle de représentant du pouvoir central et de relais des volontés locales (Worms, 1966). De manière plus générale, chaque segment de l'État est en relation privilégiée avec un secteur de l'activité sociale sur le territoire, et négocie avec les représentants de ce secteur l'application de la loi et la régulation sociale.

En jouant ce jeu de l'accommodement et de l'adaptation, le notable devient lui-même un rouage essentiel de l'État : sa reconnaissance par l'administration assoit sa position locale de pouvoir. La collusion historique entre un préfet qui dirige et un conseil général qui régule, évoquée à propos de la politique de développement local au XXe siècle (Carrier, 2002), conserve son actualité jusqu'aux débuts de la Ve République. Mais cette régulation croisée s'appliquait d'abord aux espaces départementaux à dominante rurale, et non aux députés-maires, aux grandes villes, aux municipalités communistes » (Mabileau, 1997 : 347). Dans un contexte de disparition progressive (ou de dépassement) du modèle de la « régulation croisée »[4] et d'affirmation d'un pouvoir décisionnel local et autonome nourri par les lois de décentralisation, la figure du notable se maintient dans la littérature au prix d'un certain évidement conceptuel.

1.3. La décentralisation ou le Sacre des notables

Avec la décentralisation engagée au début des années 1980, le rôle d'interface des élus locaux avec l'État est devenu moins stratégique. Les élites politiques locales sont appelées à être des « entrepreneurs politiques », devant disposer de compétences techniques, juridiques, économiques dans la gestion des affaires publiques. Elles sont par ailleurs pressées de démontrer leur capacité à produire de l'action et des projets. Elles le font dans un système décisionnel de plus en plus dense et enchevêtré en termes de gouvernance multi-niveaux (essor des Régions, montée en puissance des intercommunalités, impact de l'UE). Quant au pouvoir d'intercession des élus auprès de l'État, il connaît un encadrement croissant par les règles.

Loin de faire disparaître la figure des notables locaux, la décentralisation aurait au contraire permis le *Sacre des notables* selon des chercheurs réunis derrière l'identité fictive de Jacques Rondin (1985), pseudonyme choisi pour protéger

4. Ce modèle est défini dans le premier chapitre du livre.

l'anonymat[5]. Ces notables locaux se distribuent alors selon un système hiérarchisé de positions qui emprunte à une métaphore féodale : au sommet les « grands feudataires » (ceux qui possédaient un fief et devaient hommage au seigneur suzerain) régionaux, « grands notables » des grandes villes ou à la tête des conseils régionaux, souvent anciens ministres et leaders partisans ; en dessous les « barons intermédiaires », présidents de conseils généraux ou régionaux, et de communautés urbaines, ou disposant d'un mandat parlementaire pour les maires des villes moyennes ; en dessous les « vassaux commissionnaires », vice-présidents de conseils généraux ou maires de villes moyennes ; à la base, les « petits seigneurs communaux », maires de petites villes ou simples conseillers généraux, moins professionnalisés que leurs supérieurs. Les chercheurs identifient la qualité de notable à la réunion de cinq caractéristiques, qui demeurent toujours pertinentes pour étudier ce que sont et ce que font les élus locaux, à ceci près que les notables du système politico-administratif ont perdu pour partie leur boussole départementale au profit d'une multitude de configurations territoriales concurrentes et évolutives (Faure, 2015). Par ailleurs, ces caractéristiques décrivent certes une réalité tangible, mais ignorent des dimensions actuellement constitutives du métier d'élu local comme la capacité à traiter les problèmes et à produire des politiques locales. Rappelons que la conduite de politiques locales est aussi ce qui permet à des élus de développer ou de maintenir des relations clientélaires. Les caractéristiques présentées ci-après se rapportent davantage à des pratiques d'exercice du pouvoir qu'elles désignent une situation.

La première des cinq dimensions contribuant à définir le notable correspond à une personnalisation accrue du pouvoir local, pensée en contrepoint d'un ancrage idéologique et partisan. Elle perpétue la définition ancienne de la notabilité, qui renvoie à une politique locale et personnelle à laquelle s'oppose une politisation marquée par des attaches partisanes et idéologiques. Pour être recevable, cette présentation doit être précisée. Dans bien des cas en effet, les notables locaux sont aussi de véritables chefs politiques. Ils n'hésitent pas à jouer du registre de la dépolitisation (notamment lors des campagnes électorales) comme à dissocier échelon local et échelon national sur le plan discursif. Mais tout ceci intervient dans un cadre délimité par les partis. La personnalisation s'accommode de logiques très politiques et partisanes, et inversement. Mais cette personnalisation peut fonctionner comme une ressource propre, susceptible d'être activée indépendamment des logiques partisanes. Michel Bussi, Jérôme Fourquet et Loïc Ravenel (2004) ont souligné le poids des notabilités individuelles dans la distribution du vote. Étudiant les élections régionales 2004, ils rappellent comment la formation chiraquienne de l'UMP avait surclassé l'UDF dans toutes les régions françaises. Partant, ils montrent comment cet ordre des places est localement contrarié par un effet de notabilité. Des têtes de liste centristes, très implantées localement, réussissent à devancer l'UMP

5. En gardant l'initiale du prénom « Jacques », cela donnait J. Rondin, en référence aux Girondins la période révolutionnaire, soit les partisans de la décentralisation classiquement opposés aux centralisateurs qu'étaient les Jacobins.

dans leur département respectif (Jean Arthuis en Mayenne, François Bayrou dans les Pyrénées-Atlantiques, Jacqueline Gourault dans le Loir-et-Cher, Bruno Joncour dans les Côtes-d'Armor, Hervé Morin dans l'Eure, François Sauvadet en Côte-d'Or, …). Une force d'attraction à proximité du fief, drainant des électeurs de divers horizons politiques, est à l'œuvre.

L'indépendance des élus par rapport à l'organisation politique ressort particulièrement marquée du côté de la droite modérée, avec des caractéristiques sociales, relationnelles et partisanes du personnel politique faisant écho à des attitudes typiques des notables de la fin du XIXe siècle (Fretel, 2004). Ceci est vrai des élus centristes de l'ancienne UDF [1978-2007], formation souvent rapportée à un « parti de notables » (ou de cadres) pour reprendre la typologie de Maurice Duverger [1917-2014]. Alors que le « milieu partisan » (Sawicki, 1997) semble localement peu dense, que le réseau militant se révèle lâche, les ancrages associatifs peuvent ici fonctionner pour les notables comme autant de comités électoraux informels. Des réseaux notabiliaires se construisent en marge des partis, voire s'y substituent partiellement, et deviennent des entreprises de parrainage politique. Sans s'extraire des activités partisanes, la clé de voûte du leadership est, ou devient, individuelle dans une forme de privatisation du jeu politique (Fretel, 2004).

La personnalisation du pouvoir joue d'autant mieux qu'intervient une longévité dans l'exercice des mandats politiques. C'est là une seconde caractéristique des notables. C'est la continuité du pouvoir local, avec une stabilité plus forte des élus locaux (maires, conseillers départementaux) par rapport au personnel parlementaire, qui autorise cette forte personnalisation. La prime aux sortants illustre et matérialise ce surcroît de légitimité qui s'attache aux titulaires individuels du pouvoir. Elle souligne en creux le relâchement des bases idéologiques et partisanes comme vecteurs de légitimité (cf. Chapitre 2). Cette longévité, au sens d'une occupation durable du pouvoir, représente aussi un piège pour les sciences sociales lorsqu'elle finit par se suffire à elle-même pour désigner et décrire le notable (Garraud, 1989).

Alors que la personnalisation opère comme une dépolitisation partielle, force est d'observer le recours à des formes d'apolitisme, troisième dimension mise en exergue dans *Le Sacre des notables*, particulièrement visibles en milieu rural (Kesselman, 1972 ; Vignon, 2021). Elles visent à établir un consensus communautaire (cf. Chapitre 2). Pour Rémi Lefebvre (2004), l'envahissement du discours politique contemporain par le mot magique de « proximité » relève d'une stratégie sémantique qui vise à euphémiser les choix politiques. Elle aurait « pollué » le discours de gauche dans les territoires. Ses représentants ont cessé d'inscrire le « terrain » dans une propédeutique politique générale, lorsque le « terrain » était un point de départ et un levier de politisation pour une transformation sociale, pour en faire un aboutissement : le lien social devient lien de proximité.

La sélection sociale (notable) comme la sélection organisationnelle partisane opèrent dans l'accès aux responsabilités politiques. Mais l'implantation durable suppose aussi de pouvoir « se faire un nom » en s'insérant dans un tissu de relations sociales, de côtoyer les différents représentants des secteurs de la vie locale. Julien Fretel (2004) évoque, à propos d'élus centristes (UDF), l'acquisition d'un portefeuille relationnel dense et leur propension à constituer des groupes sociaux réunis autour de causes non politiques (associations économiques, culturelles, éducatives). Leur leadership s'adosse *intuitu personae* à des champs de l'action sociale, culturelle ou économique, en tant qu'entrepreneurs de cause. Ce capital relationnel se construit à l'écart de la politique et des partis. Mais il peut renforcer le capital d'éligibilité et faciliter l'accès à des positions de pouvoir. Dans l'exercice proprement dit du pouvoir, la dimension relationnelle s'apparente entre autres choses au clientélisme, quatrième dimension constitutive de la notabilité.

Historiquement, le clientélisme est une pratique née au moment de la République romaine, lorsque des « patrons » politiques s'appuyaient sur une clientèle qui leur apportait son soutien (notamment électoral), en échange de sa protection et d'avantages matériels. Aujourd'hui, le clientélisme désigne un système de gouvernement par l'influence, où le notable (patron) continue d'entretenir des rapports de dépendance personnelle avec des clients, en accordant des avantages particuliers contre des votes (cf. Chapitre 6). Les clientèles des notables locaux sont multiples : maires ruraux (dont il s'agit de soutenir les dossiers), responsables associatifs, agents territoriaux, clientèles partisanes... Historiquement, les élus socialistes pouvaient se présenter au départ comme des professionnels de la politique désireux de ne pas se prêter au jeu du clientélisme. Ils finissaient souvent par s'adonner à la logique des petits services prêtés à la population (Lefebvre, 2001). De manière plus contemporaine, l'élu notable rend à ses électeurs des services individualisés, destinés à pérenniser sa notoriété, son assise sociale. Il symbolise donc le système clientéliste (Briquet, 1997) fondé sur la distribution de biens divisibles comme l'accès à un logement social, la délivrance d'une aide sociale, ou la réservation d'une place en crèche. Les élus possèdent tout un ensemble de « dispositions au coup de pouce, réelles ou fantasmées, mais en tout cas électoralement pertinentes » (Le Bart, 2009 : 302). Étudiant le succès de la thématique de la proximité, Christian Le Bart et Rémi Lefebvre (2005) font la distinction entre le fait de se constituer une clientèle stable de fidèles (figure traditionnelle du notable) et ce travail de proximité des élus locaux. Lorsque ce dernier consiste dans la mise en place des prestations individualisées auprès des administrés, il n'y a pas ni relation intégratrice d'attachement, ni fidélisation. Ce clientélisme s'épuise en services ponctuels à destination de publics atomisés. Il reste un pouvoir d'intervention auprès d'interlocuteurs décisionnels multiples susceptible de faire naître un sentiment de dette en retour, et de générer un soutien électoral. En ce sens, le rôle de notable suppose une mise en scène permanente des services rendus au territoire et à ses habitants.

L'un des moyens traditionnels de constituer et d'entretenir des clientèles recouvre le clientélisme associatif. Julien Talpin et Pierre Bonnevalle (2023) en proposent une lecture stimulante à partir du cas de Roubaix, dont les résultats demanderaient à être prolongés pour pouvoir être davantage systématisés. Dans un territoire où le clientélisme associatif était fréquent jusque dans les années 2000, il s'est quelque peu tari et recomposé. Désormais, le gouvernement des associations s'opère de façon plus distanciée que par le passé par l'octroi ou le retrait des financements. Mais le clientélisme associatif classique, qui organise le soutien financier en échange d'un appui électoral, semble décliner au profit d'une configuration renouvelée des relations institutions/associations. C'est désormais l'accompagnement associatif des politiques publiques, validant la thèse du rôle parapublic dévolu aux associations, qui est rétribué ou au contraire sanctionné, plutôt que le soutien électoral. Les variations des financements dans le temps que documentent Julien Talpin et Pierre Bonnevalle engendrent une précarisation pour l'activité associative, davantage tributaire des orientations politiques. Redevable de facteurs, techniques et gestionnaires, ces variations ne sont pas exemptes de calculs politiques comme le fait de sanctionner les opposants et de récompenser les soutiens. Ceci demeure une pratique ordinaire du pouvoir local. Mais ce sont aussi les risques engendrés par la précarisation et la dépendance qui inclinent les associations à mettre la politique à distance. Sans constituer la norme majoritaire de fonctionnement, le clientélisme associatif perdure sous des formes recomposées qui instrumentent davantage les associations dans la conduite des politiques locales que dans le soutien politique.

Enfin, la notabilité se voit renforcée par la détention de plusieurs mandats, le cumul étant au fondement d'un « ordre notabiliaire et clientéliste autoréglementé » (Marrel, 2020, p. 119). Parce qu'il représente autant une des facettes constitutives de la notabilisation qu'un vecteur de professionnalisation politique, cette question du cumul sera traitée plus loin.

1.4. Les élus régionaux : un « potentiel » notabiliaire plus limité ?

Alors que la figure du notable est classiquement utilisée à propos des élites municipales et départementales, l'étude des élus régionaux par Laurent Godmer (2015) permet de cerner les conditions et les obstacles à la notabilisation. Nous avons précédemment vu comment la définition évolutive des notables s'est éloignée d'une logique de type classiste, celle du capital social de départ, pour se centrer davantage sur la détention d'un « capital local ». Or, c'est précisément de dernier qui apparaît plus difficile à constituer dans le cas des élus régionaux. Cette collectivité territoriale, créée tardivement, dispose en effet d'un périmètre de juridiction dans lequel la proximité et l'ancrage jouent d'autant moins que le choix s'est porté sur un scrutin de liste. Précédemment, les EPR (1972), antichambres des futures Régions, avaient largement accueilli des élus déjà notabilisés (parlementaires, maires et conseillers départementaux), des élus « élus ailleurs ». Leur statut de conseiller régional n'était pas celui qui leur conférait *ipso facto* la notabilité (*Ibid.*).

Lors des premières élections des conseils régionaux en 1986, la notabilité paraissait moins relever de la possession d'un capital local qu'elle souscrivait aux logiques du recrutement social. Elles font entrer dans les hémicycles régionaux de nombreux « socioprofessionnels », élus issus du monde entrepreneurial (grande quantité de membres des chambres de commerce et d'industrie), des élus issus des professions libérales ainsi que des élus disposant déjà d'autres mandats. Le volume comme la nature des compétences régionales freinent la constitution d'un capital relationnel local.

Laurent Godmer fait état d'un paradoxe apparent au sujet des élections régionales de 1998. Elles sont marquées par une dénotabilisation, alors même que les conseils régionaux se sont renforcés et disposent d'une capacité accrue à distribuer des ressources. L'explication réside dans la conjoncture politique. Les forces de gauche connaissent alors une percée électorale qui leur permet la conquête de conseils régionaux. Beaucoup de conseillers régionaux sont des nouveaux entrants, en moyenne plus jeunes et de sexe féminin. Ils font davantage valoir un capital partisan (ayant exercé des fonctions internes au parti) qu'un « capital local » constitué de ressources résiliaires, de soutiens personnels, d'un « ancrage local » non réductible à la structure partisane.

À partir du scrutin de 2004, les grands partis ont semblé davantage s'investir dans la compétition régionale. Plus gouvernables, suite à l'introduction d'un nouveau mode de scrutin (cf. Chapitre 1), les conseils régionaux bénéficient par ailleurs de nouveaux transferts de responsabilités. Le niveau régional demeure cependant « en construction ». Avec ces élections, il est possible d'observer une montée en puissance des professionnels de la politique, dont le capital d'éligibilité repose sur le double capital partisan et culturel davantage que sur des processus de notabilisation. Ces derniers ont paru freinés par l'accumulation des « handicaps ». Du fait de l'étendue du ressort régional, la proximité est moindre (même si elle peut davantage jouer pour des régions monodépartementales ultramarines, ou bi-départementales comme l'Alsace ou la Corse). Le scrutin de liste proportionnel, moins prestigieux que le scrutin uninominal, limite l'ancrage de l'élection et de l'élu comme il restreint les logiques de fiefs et de réseaux. Placé à la base de la hiérarchie des mandats, il n'est pas rare que le mandat régional soit souvent un mandat tremplin en politique (ou d'appoint et d'attente pour des élus de premier plan). Les assemblées régionales sont celles qui connaissent le plus fort taux de renouvellement des élus. Rappelons enfin la moindre possibilité de « captation des ressources » publiques et de valorisation publique de l'action politique au niveau régional. Concernant la mandature 2010-2015, Laurent Godmer entrevoit les indices d'une renotabilisation tendancielle, bien que relative. Il y aurait à l'œuvre une dynamique d'enracinement, avec une stabilisation et une longévité des carrières politiques régionales, l'émergence de leaders régionaux connus et/ou reconnus, dont la spécialisation sectorielle et localisée permet de consolider les clientèles et les réseaux. Cependant, la construction d'un capital territorial personnalisé représente toujours une tâche plus ardue que pour les autres élus locaux.

Le pouvoir notabiliaire apparaît insuffisant pour expliquer les systèmes de domination locale selon Pierre Subra (2016). Il préfère recourir à la présence de systèmes géopolitiques locaux, définis comme des dispositifs, plus ou moins élaborés, qui assurent à un acteur politique un contrôle dominant, stable et durable sur un territoire donné d'échelle locale. Ces systèmes composent des ensembles complexes de mécanismes et de flux politiques, idéologiques, financiers et relationnels, qui font (inter)agir de nombreux acteurs : élus, militants politiques et associatifs, responsables politiques, responsables d'organismes parapublics, gestionnaires de collectivités, offices HLM, bureaux d'études, chefs d'entreprises, etc. Les relations entretenues, aussi bien directes ou personnelles qu'ancrées dans des réseaux, recouvrent divers registres : l'alliance, la fidélité, le militantisme, le clientélisme, le marché, l'allégeance ou la soumission hiérarchique, parfois la corruption. Ces systèmes géopolitiques locaux permettent ainsi de contrôler le territoire concerné : mandats politiques, contrôle opérationnel de la collectivité territoriale, ressources financières et moyens humains, évolution urbaine du territoire ou encore de sa sociologie. Ils s'appuient largement sur la conduite des politiques publiques locales. Leur emprise dépasse rarement les limites d'une ville, d'une agglomération ou plus exceptionnellement d'un département. Au-delà, ces systèmes se heurtent à l'existence d'autres systèmes géopolitiques locaux. Cependant, ces systèmes géopolitiques locaux ne concernent qu'une minorité de territoires, et existent par ailleurs sous des formes inachevées, là où le pouvoir notabiliaire ressort comme une composante plus ordinaire de la vie politique locale.

2. L'INÉGALE PROFESSIONNALISATION DES ÉLUS LOCAUX

La notion de « professionnalisation politique » sanctionne le passage d'une activité temporaire et provisoire à une activité durable et permanente à laquelle s'attachent un champ de carrière spécifique et des rémunérations matérielles et statutaires (Garraud, 1994). Les élus locaux n'hésitent pas à faire croire à leur extériorité par rapport au champ des professionnels de la politique, mais sont poussés à endosser les habits du professionnel tout en ménageant leur position d'élu-notable (Le Bart, 2009).

2.1. Une professionnalisation en pointillés

Dans un article publié en 1992, Albert Mabileau titrait « L'élu local : nouveau professionnel de la République ». Plus de trente après, la création d'une fonction élective territoriale faisant des élus de véritables salariés dont le contrat couvrirait la mandature demeure un scénario prospectif. Le sort réservé aux élus locaux oscille toujours entre l'idée classique (le mythe) d'un bénévolat républicain et des dispositions juridiques cherchant à satisfaire les exigences croissantes qui pèsent sur les élus locaux et leur recrutement, soulignées par l'article 6.2 de la Charte européenne de l'autonomie locale : « le statut du personnel des collectivités locales doit permettre un recrutement de qualité, fondé sur les principes du mérite et de la compétence ; à cette fin, il doit réunir des conditions adéquates de formation, de rémunération et de perspectives de carrière. » (Art. 6.2).

Pour bon nombre d'élus locaux, l'endossement du rôle politique n'est en réalité que très partiel (Dauvin, 1999), voire ambivalent comme l'a montré Gildas Tanguy (2005) à propos des maires ruraux et périurbains en Ille-et-Vilaine. Le maintien du morcellement communal français entretient une « politique au village » faiblement différenciée des autres formes d'activité sociale. Dans ces petites communes, la politique relève avant tout de ce que Daniel Gaxie et Patrick Lehingue (1984) ont présenté comme un champ politique périphérique indifférencié. Sans accéder à une professionnalisation complète, certains « petits élus » sont ou deviennent des « semi-professionnels », dans un contexte de périurbanisation (nouvelles attentes à satisfaire) et de transformations institutionnelles (décentralisation et montée en puissance de l'intercommunalité). Nous assistons ainsi à des formes hybrides ou intermédiaires entre formes différenciées ou non de la politique locale (Vignon, 2010).

Si l'expression « le métier d'élu local » a été retenue (Fontaine, Le Bart, 1994), ce métier demeure un « métier singulier » (Lagroye, 1994). L'expression elle-même n'est pas revendiquée, voire déniée par ses protagonistes. Les élus, y compris les plus professionnalisés, sont prompts à revendiquer le vocabulaire de la vocation et du dévouement, du désintéressement (Damamme, 1999) qui situe ainsi les activités politiques aux antipodes du travail (Le Lidec, 2012).

L'absence d'un authentique statut juridique des élus locaux entretient les ambiguïtés. Depuis le vote de la loi sur le statut des élus en 1992, aucun grand texte n'est intervenu. Or, le statut ressort comme la voie privilégiée pour qu'un groupe élabore et se dote d'une identité professionnelle, publicisant et instrumentalisant le cas échéant les contraintes qui pèsent sur les élus dans l'exposé d'une identité professionnelle et la revendication de meilleures conditions de travail (Kerrouche, Lavignotte, 2020). Si la proposition de la commission Mauroy (2000) de créer une fonction publique élective a finalement été rejetée par le gouvernement Jospin, nous pouvons souscrire au propos du sénateur Jean-Pierre Sueur lorsqu'il déclare que « la compilation de ce qui a été adopté entre 1992 et 2018 constitue un corpus très important. Il est évidemment possible d'améliorer les choses, mais l'on ne peut pas dire qu'il n'existe pas, aujourd'hui, le statut de l'élu local »[6]. Par ailleurs, l'acquisition de savoir-faire s'opère d'abord et toujours sur le tas plus qu'elle ne transite par des dispositifs de formation. Il n'existe d'ailleurs pas de corps spécifique de savoirs et savoir-faire bien définis, même si l'exercice du mandat d'élu local suppose l'acquisition et la maîtrise d'un corpus évolutif de connaissances juridiques et techniques.

Les chemins de la professionnalisation ont beau être singuliers, il n'en demeure pas moins un constat partagé sur les exigences croissantes requises, en termes de savoir-faire, de charge et de budget-temps, par les mandats locaux. On peut,

6. Compte rendu de la Table ronde réunissant des auteurs de travaux parlementaires et des chercheurs dans le cadre des travaux de la délégation sur le statut des élus locaux, Sénat, Délégation aux collectivités territoriales, 12 avril 2018 (cité par Kerroche, Lavignotte, 2020, p. 17).

à titre d'illustration, citer le passage du rapport sénatorial d'information de Philippe Leroy consacré à la démocratie locale :

> « [...] L'élu se doit d'agir dans un environnement en perpétuel changement et qui se caractérise par une complexification des normes sans précédent. Aussi, il se doit d'apparaitre comme un professionnel de la gouvernance locale. Par ailleurs, les compétences allant toujours en augmentant, la gestion des affaires locales prend de plus en plus de temps »[7].

Dans les savoir-faire attendus, il ressort également que les élus sont entrés dans la sphère managériale, devenant de véritables « élus chefs de service » (Huron, Spindler, 1998), une dimension qu'ignorent souvent les nouveaux entrants. En externe, dans un univers de plus en plus concurrentiel entre territoires, et notamment entre territoires urbains, la plupart des maires se doivent d'entreprendre et de le faire savoir. À l'opposé du « bon père de famille » ou « bâtisseur » et développant une conception relativement étroite du territoire, l'élu-manager adopte une conception offensive du territoire valorisant les dynamiques de développement local (Le Bart, 2009). La promotion des territoires exige des élus qu'ils fédèrent de multiples acteurs en interne comme en externe pour mener à bien des projets dans une logique de gouvernance territoriale. Incarnation des nouveaux principes et objectifs de l'action publique urbaine, le projet offre une légitimité renouvelée aux responsables locaux, associée à leur capacité à élaborer une représentation dynamique de l'avenir du territoire autour desdits projets (Cadiou, 2009). Ces logiques de mobilisations territorialisées renvoient à la problématique de la gouvernance des territoires (cf. Chapitre 6).

Plutôt que de chercher à cartographier les groupes d'élus selon une logique concentrique allant du noyau dur le plus professionnalisé, celui pour lequel la politique est une profession au sens complet du terme pour une minorité d'élus, à la périphérie la plus vaste des conseillers amateurs (Marmont, 2010), nous proposons d'étudier les trois registres et dynamiques de professionnalisation qui se déploient ordinairement, comme dans toute activité : la rémunération tirée de l'activité ; l'acquisition et le développement de savoir-faire spécifiques ; le temps consacré à l'activité.

2.2. La rémunération des élus locaux

Si le fait de devoir vivre ou non de la politique comme ligne de démarcation et critère d'appartenance au groupe des notables ou au groupe des professionnels appartient à une époque révolue, la rémunération des responsabilités politiques demeure une condition presque indispensable pour que puissent exister des professionnels. Cet enjeu économique se voit traversé par des antagonismes puissants : l'activité politique doit être rémunérée, sans rompre complètement avec le registre ancien de la gratuité des charges politiques. Ce qu'avait pu valo-

7. Rapport d'information du Sénat n° 74.

riser le philosophe Michel de Montaigne (maire de Bordeaux [1581-1585]) : « la charge de maire semble d'autant plus belle qu'elle n'a ni loyer, ni gain autre que l'honneur de son exécution ». Plus tard, la conception républicaine du rôle de l'élu, idéal de dévouement et de désintéressement, justifiera ce principe de gratuité, consacré en droit : « les fonctions de maire, d'adjoint et de conseiller municipal sont gratuites » (article L. 2123-17 du CGCT).

Des atténuations successives à ce principe de gratuité n'ont cessé d'intervenir. Elles se limitaient à l'origine au remboursement des frais résultant de l'exécution des mandats spéciaux (loi du 5 avril 1884). Il y eut ensuite la création des indemnités de déplacement et de séjour permettant aux conseillers généraux de participer aux réunions de leur assemblée (loi du 27 février 1912). Plus fondamentalement sont apparues des indemnités de fonction aux maires et aux adjoints à la charge des budgets communaux (ordonnances du 26 juillet 1944 et du 21 février 1945). Alors que la loi du 2 août 1949 impose aux employeurs de prendre en compte le temps nécessaire à la participation aux séances plénières des assemblées délibérantes, la loi du 23 décembre 1972 institue un régime de retraite des maires. Le principe originel de gratuité a ainsi cédé progressivement le pas à une approche plus « réaliste », observable partout en Europe, avec la mise en place de systèmes de rémunération de plus en plus complets. En disposant que les fonctions électives sont « gratuites » mais ouvrent droit à une indemnité de fonction votée en assemblée, le CGCT valide l'oxymoron du « bénévolat indemnisé » sans aller jusqu'à retenir la solution allemande d'un fonctionnariat salarié. Outre-Rhin, même si les règles varient d'un Land à l'autre, le maire (directement élu) et ses adjoints (eux-mêmes élus) ont le statut de fonctionnaire temporaire ou de contractuel pendant la durée de leur mandat. Ils suspendent leurs activités professionnelles antérieures et obtiennent de la ville une rémunération, imposable en totalité, en fonction du nombre d'habitants (Kerrouche, Guérin-Lavignotte, 2000).

Dans quelques rares pays européens, le soin est au contraire laissé aux conseils locaux de fixer le niveau de rémunération. En Angleterre, le choix local s'accompagne de recommandations formulées par un panel indépendant, mises à disposition du public au même titre que les décisions finalement arrêtées. Quand la loi en Norvège se limite à reconnaître le droit à être indemnisé en contrepartie de l'exercice du mandat municipal, l'encadrement législatif en Suède se contente d'évoquer des montants « raisonnables ». En Finlande, où la rémunération indemnitaire des élus municipaux est rare, la plupart des élus bénéficient de jetons de présence dont le montant est librement déterminé par la collectivité. Après avoir longtemps connu une autonomie comparable, l'Espagne enregistre, depuis la mise en œuvre d'une loi du 27 décembre 2013 portant sur la Rationalisation et la Viabilité de l'Administration Locale, un recul de l'autonomie locale avec l'introduction de plafonds légaux et selon le temps consacré à l'exercice du mandat (avec des quotas de mandats à temps plein). Pour les pays qui disposent d'une structure territoriale à plusieurs niveaux, il n'existe pas de différence dans les principes d'allocation d'indemnités selon les échelons. Là où la liberté prévaut, elle l'emporte à tous les échelons, cette homogénéité étant symétriquement observée par les pays qui encadrent l'attribution des indemnités (Le Saout, 2019).

La France intègre le second ensemble de pays, majoritaire en Europe, dans lesquels la rémunération des élus locaux est encadrée par la loi. Texte significatif en matière d'indemnisation des élus locaux, la loi du 3 février 1992 relative aux conditions d'exercice des mandats a fixé un régime indemnitaire plafonné : ce n'est que dans la limite des taux maxima fixés dans le code général des collectivités territoriales que l'assemblée délibérante peut alors librement déterminer le montant des indemnités allouées dans les 3 mois qui suivent le renouvellement de l'assemblée. La délibération, obligatoire, peut être modifiée en cours de mandature. L'élu peut renoncer à son indemnité par courrier. Conformément à l'article 3 de la loi du 31 mars 2015 et à l'article 5 de la loi du 8 novembre 2016, l'indemnité du maire est désormais fixée au maximum, de droit et sans débat. Ce n'est qu'à l'initiative du maire que ce dernier peut demander au conseil municipal de la fixer à un niveau inférieur. On le voit, la liberté dont disposent les assemblées locales se confond avec le fait de renoncer à s'attribuer les plafonds indemnitaires autorisés. Les indemnités des élus locaux français sont déconnectées de leur assiduité, contrairement à certains pays dans lesquels les conseillers (municipaux) disposent de « jetons de présence » ajustant une partie de leur rémunération en fonction de leur absence (Pologne, Luxembourg, Flandres belges). En Italie, les conseillers ne bénéficient pas d'indemnisation mensuelle mais de jetons de présence dont la valeur est indexée à la taille démographique de la commune.

Les indemnités des élus locaux français sont déterminées en croisant des seuils démographiques des institutions politiques locales et les critères fonctionnels (fonctions non exécutives, exécutifs, chefs d'exécutifs), même si d'autres critères de différenciation interviennent exceptionnellement. Par exemple, le maire d'une commune chef-lieu de canton peut prétendre à une indemnité légèrement bonifiée. La variable démographique comme élément de hiérarchisation représente un élément observé dans tous les pays européens où se pratique un encadrement législatif. Au Portugal et aux Pays-Bas, c'est à partir d'un certain seuil populationnel que les maires et adjoints sont réputés exercer leurs fonctions à temps plein, et ainsi être indemnisés.

Le calcul des indemnités peut, selon les pays, être indexé sur des fonctions politiques (celle du président de la République, au Portugal, du Premier ministre aux Pays-Bas, d'un secrétaire d'État en Espagne), des niveaux salariaux (salaire mensuel nation moyen – Lettonie, Lituanie – ou salaire minimal en Roumanie) ou le traitement des fonctionnaires (Le Saout, 2019). Cette dernière solution s'applique au cas français. Les indemnités des élus locaux correspondent à des pourcentages de l'indice terminal de l'échelle de la rémunération de la fonction publique, c'est-à-dire au 1er janvier 2019 l'indice brut 1027 (indice majoré 830). À chaque revalorisation du point d'indice de la fonction publique, les indemnités des élus locaux sont ainsi automatiquement augmentées. La limite maximale des indemnités qu'un élu local peut percevoir, lorsqu'il détient plusieurs mandats électifs, ne peut dépasser une fois et demie le montant de l'indemnité parlementaire, réévalué chaque année[8]. Et lorsque ce plafond est dépassé, les indemnités font l'objet d'un écrêtement. La part écrêtée est reversée au budget de la personne publique au sein de laquelle le conseiller municipal exerce le plus récemment un mandat ou une fonction.

L'examen des indemnités municipales (Graphique 1 *infra*) montre qu'à l'exception des grandes villes de plus de 100 000 habitants, les conseillers n'engrangent pas automatiquement d'indemnités de fonction[9]. Ils peuvent néanmoins, en-dessous de cette strate démographique, bénéficier d'une indemnisation, mais elle devra alors être comprise dans l'enveloppe indemnitaire globale (maire + adjoints). Celle des adjoints n'autorise une réelle professionnalisation – vivre de la politique – qu'à partir de ce seuil des 100 000 habitants. Le cas des adjoints au maire de communes urbaines est éloquent à cet égard. S'ils n'ont pas les mêmes obligations que le maire, l'exercice de leur mandat est marqué par la gestion d'un capital-temps limité pour faire face aux multiples contraintes de rôle qui pèsent sur eux (Lefebvre, 2021). Le temps qu'ils disent consacrer à leur mandat est variable, mais il n'est pas rare qu'il approche les 40 heures hebdomadaires. L'indemnisation demeure ici peu compatible avec l'abandon d'une activité professionnelle rémunérée. D'ailleurs dans l'enquête de Rémi Lefebvre, les adjoints au maire des villes de 20 000 à 100 000 habitants inscrits dans cette situation avaient tous conservé leur emploi, tout en étant confrontés à de fortes tensions dans la gestion de leurs différentes activités et temps afférents, avec des possibilités inégales d'aménager leur temps de travail.

Pour les maires, les indemnités brutes dépassent les 2 000 euros dès le seuil de 1 000 habitants. Lorsqu'on compare ces indemnités avec celles observées en 2009, on constate un effort consenti pour les maires des petites communes. Bien qu'il reste modeste en euros, il apparaît plus significatif en termes de croissance, et concerne par ailleurs énormément de maires. Entre 2009 et 2020, les indemnités brutes des maires ont ainsi augmenté de +52,7 % pour les communes de moins de 500 habitants, de +33,7 % entre 500 et 999 habitants, +23,4 % entre 1 000 et 3 499 habitants, +2,8 % entre 3 500 et 9 999 habitants… Au-delà, les augmentations continuent d'osciller entre 2 à 3 %. La crainte d'une « crise des vocations » mayorales a débouché, pour les élus des communes de moins de 3 500 habitants, à une revalorisation substantielle (jusqu'à 50 %) des barèmes d'indemnisation garantis par la loi Engagement et Proximité de décembre 2019. Les intéressés réagissent différemment à cette hausse des niveaux d'indemnisation les plus bas prévue par les textes, selon qu'ils s'en attribuent la totalité, ne les acceptent que partiellement ou les refusent par principe. En fait, les rapports à l'indemnité des maires des petites communes sont beaucoup plus complexes et, de manière imbriquée, mettent

8. L'indemnité parlementaire s'élève à 7 493,30 € brut mensuel au 1er juillet 2022.

9. En deçà du seuil de 100 000 habitants, l'assemblée municipale peut accorder une indemnisation à des conseillers mais sous forte contrainte budgétaire. Effectivement le budget global légalement alloué pour indemniser les élus de la commune ne peut être dépassé, de sorte qu'un tel choix implique que le maire et/ou les adjoints renoncent à percevoir l'indemnité maximale prévue pour eux par la loi.

en jeu l'état de la législation, les codes moraux en vigueur, la morphologie des arènes et la surveillance des administrés ou des pairs dans les structures intercommunales (Lehingue, Vignon, 2021). En ce sens, la thèse du « *more to less* » (Demazière, Le Saout, 2021 : 15) selon laquelle tous les élus préfèrent défendre leurs intérêts financiers et tendent à s'attribuer des augmentations de revenus quand ils le peuvent mérite d'être sérieusement relativisée. S'agissant des territoires ruraux, les pratiques d'indemnisation des mandats sont effectivement marquées par des formes de régulation, faites de hiérarchies, de prescriptions, de rituels codifiés, qui s'imbriquent dans des contextes locaux éclatés, labiles et empreints d'incertitude.

Graphique 1 – Indemnités brutes des élus municipaux selon la strate démographique communale au 1er janvier 2024 (en euros)[10]

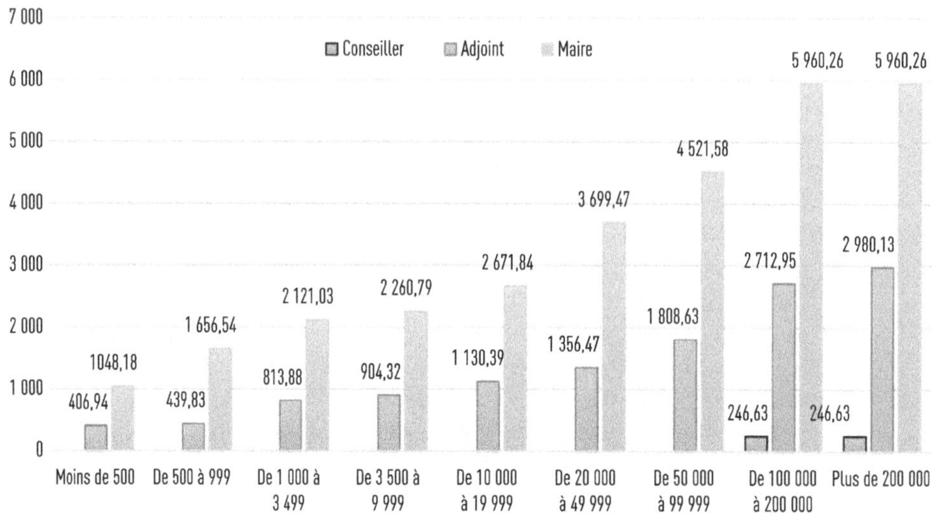

Source : Décret n° 2023-519 du 28 juin 2023

À mesure que la taille de la commune croît, quelques heures par semaine le soir et la fin de semaine ne suffisent plus pour administrer efficacement la collectivité. La charge de travail augmente rapidement (encadrement des agents, relations à tisser sur le territoire et en-dehors, décisions à prendre) alors que les ressources manquent (peu de cadres, pas de Cabinet). La charge est d'autant plus lourde que dans les gros bourgs ou petites villes le lien étroit entre le maire et ses administrés est chronophage. Mais la faible indemnité interdit en pratique la professionnalisation complète des maires et *a fortiori* des adjoints. Elle favo-

10. Il existe des dispositions spécifiques à Paris, Lyon, Marseille : 2 819 euros pour les maires d'arrondissement, 1 341 euros pour les adjoints au maire d'arrondissement ainsi que les conseillers municipaux.

rise le cumul, seule solution pratique pour exercer des responsabilités électives à temps complet.

Les indemnités municipales ne disent ainsi pas tout des conditions de professionnalisation, puisqu'elles peuvent se combiner avec d'autres indemnités tirées d'autres mandats électifs. L'élection au conseil départemental d'un maire d'une ville de 15 000 habitants lui permet de toucher une seconde indemnité d'un montant comparable, soit un total de 5 000 euros. Cependant, les mandats départementaux et régionaux constituent une ressource relativement rare, qui ne permet de professionnaliser qu'une petite minorité de maires ou d'adjoints des grandes villes. Aussi l'intercommunalité est-elle la voie de professionnalisation la plus large. Plus que les quelques dizaines de milliers de mandats non exécutifs de conseillers communautaires, ce sont bien les postes exécutifs de présidents mais aussi de vice-présidents – en grande partie occupés par des maires (Lefebvre, Vignon, 2023) – qui offrent les possibilités de vivre complètement – et provisoirement – de la politique locale (Vignon, Lehingue, 2021). L'intercommunalité procure une indemnité équivalente à celle d'un conseiller départemental ou régional, sans l'aléa du suffrage universel et sans passer sous les fourches caudines d'un parti politique dont l'investiture est précieuse (conseiller départemental), voire nécessaire (conseiller régional) pour décrocher un second mandat (Vignon, 2019).

En comparaison des mandats exécutifs municipaux, assez ou très chronophages et faiblement indemnisés, les mandats départementaux et régionaux apparaissent nettement plus avantageux. L'indemnité est supérieure pour une charge moindre (une ou quelques réunions de commission, une session plénière et quelques représentations chaque mois). Là où un maire d'une commune juste en-dessous des 10 000 habitants recevait 2 139 euros brut en 2020, un conseiller départemental est, dans plus de la moitié des départements, davantage indemnisé (Tableau 1 *infra*). Cette absence de corrélation entre le niveau de la rémunération et le degré de responsabilité et d'engagement assumé est l'objet de critiques.

Tableau 1 – Indemnités des élus départementaux et régionaux au 1er janvier 2020

<table>
<tr><th></th><th colspan="2">Conseils départementaux</th><th></th><th colspan="2">Conseils régionaux</th></tr>
<tr><td rowspan="5">Conseillers</td><td>– 250 000</td><td>1 610,21</td><td rowspan="5">Conseillers</td><td>Moins de 1 million</td><td>1 610,21</td></tr>
<tr><td>250 000 à 500 000</td><td>2 012,76</td><td>De 1 à 2 millions</td><td>2 012,76</td></tr>
<tr><td>500 000 à 1 million</td><td>2 415,32</td><td>De 2 à 3 millions</td><td>2 415,32</td></tr>
<tr><td>1 à 1,25 million</td><td>2 616,59</td><td rowspan="2">3 millions et plus</td><td rowspan="2">2 817,87</td></tr>
<tr><td>1,25 million</td><td>2 817,87</td></tr>
<tr><td>Vice-président</td><td colspan="2">Au maximum égale à l'indemnité maximale de conseiller majorée de 40 %</td><td>Vice-président</td><td colspan="2">Au maximum égale à l'indemnité maximale de conseiller majorée de 40 %</td></tr>
<tr><td>Président</td><td colspan="2">Au maximum égale à 145 % de l'IBT, soit 5 837,01 €</td><td>Président</td><td colspan="2">Au maximum égale à 145 % de l'IBT, soit 5 837,01 €</td></tr>
</table>

Source : CGCT

2.3. La formation des élus locaux : reconnaissance d'un droit, incertitudes pratiques

L'indemnisation des mandats contribue à l'obtention de compétences de plus en plus étendues. Cela suppose à la fois du temps et des savoir-faire, deux exigences qui ne mettent pas sur un pied d'égalité tous les candidats. Certaines professions, par le capital scolaire et/ou les compétences qu'elles impliquent, se rapprochent plus que d'autres des nouvelles exigences du métier d'élu local (cf. Chapitre 4). Elles atténuent le choc que constituent la prise de fonction et la découverte de l'activité, dans toute sa complexité, par les nouveaux élus (Demazière, 2009).

Comme le rappelle Pierre Camus (2022), les travaux en sciences sociales ont beaucoup mis l'accent sur un apprentissage « sur le tas » des élus locaux (Demazière, 2009), mobilisant par ailleurs des dispositions acquises dans différents univers sociaux (familiaux, militants, professionnels…) préalablement à l'engagement. Il faut cependant se méfier de conclusions trop mécaniques. La surreprésentation observée par le passé des médecins, dont les compétences professionnelles n'avaient pas de rapport étroit avec la gestion locale, relativise l'idée de congruence entre les savoir-faire professionnels et ceux attendus des élus : « Il faut moins raisonner en termes de compétences objectives que par référence au sentiment de compétence lato sensu et à la réputation de compétence » (Le Bart, 2003 : 88). Si les compétences acquises préalablement à l'activité politique peuvent servir, c'est d'abord l'acquisition sur le tas qui engendre des savoir-faire spécifiques. L'accès aux responsabilités les plus importantes et les plus exigeantes, en termes de professionnalisation, est généralement précédé par l'exercice de mandats qui permettent d'acquérir les fondamentaux et d'observer les pratiques de ceux qui occupent les plus hautes responsabilités locales.

L'apprentissage formel des fonctions locales ressort, et est traité comme tel, comme une pratique relativement marginale (Cadiou, 2009 ; Douillet et Lefebvre, 2017). Les travaux qui s'y intéressent plus spécifiquement concluent à leur caractère accessoire et secondaire (Navarre, 2014). Ce constat trouve une explication dans le paradoxe qui voit les élus locaux les plus professionnalisés échapper aux dispositifs de formation conçus pour les salariés détenant un mandat local. Appréhender la formation – formelle – des élus locaux conduit à dissocier la réalité empirique d'une lecture juridique.

Du point de vue juridique, le législateur a reconnu et établi un véritable droit à la formation depuis la loi du 3 février 1992, même si la loi départementale du 10 août 1871 en posait déjà les bases. Bien que marquée par l'incomplétude des statuts des élus et les persistances du mythe de l'amateurisme, la formation des élus devient alors une dépense obligatoire des collectivités territoriales. Depuis la loi du 27 février 2002, les conseils ont l'obligation de définir, dans les trois mois suivant leur élection, les orientations et les crédits dédiés à la formation des élus. Un tableau récapitulatif des formations financées par la collectivité doit être annexé au compte administratif. Au plan individuel, tout membre du conseil municipal, général, régional, peut en effet prétendre à un congé de formation de 18 jours au maximum pour la durée du mandat, quel que soit le nombre de mandats qu'il détient, et indépendamment des autorisations d'absence et du crédit d'heures prévu dans le cadre de ses fonctions d'élu. L'élu doit en faire la demande à son employeur qui peut refuser, le cas échéant, s'il estime que l'absence du salarié aurait des conséquences préjudiciables à la production et à la bonne marche de l'entreprise. Si le congé n'est pas rémunéré, la collectivité territoriale prend en revanche en charge les frais de formation, de déplacement et de séjour de l'élu. Elle compense les pertes de revenus subies à l'occasion du congé. Le montant des dépenses de formation ne peut dépasser 20 % du montant des indemnités de fonction réellement allouées aux élus. La formation ne peut être dispensée que par des organismes agréés par le ministère de l'Intérieur après avis du Conseil national de la formation des élus locaux. En février 2023, 244 organismes étaient agréés pour dispenser la formation des élus locaux (contre 191 en juin 2010). Cet ensemble hétéroclite est composé d'établissements d'enseignement (public/privé), de sociétés privées, d'associations d'élus, d'associations diverses et marginalement de professions libérales. La loi du 31 mars 2015 a ajouté une strate supplémentaire, en permettant aux élus de bénéficier d'un droit individuel à la formation (DIFe). À la suite de la loi du 17 juin 2021, le droit acquis au travers du DIFe est passé de 20 heures par année, cumulables sur le temps du mandat, à 400 € par année cumulables dans la limite d'un plafond de 700 €.

Dans l'ordre des faits, les dispositifs de formation ressortent largement sous-utilisés par les élus. Chaque année, seule une infirme partie des élus (1 à 3 %) y recourt (Bonhomme *et al.*, 2018; Acar *et al.*, 2020). En 2018, seulement 15 millions d'euros ont été dépensés sur les 345 millions théoriquement disponibles. Mais il faut aller au-delà d'un constat global, celui d'élus qui se forment peu en moyenne, pour saisir l'hétérogénéité des pratiques et la diversité des logiques.

Le positionnement institutionnel ressort comme une première variable discriminante. Plus les élus exercent dans une collectivité importante, plus la probabilité qu'ils recourent à la formation augmente. Pierre Camus (2022) rappelle ainsi que dans la région des Pays de la Loire, 59 % des conseillers régionaux et 60 % des conseillers départementaux se sont formés en moyenne chaque année entre 2008 et 2018. De même, dans les villes de plus de 100 000 habitants, la formation ressort comme une pratique significative, bien qu'inférieure, puisque 40 % des élus y ont recours. Le chiffre s'établit à 30 % entre 10 000 et 100 000, 12,9 % entre 2 000 et 10 000, pour tomber à 0,8 % seulement dans les communes de moins de 2 000 habitants[11]. Par conséquent, le chiffre global résulte d'abord de la rareté du recours à la formation pour la grande majorité des élus locaux issus des petites communes.

Les collectivités ne sont pas sur un pied d'égalité. Autant le DIFe alloue une somme identique à tous les élus, autant le principal droit à la formation financé

11. Source des données : Comptes administratifs des collectivités territoriales.

par les collectivités laisse à ces dernières le soin d'inscrire un budget compris entre 2 et 20 % de l'enveloppe indemnitaire distribuée aux élus, sachant que 62 % des communes n'avaient pas inscrit de budget de formation en 2018 (Acar *et al.*, *op. cit.*), contrevenant *de facto* à leurs obligations légales. L'enveloppe budgétaire disponible est étroitement corrélée à la taille des collectivités. Dans l'hypothèse où les collectivités territoriales dépensaient le plafond légal autorisé de 20 % de l'enveloppe indemnitaire, les élus départementaux et régionaux disposeraient de 6 500 euros de crédits formation par an, contre 464 € euros pour l'ensemble des élus municipaux, oscillant entre 250 euros pour les communes de moins de 500 habitants et plus de 6 000 euros au-delà des 200 000 habitants (Acar *et al.*, *op. cit.*). Aux limites intrinsèques de financement s'ajoutent des choix de renonciation lorsque les conseillers ou adjoints ne s'autorisent pas à dépenser le budget formation au regard des ressources budgétaires limitées de la commune. En situation de cumul, ils se tournent vers la collectivité mieux dotée budgétairement pour se former.

Outre leur capacité intrinsèque de financement, les grandes collectivités sont d'autant plus favorisées que les élus locaux y siégeant sont nombreux à être affiliés à un parti politique qui les encourage à faire valoir leur droit à la formation. D'autant plus que les partis politiques disposent souvent de leurs propres structures satellites de formation de sorte que les stages proposés permettent de promouvoir les positions partisanes et de faire économiquement fonctionner ces structures (Camus, 2022). Les thèmes abordés font en partie écho aux agendas et positions partisanes.

Les petites communes pâtissent d'un handicap supplémentaire : le temps et la disponibilité. Quand les élus des petites communes doivent être disponibles pour leurs administrés (palliant le manque de moyens) tout en continuant à exercer leur activité professionnelle, les élus plus engagés dans la carrière politique subissent moins cette contrainte de temps et voient dans la formation un avantage stratégique pour se perfectionner, et continuer à se professionnaliser. L'« avantage comparatif » des grandes collectivités tient aussi à leur proximité avec les lieux de formation, plus éloignés des territoires ruraux.

Le recours empirique à la formation traduit ainsi des inégalités et obstacles plus structurels dans l'accès au droit. Ce qui ne saurait occulter le fait que les parcours individuels des élus, selon qu'ils ont connu un engagement syndical, associatif, ou encore suivi des formations continues, pèsent sur leurs dispositions à l'endroit de la formation (Camus, 2022).

2.4. Une activité politique chronophage

Le temps consacré aux responsabilités politiques locales complète cette analyse de la professionnalisation. Les élus locaux doivent en effet investir du temps pour prendre en charge et articuler les quatre dimensions, qui renvoient à autant de modes de légitimité (en particulier pour les maires), repérées par Rémi Lefebvre (2011) : la construction d'une relation à la population locale (la proximité), la conduite de l'action publique, la gestion d'une identité politique et partisane, l'investissement dans d'autres arènes institutionnelles (structures intercommunales, autres collectivités, comités de pilotage, ...). Les études consacrées à l'emploi du temps d'élus locaux, à leurs façons d'investir le temps et de gérer cette ressource limitée mettent en évidence l'entreprise complexe de rationalisation d'une temporalité en partie imprévisible. Elles montrent que le cumul des mandats complexifie encore ces choix et la répartition du temps disponible. Guillaume Marrel et Laurent Godmer décryptent l'activité de fabrique collective de l'agenda de vice-présidents de conseils régionaux (Godmer, Marrel, 2014). Rémi Lefebvre traite des agendas des cumulants au regard notamment du travail de hiérarchisation et d'arbitrage des engagements (2014). La fabrication des agendas suppose un ensemble d'arbitrages liés aux contraintes de rôles, les ressources et la position des élus que les agendas doivent concilier. L'allocation du temps disponible se fait quant à elle principalement en fonction d'un arbitrage entre « terrain » et projet, présence sur le territoire et action publique (plus marginalement en fonction de contraintes partisanes, tendanciellement de moins en moins fortes).

Une enquête menée auprès des maires en Europe, publiée en 2003, faisait ressortir l'agenda des maires (tous maires confondus) (Tableau 2 *infra*).

Tableau 2 – L'« Emploi du temps » des maires

Nature de l'activité	Heures/semaine (moyenne)
Rencontres avec le conseil municipal et les adjoints	5,8
Rencontres avec l'équipe administrative	6,6
Rencontres avec les citoyens, les associations...	6,6
Cérémonies et représentations à l'hôtel de ville (mariages, réceptions...)	2,8
Débats publics, conférences, rencontres de quartiers	2
Visites de terrain dans la commune	2,8
Rencontres avec les autorités d'autres communes	2,6
Rencontres avec les représentants des autres collectivités et de l'État	2,4
Préparation individuelle aux fonctions de Maire	3,6
Activités du parti politique	1,1
Total	**36,3**

Source : Éric Kerrouche, partie française de l'enquête internationale sur les maires en Europe (POLLEADER, 2003-2004).

Si les élus les plus professionnalisés se consacrent pleinement à leurs mandats, les maires des petites communes doivent quant à eux faire preuve d'une grande disponibilité, disposant d'aides techniques et administratives limitées (Catlla, 2014), la plupart du temps un.e secrétaire de mairie à temps partiel (Vignon, 2005b). Faisant état des résultats d'une enquête conduite auprès d'élus locaux, tous exerçant alors des fonctions exécutives à plein-temps mais avec une faible expérience de leur rôle, Didier Demazière (2009) rappelle comment la saisie de l'activité politique par les agendas et emplois du temps « met en évidence des volumes de travail considérables, avec des journées très longues, des activités récurrentes les week-ends, des plages réservées à la vie privée très étroites, etc. » (p. 201). Les élus enquêtés utilisent ainsi des expressions rendant compte aussi bien de l'intensité que des difficultés qui s'attachent à leur charge : « en permanence en flux tendu », « toujours sur une ligne de crête », « je n'arrête pas d'empiler les wagons », « c'est l'embouteillage permanent », « je ne sors pas du tunnel », « je suis en apnée complet », « c'est l'asphyxie, pas d'autre mot » (p. 201). L'activité politique impose, tout du moins pour les fonctions exécutives, de pouvoir gérer un excès d'activités et de requêtes, en sollicitant leur environnement (secrétaires, cadres, assistants, consultants…).

Cette dimension chronophage, épuisante, soulève le problème de sa conciliation avec les activités professionnelles lorsque la charge n'est pas exercée à plein-temps. La question s'est posée quant à l'octroi de facilités pour les salariés, notamment ceux issus du secteur privé. Ces aménagements concernent les autorisations d'absence, droit inscrit dans la législation française, et couvrent les séances plénières de l'assemblée locale, les réunions des commissions, les réunions des assemblées délibératives et des bureaux des organismes où l'élu représente la collectivité. À ces autorisations valables pour tous s'ajoutent les crédits d'heures forfaitaires et trimestriels dont peuvent bénéficier certains élus afin d'administrer leur collectivité[12] (Tableau 3 *infra*).

Tableau 3 – Montant trimestriel du crédit d'heures (CGCT)

<table>
<tr><th>Taille de la commune</th><th>Maire</th><th>Adjoint et conseiller délégué</th><th>Conseiller municipal</th><th>Président ou vice-président de conseil départemental ou régional</th><th>Conseiller départemental ou régional</th></tr>
<tr><td>Moins de 3 500 habitants</td><td>122 h 30</td><td>70 h</td><td>10 h 30</td><td rowspan="4">140 h</td><td rowspan="4">105 h</td></tr>
<tr><td>De 3 500 à 9 999 habitants</td><td>122 h 30</td><td>70 h</td><td>10 h 30</td></tr>
<tr><td>De 10 000 à 29 999 habitants</td><td>140 h</td><td>122 h 30</td><td>21 h</td></tr>
<tr><td>De 30 000 à 99 999 habitants</td><td>140 h</td><td>140 h</td><td>35 h</td></tr>
<tr><td>Plus de 100 000 habitants</td><td>140 h</td><td>140 h</td><td>70 h</td><td></td><td></td></tr>
</table>

Source : Données issues du site Service public

S'agissant des plus petites communes, si l'empiétement de la vie publique sur la sphère privée et professionnelle se manifeste à propos des seuls mandats de

12. Si les temps d'absence dus au titre des autorisations d'absence et du crédit d'heures se cumulent, leur montant total ne saurait toutefois excéder la moitié de la durée légale du travail.

maires, il s'est considérablement renforcé avec la généralisation des EPCI à fiscalité propre en raison des nombreuses réunions (bureau, commissions, conseil communautaire...) que les présidents et vice-présidents (des maires dans la plupart des cas) organisent, coordonnent ou auxquelles ils doivent participer en journée (Vignon, 2019). La loi « engagement et proximité » du 27 décembre 2019 a prévu l'organisation, à la demande de l'élu, d'un entretien avec son employeur en début de mandat afin de mieux déterminer les modalités de conciliation entre le mandat et le métier. Elle prévoit l'inscription dans le Code du travail du principe de non-discrimination pour les élus ayant une activité professionnelle. Et l'éligibilité prioritaire au télétravail est instaurée pour tous les élus lorsque l'activité professionnelle s'y prête.

Contrairement à des pays comme l'Allemagne, la Belgique ou le Luxembourg, le droit à un congé politique n'est pas explicitement reconnu en France. Mais les élus peuvent choisir de suspendre leur contrat de travail ou d'interrompre leur activité professionnelle pour se consacrer exclusivement à leur(s) mandat(s). Ce droit de cessation est ainsi reconnu aux maires, aux adjoints au maire des communes de plus de 20 000 habitants, aux présidents des communautés, aux vice-présidents des communautés (plus de 20 000 habitants pour les communautés de communes) et aux présidents et vice-présidents des conseils départementaux.

3. DROIT ET USAGES DU CUMUL DES MANDATS : UNE INSTITUTION RECOMPOSÉE

Phénomène historique central du système politique français, le cumul des mandats a fait l'objet d'interventions successives du législateur depuis les années 1980 afin d'encadrer et de circonscrire sa pratique. Un premier type de cumul peut être qualifié de « mixte » ou « vertical » lorsqu'il vise l'exercice par des parlementaires nationaux[13] de mandats locaux (le plus souvent exécutifs). Il connaît généralement un parcours ascendant au sens où il conduit des élus locaux à briguer des mandats nationaux, utilisant le capital de notoriété, de confiance ou de sympathie accumulé à l'échelon local. Les maires urbains notamment auraient eu une propension beaucoup plus forte que les autres élus à devenir députés, bénéficiant du fait qu'une part significative voire prépondérante des électeurs de la circonscription réside dans la ville qu'il dirige (Garraud, 1989). Plus rarement, il existe des cumuls descendants lorsque des parlementaires cherchent à consolider leur ancrage politique par la conquête de fonctions politiques locales. Ce type de cumul vertical a concerné une majorité de parlementaires français, mais une toute petite minorité d'élus locaux. Pour ces derniers, le cumul est le plus souvent « horizontal » au sens où il s'agit

13. Si ce type de cumul concerne également les députés européens, ce cas de figure apparaît bien plus périphérique dans le champ politique français en termes de pratique et d'effets.

d'exercer simultanément différents mandats de niveau infranational (du municipal au régional).

Jusqu'où la détention d'un premier mandat offre-t-elle une ressource politique décisive dans la conquête d'un second se traduisant par un surcroît de suffrages récoltés ? Abel François (2006) a pu souligner que la détention de plusieurs mandats locaux exerçait une incidence positive sur la captation des ressources pour financer la campagne, tout en limitant le nombre et la qualité des concurrents. Le gain ou la perte de mandats locaux feraient varier les financements collectés par les candidats présents à plusieurs élections (François, Phelippeau, 2012). Au-delà de la facilitation de la campagne, la détention de mandats locaux procure-t-elle un surcroît de votes ? Martial Foucault (2006) a identifié une incidence « positive » du nombre de mandats cumulés sur les suffrages obtenus par les candidats aux élections législatives de 1997 pour les députés sortants maires ainsi que pour les conseillers régionaux. À partir d'une méthode différente, Bach [2011] a de son côté conclu à l'absence d'un avantage électoral, toutes choses égales par ailleurs, pour les candidats à la députation déjà maires. Il ne faut donc pas écarter l'existence d'effets électoraux, ni surestimer leur importance.

3.1. Sociohistoire d'une singularité française

Le cumul « mixte » des mandats est sans nul doute celui qui a le plus retenu l'attention, suscité le plus de commentaires, et a été au centre des projets législatifs. Né au début du XIXe siècle, il s'est progressivement institutionnalisé. Dès 1846, la Chambre des Pairs de France comporte 54 % de députés maires et/ou conseillers généraux (alors directement nommés par le pouvoir central). Cette tendance se confirme sous le Second Empire avec le système des candidatures « officielles » (Voilliot, 2005). Après le changement de régime en 1870 et à l'universalisation du scrutin, le cumul des députés reste à un niveau stable et élevé pendant toute la IIIe République (avec entre 25 et 35 % de députés-maires et entre 40 et 50 % de députés-conseillers généraux). Le cumul a d'abord concerné les partis républicains les plus conservateurs avant d'aller jusqu'aux élus communistes à partir des années 1930. La gauche tend alors à investir davantage les mairies par rapport à une droite parlementaire mieux implantée dans des conseils généraux du fait notamment d'une surreprésentation de l'électoral rural (cf. Chapitre 1). Le début de la IVe République constitua un point bas de l'histoire du cumul, avec une diminution d'environ 40 % du nombre de députés-maires par rapport à 1936, et de 25 % pour les députés-conseillers généraux. De nombreux anciens députés-notables locaux ont été exclus du jeu politique à la Libération, notamment du fait de leur soutien au régime de Vichy (Bach, 2012), et ceux qui les remplacent doivent parfaire leur implantation territoriale.

La IVe République va enregistrer un « rattrapage » progressif, avant que la Ve République connaisse une explosion des cumuls verticaux. Au début de l'année 2007, 85 % des parlementaires français cumulaient leur mandat national avec d'autres mandats électifs locaux. On recensait parmi les 908 députés ou sénateurs pas moins de 49 présidents de conseils généraux (soit la moitié des chefs d'exécutifs départementaux), 402 maires, 8 présidents de conseils régionaux (sur 22 régions métropolitaines). Seuls 136 parlementaires n'étaient titulaires d'aucun autre mandat[14]. Le cumul est devenu la règle, et le non-cumul l'exception. Depuis le XIXe siècle, la corporation des élus locaux s'est toujours employée à défendre ce système. Ceux qui s'y opposent à leur entrée en politique finissent souvent par s'y rallier au fur et à mesure de leur intégration dans le système représentatif (Marrel, 2004). Par ailleurs, la multiplication des possibilités de combinaison, avec la création des conseils régionaux (1986 dans les faits) et le déploiement continu des intercommunalités, alimente la pratique des cumuls.

L'évolution du cumul observée entre 1978 et 2010 (Tableau 4 *infra*) fait ressortir un fait paradoxal : la prévalence du cumul a fini par être supérieure au Palais Bourbon qu'au Palais du Luxembourg, du fait notamment d'une baisse significative du nombre de sénateurs-maires. Parmi les mandats locaux détenus, celui de maire ressort comme le plus fréquent, loin devant les autres (Tableau 5 *infra*).

Tableau 4 – Taux de cumul vertical au Parlement français (1978-2010) (chiffres exprimés en %)

		1978	1988	2004	2010
Députés	Cumul	79,2	90,4	84,7	83,5
	Maire	53,8	53,9	50,4	46,1
	Pdt CG	4,9	2,4	3,3	3,3
	Pdt CR	2,4	1,7	0,5	5,0
	Maire-CG	35,0	ND	8,3	6,6
Sénateurs	Cumul	94,7	84,1	74,1	71,7
	Maire	55,1	50,8	44,5	34,1
	Pdt CG	13,8	12,1	10,6	8,7
	Pdt CR	3,2	1,9	2,8	1,5
	Maire-CG	39,6	32,7	14,0	6,7

Source : Guillaume Marrel (2011)

14. Chiffres empruntés à Patrick Lehingue (2009).

Tableau 5 – **Distribution des mandats locaux des députés en 2012**

	Mandat	Députés	
		577	%
Régions	Mandat régional	63	10,92
	Président	5	0,87
Départements	Mandat départemental	113	19,58
	Président	17	2,95
Communes	Mandat communal	364	63,08
	Maire	250	43,33
Aucun mandat		96	16,64

La singularité française réside dans l'intensité exceptionnelle du cumul vertical. Ce qu'une comparaison circonscrite à quelques pays permet de mettre en exergue. En 2011, 83 % des parlementaires français exerçaient simultanément un mandat local, contre 35 % en Suède, 24 % en Allemagne, 20 % en Espagne, 7 % en Italie, 3 % au Royaume-Uni ou 0 % pour les *Congressmen* américains à Washington[15]. La moindre prévalence des cumuls mixtes à l'étranger relève d'incompatibilités juridiques et/ou de pratiques d'autolimitation des élus (cultures politiques nationales et/ou pratiques reconnues légitimes par les partis et les élus). L'interdiction générale et sans restriction du cumul des mandats est rare (le cas de la Grèce par exemple). Plus ordinairement, la réglementation des incompatibilités vise des situations particulières et circonstanciées comme un échelon territorial particulier (un parlementaire espagnol ne peut détenir un mandat régional), s'applique à un seuil de population (un parlementaire italien ne peut être maire d'une ville de plus de 20000 habitants) ou des types de responsabilités locales (un parlementaire irlandais ne peut appartenir à un exécutif local). Si l'observation des règles en vigueur ne permet pas de distinguer de ligne conductrice générale, au niveau européen comme au sein de chaque pays, une large part des explications au non-cumul sont en tout état de cause à rechercher en dehors du droit. Il peut d'agir d'un interdit coutumier, comme en Grande-Bretagne où, il est vrai, les fonctions locales sont plus honorifiques. La nature fédérale du système peut aussi introduire un cloisonnement de certains niveaux de représentation comme aux États-Unis ou en Allemagne. Dans le dernier cas, le cumul est aussi découragé par la baisse d'indemnité. Aux États-Unis, l'esprit même des institutions fait que les mandats parlementaires représentent des *full time jobs*, alors que la théorie du *trust* interdit aux individus d'être les avocats de deux parties (Marrel, 2011). Mentionnons enfin l'existence de règles et pratiques anti-cumul édictées au sein des partis politiques.

15. Source : Bach (2011).

3.2. Justifications, usages et conséquences du cumul vertical des mandats

L'institution du cumul des mandats apparaît doublement utile ou fonctionnelle aussi bien individuellement, pour les cumulants eux-mêmes, que collectivement, pour faire fonctionner les rouages du système politique.

Si nous raisonnons sur l'ensemble des cumuls, mixtes ou purement locaux, leur pratique entretient une sorte de régulation oligopolistique des arènes de la compétition électorale. Le cumul ralentit le renouvellement des titulaires des charges électives en favorisant la longévité des carrières politiques. Ce cumul s'apparente, pour une petite minorité d'élus locaux, à un facteur de professionnalisation politique (Garraud, 1989) leur procurant un nombre important de gratifications : matérielles (le cumul des indemnités), symboliques (prestige personnel), politiques (la popularité du cumulard est une ressource pour son élection ou sa réélection qui écarte les concurrents potentiels), fonctionnelles (le cumulant exerce un pouvoir en réseau qui lui permet de maîtriser et d'articuler l'échelon local et l'échelon national) (Mabileau, 1991). Il contribue au déséquilibre entre une majorité d'élus locaux, certes professionnalisés mais ne pouvant faire de la politique ni métier, ni une carrière, et une minorité d'élus pour lesquels l'accumulation des ressources réduit les risques d'une carrière élective intermittente. Selon la thèse du baobab défendue par Yves Mény (1992), la captation des ressources qu'alimente le cumul des mandats empêche les autres plantes de grandir sous leur ombre. Il renforce enfin la capacité des élus à bâtir un fief électoral, leur octroyant davantage d'autonomie par rapport aux appareils partisans.

Quelles sont les conséquences d'un tel cumul sur leur mandat ? Par le passé, dans une France toujours centralisée, le cumul député-maire pouvait apparaître comme « la condition même d'une centralisation acceptable, permettant de court-circuiter l'interminable chaîne de communications administratives verrouillée par le préfet et ses services » (Marrel, 2011, p. 115). Bien que ce bénéfice n'ait pas disparu, son importance s'est largement érodée avec le processus décentralisateur.

Lorsqu'on s'intéresse plus spécifiquement aux cumuls mixtes, leur justification repose ordinairement sur une rhétorique argumentative rodée : le parlementaire profite de son mandat local pour continuer à être dans le « réel » (garder le contact avec le terrain), collecter une information qui lui est également utile pour son activité parlementaire. Inversement, sans que cela ne puisse être aussi fortement assumé dans le discours public, l'élu local tirerait profit de son mandat parlementaire pour exprimer les besoins locaux, accéder directement aux ministères (avoir le bras long) en court-circuitant la chaîne administrative, attirer autant que possible les ressources nationales. Il s'agit là de la figure du courtier d'intérêts territorialisés. Par le passé, c'est aussi l'exercice de fonctions politiques nationales qui permettait à certains maires et/ou conseillers généraux d'équilibrer le pouvoir préfectoral (Crozier, Thoenig, 1975). La conversion (ordinaire) du cumul vertical des mandats en ressource politique ne doit pas occulter les stratégies inverses de certains *leaders* politiques locaux valorisant le fait de renoncer à briguer un (nouveau) mandat parlementaire pour se consacrer à plein-temps à leur territoire d'administration. Ce qui ne semble nullement entamer leur capacité à construire leur territoire en « fief » : Georges Frêche à Montpellier, Edmond Hervé à Rennes, Jean-Yves Le Drian en Bretagne… (Le Bart, Rangeon, 2006).

Le cumul mixte peut-il avoir une incidence sur le travail parlementaire proprement dit ? La question est d'autant plus importante que la valorisation du rôle des parlementaires dans leurs différentes fonctions (évaluation et contrôle) était l'objectif de la révision de 2008. Elle promouvait une disponibilité accrue afin de remplir la fonction parlementaire dans toute sa plénitude, quand l'absentéisme imputable à des fonctions politiques locales devenues très chronophages s'érige, en façade du moins, en obstacle. Les travaux de recherche montrent que l'équation n'est pas si simple. Lazardeux (2005)[16] a ainsi souligné la manière dont la détention des mandats locaux permettait aux députés de disposer de davantage de ressources pour poser plus de questions au gouvernement. Bach (2009) a cherché à comparer les activités des parlementaires après et avant une élection municipale afin de mesurer les conséquences qui s'attachent à la perte du mandat municipal. Il en ressortait que la détention d'un mandat local « significatif » (maire de communes de plus de 9 000 habitants, chefs d'exécutifs départementaux et régionaux) agissait défavorablement sur la présence en commission. Abel François et Laurent Weill ont entrepris une mesure économétrique de l'activité des députés français (en observant le nombre de questions, le nombre de rapports et le nombre de propositions de loi) sur la mandature 2002-2007, en considérant deux hypothèses alternatives : la détention des mandats locaux accroît l'activité parlementaire des députés (effets de complémentarité supérieurs aux effets de substitution) versus la détention de mandats locaux réduit l'activité parlementaire (effets de substitution des mandats locaux vis-à-vis du mandat parlementaire plus importants que les effets de complémentarité du cumul des mandats). Leur recherche concluait à ce que l'effet de complémentarité entre les mandats locaux et le mandat parlementaire l'emporte, dans des proportions relativement faibles, sur l'effet de substitution.

On peut également souligner l'existence d'une « fonction locale » du parlementaire, issue de la pratique et non du droit, qu'autorise le cumul. Elle représente le prolongement à l'échelon local des missions nationales du parlementaire que sont l'élaboration des lois et le contrôle de l'action gouvernementale. Celles-ci auraient leur pendant au niveau local par l'application des lois, c'est-à-dire leur suivi. C'est par le biais de son mandat local et des fonctions auxquelles ce mandat ouvre que le parlementaire peut veiller à l'application des lois aux côtés des représentants de l'État (Qazbir, 2015).

S'il n'est pas démontré que le cumul nuise à l'activité parlementaire, il peut en revanche peser sur sa nature en faisant des chambres parlementaires des lieux ouverts aux quatre vents à l'expression d'intérêts locaux. Les députés cumulants

16. Il étudie la législature 1997-2002.

peuvent par exemple concentrer leurs activités au Palais Bourbon sur les sujets qui touchent soit à leur circonscription particulière, soit à la gestion des collectivités locales en général. Le « lobbying » dans les murs prolonge dans l'enceinte parlementaire les jeux d'influence et de négociation précédemment engagés par les associations d'élus locaux auprès de l'Exécutif. Ce qui aboutit souvent à neutraliser les mesures les plus contraignantes et innovantes d'un texte comme en attestent les exemples de la loi ATR de 1992 (Guéranger, 2008), ou de la loi LOADT de 1995 portant création des Pays. Ce tropisme localiste des parlementaires a été dénoncé en entretien par Philippe Séguin, alors président en exercice de l'Assemblée nationale [1993-1997] : « Il y a malheureusement, de plus en plus de députés pour lesquels le mandat national n'est qu'un mandat d'appoint, ou, pis, un relais ou un moyen d'action pour leur mandat local [...]. J'ai longtemps été hostile au mandat unique, mais je bats ma coulpe, aujourd'hui, pour avoir été trop péremptoire. Parce que, finalement, l'Assemblée nationale me paraît devenir, de plus en plus fréquemment, un champ clos pour l'affrontement de lobbies locaux et régionaux et qu'il y a de moins en moins d'élus nationaux seulement porteurs de la valeur nationale et de la fonction d'État. » (*Le Monde* le 12 janvier 1994).

3.3. L'encadrement législatif ou la déstabilisation des seuls cumuls renforcés

L'histoire contemporaine de la réglementation du cumul des mandats est allée dans le sens d'un renforcement progressif de la limitation. Il vise en priorité le cumul dit « vertical. Son rôle fonctionnel passé, d'équilibre et de régulation, s'efface. En limitant les cumuls existants, il s'est agi de tirer les conséquences de la décentralisation, de prendre en compte l'accroissement de la charge du travail parlementaire, et enfin de moderniser la vie politique française (Rangeon, 2016).

La philosophie des lois adoptées encadrant les cumuls, en France comme ailleurs, est celle de l'incompatibilité et non celle de l'inéligibilité. L'inéligibilité exclut de se présenter, quand l'incompatibilité autorise les élus à candidater à plusieurs élections et les presse de se défausser *in fine* du mandat de trop. Alors que les candidats – élus ou non – qui se présentent à plusieurs élections sont très nombreux, l'observation de scrutins départemental et régional organisés simultanément en juin 2021 montre que le cumul des candidatures, et non des mandats, peut représenter le cas échéant un palliatif pour une formation politique éprouvant des difficultés récurrentes à recruter. Ainsi, deux tiers des candidats qui se sont présentés aux deux élections étaient présentés par le RN[17], soit 23 % de l'ensemble de leurs candidats.

17. 21,6 % sont classés à gauche ou écologistes, et 2,5 % à droite (LR, UDI, DVD, DVC).

Une loi inédite mais prudente

Avec la loi organique du 30 décembre 1985 (appliquée en 1988), le législateur a déstabilisé les cumuls renforcés tout en systématisant les cumuls simples parmi les parlementaires (Marrel, 2011). Était désormais autorisée la détention d'un mandat parlementaire (les mandats de députés et sénateurs étant incompatibles entre eux) avec l'exercice d'un seul autre des mandats ou fonctions ci-après : député européen, conseiller régional, conseiller général, conseiller de Paris, maire d'une commune de plus de 20 000 habitants, adjoint d'une commune de plus de 100 000 habitants. Pour la grande majorité des élus locaux, non parlementaires, le texte limitait à deux le nombre des fonctions et mandats susceptibles d'être exercés simultanément, parmi ceux autorisés aux parlementaires dans la limite d'un seul par la loi organique. Par ailleurs, les présidences de conseils généraux et des nouveaux conseils régionaux étaient déclarées incompatibles. Il n'est pas neutre que les associations d'élus locaux aient été étroitement associées à la discussion du texte pour en comprendre le rabotage, sans compter les amendements sénatoriaux. Ces derniers ont exclu les mandats de conseiller siégeant dans les communautés urbaines, et davantage encore, ont relevé le seuil démographique à partir duquel un mandat de maire intégrait les cumuls visés (de 9 000 à 20 000 habitants). Le fait que de très nombreux sénateurs soient eux-mêmes maires de petites ou moyennes communes n'y est pas étranger.

De la mise en œuvre de la loi de 1985, qui remettait momentanément en circulation un certain nombre de mandats, est ressortie une hiérarchie renforcée des fonctions politiques locales. Le mandat de maire – d'une ville de plus de 20 000 habitants puisqu'elles seules sont alors concernées par la limitation du cumul – a toujours été conservé à quatre défections près. Il ressort comme une ressource essentielle de l'implantation locale. Pour le reste, la préférence fut nettement accordée au mandat départemental plutôt qu'au nouveau mandat régional : les conseils généraux perdaient seulement 99 de leurs membres (1,9 % des conseillers généraux) quand les conseils régionaux essuyaient une hémorragie avec 156 retraits (soit 8,5 % des conseillers régionaux) (Tableau 6 *infra*). La valeur accordée aux mandats régionaux peut apparaître stratégique pour certaines formations politiques émergentes ou en voie de consolidation[18], elle ressort moins déterminante que pour d'autres mandats dans le cas des formations politiques les plus centrales.

18. L'élection régionale est l'une des rares qui permettent à des formations émergentes (Chasseurs) ou en voie de consolidation (FN, écologistes, Modem) d'accéder à un ensemble de responsabilités et de rétributions (Lehingue, 2010).

Tableau 6 – Démissions en application de la limitation du cumul des mandats à la suite des élections de 1988-1989

Mandat	Législatives 1988	Cantonales 1988	Municipales 1989	Européennes 1989	Sénatoriales 1989
Député	1	-	-	1	-
Parlementaire européen	3	2	1	4	-
Conseiller régional (y compris corse)	82	29	27	4	16
Conseiller général (y compris les conseillers de Paris)	65	1	28	1	5
Maire de ville de plus de 20 000 habitants	2	2	-	-	-
Adjoint au maire d'une ville de 100 000 habitants et plus	9	8	2	-	1

Source : ministère de l'Intérieur

Aller un peu plus loin dans la limitation des cumuls

Pour Pierre Sadran (1989), la loi de 1985 « ne fut nullement un remède mais un moyen de lui [le cumul] redonner son tonus en le débarrassant de l'excès pondéral qui finissait par l'emporter » (p. 80). Promesse de campagne présidentielle de Lionel Jospin en 1995, le projet d'un encadrement législatif renforcé des cumuls a dû attendre la promulgation des deux lois organiques du 5 avril 2000[19] pour devenir réalité. Dorénavant, il était interdit d'exercer simultanément deux fonctions exécutives locales, alors qu'une seule est déclarée incomptable avec le mandat de député européen. L'interdiction faite à ce dernier de cumuler avec une fonction exécutive locale sera rapidement levée par la loi n° 2003-327.

Désormais, le mandat de conseiller municipal d'une commune de plus de 3 500 habitants est intégré à la liste des mandats visés par les limitations lorsqu'il s'agit de cumuls purement locaux. En revanche, le mandat local que peuvent détenir les parlementaires ne prend pas en compte les communes de moins de 3 500 habitants de sorte qu'un député ou sénateur peut être à la fois être conseiller régional ou général, et maire d'une petite commune. Ceci illustre le système asymétrique de contraintes selon que le cumul est mixte (national/local) ou exclusivement local. Tout concourt à encourager, ou du moins ne pas décourager le premier, alors que le second ne bénéficie pas du même appui (Troupel, 2009). Le projet initial d'interdire aux parlementaires de présider un exécutif local a ainsi été supprimé en cours de lecture, quand les élus locaux ne

19. Loi organique n° 2000-294 du 5 avril 2000 relative aux incompatibilités entre mandats électoraux et loi n° 2000-295 du 5 avril 2000 relative à la limitation du cumul des mandats électoraux et des fonctions électives et à leurs conditions d'exercice.

peuvent plus exercer qu'une seule fonction exécutive. Ces données se trouvent néanmoins faussées par l'exclusion des EPCI du champ visé par la limitation du cumul. Ce qui permet d'enrichir dans les faits les combinaisons de cumul, les EPCI étant majoritairement présidés par des maires (cf. Chapitre 2). Le cas échéant, un président de conseil – département ou régional – continue d'assumer un *leadership* intercommunal à l'image de Georges Frêche en 2004 ou de Christian Estrosi en 2015, à la suite de leurs élections respectives comme présidents des conseils régionaux du Languedoc-Roussillon et de Provence-Alpes-Côte d'Azur.

Cette asymétrie entre cumul mixte ou purement local trouve une illustration supplémentaire avec la gestion de sortie d'une situation de cumul. Les parlementaires nationaux disposent de 30 jours à compter de l'élection pour choisir librement le mandat qu'ils abandonnent (à défaut de choix, le mandat acquis le plus récemment est perdu). Les cumulants locaux sont eux plus contraints. Pour lutter contre le phénomène des démissions en cascade au lendemain des élections (Parlement européen en particulier), prévaut désormais la règle de l'abandon du mandat le plus anciennement acquis. Tout renoncement au dernier mandat obtenu se traduit par la perte automatique d'un siège précédemment emporté (perte de deux mandats). Les cumulants locaux ne retrouvent une liberté de choix que lorsqu'ils acquièrent un siège à la suite de la démission d'un colistier (situation de cumul non choisie), ou lorsqu'ils obtiennent un siège dans une commune de moins de 3 500 habitants (abandon du mandat de son choix).

Un cumul vertical amputé, des cumuls horizontaux préservés

Au regard de la prudence et des renoncements précédemment observés, l'adoption de la loi organique du 14 février 2014 a fait figure de petite révolution. Sa colonne vertébrale est moins d'interdire le cumul des mandats que celui des fonctions, intégrant désormais les fonctions communautaires. Si le rapport *Pour un renouveau démocratique* commandé à Lionel Jospin (2012) avait préconisé son entrée en vigueur dès les élections municipales de 2014, le législateur préféra la reporter aux élections législatives de 2017. À compter de cette date, il n'est en effet plus possible pour un parlementaire d'exercer simultanément une fonction exécutive locale, aussi bien du côté des collectivités territoriales (maire ou maire-adjoint, président ou vice-président de conseil départemental ou régional) que des EPCI (président ou vice-président). Une seconde loi du 14 février 2014 posait les mêmes incompatibilités pour les députés européens. Désormais, députés et sénateurs peuvent détenir un mandat de simple conseiller municipal, intercommunal, départemental ou régional, au nom de la sauvegarde du « lien de "proximité" entre l'élu et ses électeurs » (Borgel, 2013, 24). L'hypothèse du mandat unique avancée en 2008 par le rapport d'E. Balladur, *Une Ve République plus démocratique*, est ainsi écartée. Le débat parlementaire autour de cette loi, votée dans un contexte où le cumul ressortait de plus en plus comme une déviance démocratique, a été nourri d'oppositions partisanes (gauche et droite) et camérales (Assemblée nationale et Sénat). À l'Assemblée nationale, un scrutin public fut demandé afin de contraindre les députés à assumer publiquement leur vote.

L'anticipation quant à l'effectivité de la loi s'est révélée modeste. Aux élections municipales de 2014, 180 des 230 députés-maires ainsi que 94 des 123 sénateurs-maires ont choisi de se représenter, en promettant parfois de ne pas candidater aux prochaines élections parlementaires. Les élections départementales de mars 2015 n'ont pas davantage enregistré de bouleversements, même si avec le nouveau mode de scrutin binominal (cf. partie 1) et les anticipations dissuasives pour la majorité socialiste, les cumuls départementaux ont diminué de 55 % à l'Assemblée nationale, et de 25 % pour ce qui concerne les présidences des conseils départementaux. Les élections régionales de décembre 2015 voient quant à elles 107 députés et 52 sénateurs se porter candidats sur les listes (31 parlementaires sont désignés têtes de liste).

Les résultats aux élections législatives de 2017 proviennent de la mise en œuvre effective de la législation anti-cumul, des anticipations de la défaite annoncée de la majorité sortante (repli sur les responsabilités locales) et du renouvellement porté par le camp d'Emmanuel Macron. À l'issue du scrutin, plus de 74 % des députés quittent l'assemblée, soit 427 élus, dont 176 « disparaissent » de la vie politique. 251 se replient sur leurs mandats locaux (le plus souvent des fonctions exécutives), quand 130 députés sortants sont réélus (dont 87 en position incompatible). Parmi les nouveaux députés, 193 sont des élus locaux, dont 136 en position incompatible. Ce sont donc en tout 223 députés qui sont invités à démissionner de leurs fonctions exécutives (Marrel, 2021). Au Sénat, suite au renouvellement de septembre 2017, ils sont 138 dans cette situation.

À en croire une enquête de l'Ifop publiée en 2021[20], les Français auraient quelque peu évolué sur le cumul des parlementaires. Majoritairement favorables à une stricte limitation par le passé, 57 % auraient répondu favorablement à la possibilité de cumuler un mandat national avec la fonction exécutive de maire pour les communes de moins de 10000 habitants, mais sans le cumul des indemnités. Cette évolution de l'opinion des Français ferait écho à la période récente et à l'idée de députés hors sol (nouvellement élus en 2017 et souvent sans carrière politique locale).

Autant le cumul vertical des mandats s'est trouvé singulièrement limité, autant le régime du cumul horizontal – entre mandats exclusivement locaux – est ressorti inchangé. Certes, un élu local ne peut être titulaire de plus de deux mandats électoraux. Mais à la différence du cumul vertical, ni la détention d'un mandat communautaire ni l'exercice d'une fonction exécutive intercommunale n'entrent dans le champ des incompatibilités, et pas davantage dans celui des limitations. Malgré son importance croissante, l'intercommunalité continue de ressortir comme une franchise préservée. Ce qui a permis un renforcement des

20. L'enquête a été menée auprès d'un échantillon de 1012 personnes, basée sur la méthode des quotas (sexe, âge, profession de la personne interrogée) après stratification par région et catégorie d'agglomération. Les interviews ont été réalisées par questionnaire auto-administré en ligne du 22 au 23 juin 2021.

cumuls chez les élus communautaires, ou symétriquement, chez d'autres élus accédant à des fonctions communautaires comme le montre une étude réalisée par *Intercommunalités de France*. Dans la suite des élections municipales de 2020, le pourcentage d'élus communautaires exerçant un mandat régional est passé de 17 % à 22 %. De même, le pourcentage des élus exerçant un mandat départemental a bondi de 22 % à 30 %. Parmi les 11 667 présidents et vice-présidents des 1 265 intercommunalités et établissements publics territoriaux (EPT), 384 exercent un mandat régional et 1 184 un mandat communal. 511 présidents ou vice-présidents d'intercommunalité sont également présidents ou vice-présidents de leur région ou de leur département. Sur les 253 présidents et vice-présidents de région élus en 2021, 55,7 % d'entre eux exercent un mandat communautaire, et 39,9 % sont membres d'un bureau d'intercommunalité.

Chapitre 6

Les élus et le territoire : ancrage, proximité(s), participation et gouvernance

Nombreux sont les travaux français à avoir insisté sur la façon dont la référence à l'identité territoriale participait à la construction d'un lien entre représentants et représentés, dessinant les contours de ce que Christian Le Bart et Sébastien Ségas (2020) nomment un « régime de territorialité identitaire ». Entrepreneurs identitaires, les élus locaux activent et mettent en scène « des marqueurs identitaires collectifs puisés dans la culture, l'histoire et la géographie locales, mettent en scène la singularité du territoire qu'ils représentent et convoquent un « esprit des lieux » qui serait propre à la communauté qu'ils prétendent incarner » (*Ibid.*, p. 12). Cette entreprise est aussi bien le fait des autochtones originaires du territoire que, plus surprenant, d'autochtones surinvestissant de manière zélée la « symbolique de l'autochtonie » (Bozon, Chamboredon, 1980) dans une forme de compensation. Mais qu'en est-il de l'ancrage proprement dit des élus locaux dans leur territoire et des activités qu'ils y déploient ? C'est à ces questions que seront consacrés les prochains développements.

1. DES ÉLUS LOCAUX ANCRÉS DANS LEUR TERRITOIRE

Il existe une forme d'enracinement patrimonial de l'élu qu'objective son appartenance à des réseaux locaux. L'éligibilité, qualité avant tout relationnelle, est intimement liée à une forte inscription dans le territoire comme l'a souligné l'anthropologue Marc Abélès : « J'entends par éligibles les individus en qui les membres d'une société locale peuvent se reconnaître des représentants légitimes, et cela ne tient pas uniquement aux qualités et compétences attribuées à ceux-ci. Le processus de reconnaissance porte [...] sur l'affiliation réelle ou présumée de ces individus à l'un ou l'autre des réseaux qui trament la vie politique locale » (1989, p. 101). Cette inscription peut être stimulée par l'appartenance à des réseaux familiaux ou compagnonnages anciens, être liée à une multipositionnalité dans les structures clés de la société locale (syndicats agricoles, chambres de commerce, associations de parents d'élèves, sociétés de chasse...) ou à la direction de structures (clubs de sport, associations...). Autant de ressources convertibles en titres symboliques de légitimité et en succès électoral. Marc Abélès a également insisté sur la présence de logiques d'héritage avec des phénomènes de filiation, parfois quasi dynastiques. Ces phénomènes sont principalement observés à l'échelle communale, avec des exemples bien connus pour certaines grandes villes : les Baudis à Toulouse, les Baroin à Troyes, les Médecin à Nice... Mais à la filiation classique (héritage familial) s'ajoute une filiation par cooptation (Garraud, 1989) à travers une dévolution successorale du pouvoir municipal (l'élu transmet sa fonction à son dauphin). Les phénomènes locaux d'identification – poids de l'histoire, des réseaux, des familles – font qu'on est légitime aux yeux d'une population pour être élu. Cette politique locale et personnelle relativise l'idée d'un choix démocratique motivé par les seuls enjeux programmatiques.

Alors que l'inscription dans le territoire est convertible en capital d'éligibilité, l'élu-notable exerce aussi sur son territoire une emprise affective et symbolique. Malgré tous les clivages qui fragilisent la représentation politique (professionnalisation, fossé culturel ou générationnel, différentiel de niveau de vie, etc.), le notable incarne le territoire à travers tout un travail symbolique visant à désamorcer ces clivages et à mettre en exergue l'identité territoriale : le notable apparaît comme un « élu-du-sol » (Abélès, 1989) cherchant à activer la mémoire identitaire locale (nom du territoire, patrimoine historique ou naturel, figures locales, équipements, spécialités locales). Il doit à la fois démontrer son insertion dans les réseaux décisionnels les plus sélectifs et les plus centralisés – avoir le bras long – tout en soignant son ancrage local au sein de la population à laquelle il se dévoue.

La question de l'ancrage des élus a été analysée en recourant au concept de « capital d'autochtonie, concept forgé par Jean-Noël Retière dans ses travaux sur une commune ouvrière (1991, 1994, 2003), qui se réfère lui-même à la question de l'autochtonie mobilisée antérieurement par Jean-Claude Chamboredon et Michel Bozon (1980). Il ressort comme une déclinaison spatialisée du concept de capital social tel que réagencé par Pierre Bourdieu (1979, 1986)[1]. En cohérence avec une approche relationnelle, le « capital social » s'est en effet décliné – au risque d'une inflation tous azimuts – en espèces et sous-espèces variables en fonction des contextes sociaux d'accumulation et d'usage (Ripoll, 2023). Comme le retrace Fabrice Ripoll (*Ibid.*), le concept de « capital d'autochtonie » a connu, à partir des années 2000, une audience croissante et des déplacements, s'appliquant aux classes populaires rurales (Renahy, 2005), aux petits artisans (Mazaud, 2010), aux chasseurs (Mischi, 2012), jusqu'aux classes supérieures lorsqu'il s'est agi d'articuler les questions de « mobilité » dans le cadre d'une réflexion collective sur « la dimension spatiale des ressources sociales » (*Regards sociologiques*, 2010).

Alors que Jean-Noël Retière a souhaité questionner la place centrale que revêtent, pour les classes populaires, le fait et/ou le sentiment d'appartenir à l'espace local dans la participation à la vie publique, étudiant ces dynamiques d'enracinement et, derrière, de hiérarchisations locales et symboliques, Nicolas Renahy en a proposé une définition minimale élargie. Le capital d'autochtonie recouvre « l'ensemble des ressources que procure l'appartenance à des réseaux de relations localisés. Il s'agit de nommer des ressources symboliques, symboliques en ce qu'elles ne tiennent ni d'un capital économique, ni d'un capital culturel, mais d'une notoriété acquise et entretenue sur un territoire singulier. Un tel ensemble désigne des formes pratiques de pouvoirs, puisque le fait d'appartenir à un groupe d'interconnaissance n'est pas une donnée neutre, mais est au contraire susceptible d'avoir un poids social permettant de se positionner avantageusement sur différents marchés (politique, du travail, matrimonial, associatif, etc.) » (Renahy, 2010, p. 9). Étudiant les catégories supérieures, Anne-Catherine Wagner (2010) fait de « l'inscription de longue date dans des cercles d'interconnaissance et d'interreconnaissance où s'entremêlent d'une manière souvent indissociable alliances d'intérêts et liens de famille » (p. 97) une ressource autochtone. Initialement pensé par les chercheurs comme un capital populaire, le « capital d'autochtonie » a ainsi été étendu à d'autres groupes sociaux.

Évoquer le capital d'autochtonie pour étudier plus spécifiquement les élus locaux, leurs ressources et leur positionnement, c'est mettre l'accent sur la connaissance du territoire et de ses habitants, la maîtrise de la mémoire du lieu, le fait de connaître tout le monde et d'être connu en retour. Ce sont là autant de dimensions convertibles en ressources électorales en milieu rural du fait de la forte superposition des scènes professionnelles, familiales et politiques (Barone et Troupel, 2008 ; Politix, 2008 ; Études rurales, 2019).

Le capital d'autochtonie peut aussi bien être associé à d'autres capitaux pour construire une éligibilité – diplôme, prestige (capital culturel), revenu, patrimoine –, qu'opérer seul, notamment dans communes rurales où l'on observe un découplage de l'éligibilité et d'une position dominante, à l'image des maires agriculteurs (cf. Chapitre 4). Les « néo-ruraux » ont d'ailleurs eu du mal à accé-

1. Pierre Bourdieu identifie quatre capitaux : économique, culturel, social et symbolique.

der aux fonctions électives alors qu'ils étaient souvent mieux « dotés » en capitaux culturels et économiques. Sous l'effet des transformations démographiques et socio-économiques de certains territoires ruraux (nouveaux résidents issus des centres urbains, déclin numérique des effectifs agricoles, restructurations des modes de sociabilité…) s'opère cependant une reconfiguration des mécanismes de la représentation politique. Le capital d'autochtonie peut ainsi être déclassé par un processus de valorisation des compétences gestionnaires (Vignon, 2021). L'accroissement du nombre d'élus appartenant aux catégories moyennes et supérieures dépourvues d'attaches « locales » témoigne effectivement d'une certaine détérioration des mécanismes infra-politiques qui, traditionnellement, dans les villages où l'interconnaissance était généralisée, régulaient l'accès au rôle de maire et excluaient les individus et catégories sociales non conformes aux normes dominantes.

Encadré 1
Un glissement des registres de légitimité mayorale dans les petites communes

Dans son enquête sur les maires des petites communes de Picardie (2011-2021), Sébastien Vignon montre comment dans la construction de l'éligibilité, des compétences gestionnaires sont susceptibles de compenser un déficit d'ancrage territorial. Cette transition correspond à un lent processus d'obsolescence du « capital d'autochtonie » qui profite le plus souvent aux catégories sociales supérieures et moyennes en raison de la présomption de compétence dont ils jouissent. L'enracinement local est d'ailleurs devenu un des éléments de différenciation les plus significatifs entre les représentants du monde agricole et les autres élus issus des autres catégories socioprofessionnelles. D'après les résultats de son enquête par questionnaire, à peine 16 % des agriculteurs ne peuvent se prévaloir d'aucune attache familiale dans la commune qu'il administre, ce qui est le cas d'un peu plus de 60 % des cadres, professions intellectuelles supérieures et des professions intermédiaires. La transmission héréditaire des mandats est le plus souvent à mettre à l'actif d'élus exerçant une profession qui se caractérise par une forte hérédité sociale. Elle est ainsi trois fois plus fréquente chez les exploitants agricoles : un peu plus du tiers compte au moins un membre de sa famille et/ou belle-famille parmi les anciens maires de la commune qu'il administre. L'engagement politique de certains agriculteurs s'enracine effectivement dans une tradition familiale. Pour des élus qui ne bénéficiaient pas d'un ancrage territorial, l'activisme associatif et les pratiques qui en découlent ont constitué un vecteur de leur intégration locale et permis l'élargissement de leur notoriété au sein du village en leur procurant une visibilité dans l'espace de sociabilité locale. C'est par leur engagement sur les scènes associatives locales que ces maires trouvent leur fondement de leur appartenance locale. Néanmoins, les croisements statistiques effectués démontrent que les édiles « allochtones » (26,7 %) sont un peu plus nombreux que ceux pouvant se prévaloir d'attaches familiales (22,5 %) dans le village à n'avoir adhéré à aucune association municipale avant d'accéder à la fonction mayorale. L'élection de nouveaux résidents, sans aucun lien familial dans le village, occupant des professions socialement « valorisantes » (cadres supérieurs, ingénieurs par exemple) et recrutés pour leur profil d'« experts » de l'action publique locale témoigne de la prédominance d'une légitimité à dominante technique (connaissance des dossiers, insertion dans des réseaux politico-administratifs, mise en forme de projets). La mise en valeur des origines locales, longtemps référence obligée pour accompagner une présentation de soi soucieuse d'articuler les compétences sociales avec les ressources de la mémoire communautaire (Le Bart, 2003), se trouve désormais concurrencée par une notoriété construite ailleurs et autrement. On observe un retrait progressif des groupes sociaux dont le capital politique, structuré essentiellement autour des formes classiques du dévouement (présence sur le terrain, disponibilité, services individualisés, médiation entre les administrés, etc.), se révèle de moins ajusté aux exigences croissantes de la gestion municipale qui privilégie les savoir-faire gestionnaires (appréhension technique des projets, management). Ce glissement est, pour la période la plus récente, renforcé par la consolidation des intercommunalités. Elles font un peu plus primer encore la compétence et l'efficacité sur les valeurs du « dévouement » familier, encore visibles sur le terrain communal. La capacité des élus à mobiliser des registres techniques, des ressources décisionnelles professionnalisées, et à transcender les clivages partisans, devient une ressource précieuse pour porter et orienter les décisions et dossiers communautaires (Vignon, 2004, 2010).

Si tous les candidats sont portés à revendiquer un lien avec le territoire qu'ils entendent représenter, cet attachement sera d'autant plus crédible que le candidat y est implanté localement de longue date. Ce qui permet de dessiner un axe qui va de l'autochtone (l'implanté) au parachuté (l'allochtone), présentant un cursus honorum inversé (par rapport au cursus ascendant), du centre vers le local (Dolez et Hastings, 2003) : implantation provinciale ou locale de ceux qui occupent des positions au sommet de l'État (ministre, collaborateur de cabinet), des positions dans les instances centrales d'un parti ou de ceux qui bénéficient d'une popularité médiatique nationale. On peut citer quelques parachutages « célèbres » : candidature de Jean-Louis Borloo en 1989 à Valenciennes, territoire en crise qui se cherche un « sauveur » ; candidature de l'ancien Premier ministre Raymond Barre en 1995 à Lyon ; candidature d'Alain Juppé, précédemment adjoint à la mairie de Paris, en 1995 à Bordeaux ; candidature de Jack Lang à Blois… Leur notoriété ne saurait occulter la relative rareté de ce phénomène au regard du nombre d'élus locaux.

Au stigmate du parachutage agité par les autochtones contre l'allogène, à qui on reproche son éloignement, sa méconnaissance des dossiers locaux, voire son opportunisme, les parachutés n'hésitent pas à opposer l'offrande d'un capital relationnel à la société locale (Cadiou, 2009b). Le parachuté cherche ainsi à retourner les stigmates en présentant son extériorité comme un atout pour le territoire : attirer des financements, négocier l'implantation locale de grandes entreprises. La détention d'un capital relationnel extérieur ne les dispense pas d'un travail visant à (dé)montrer un lien avec le territoire qu'il entend conquérir et représenter par des moyens divers : chercher dans un passé lointain des attaches locales (vacances familiales, études) ; mobiliser le registre de l'émotion (coup de foudre pour le territoire) ; respecter les traditions locales (carnaval, fêtes populaires) ; prendre contact avec les milieux sociaux influents localement ; laisser une place aux prétendants locaux mis à l'écart (poste de co-listiers) (*Ibid.*).

2. PROXIMITÉ ET ÉCHANGES CLIENTÉLAIRES

Bien que la notabilisation demeure un processus persistant, résultant de la fonction et de l'établissement d'un réseau dense et complexe de relations, elle s'accompagne d'autres registres de légitimation comme la proximité et les échanges clientélaires.

2.1. Un impératif de proximité

Alors que « les ressources constitutives des positions de surplomb jadis revendiquées par les politiques sont démonétisées », selon les mots de Christian Le Bart[2], l'imaginaire politique autour de la proximité, avec ses déclinaisons pratiques, bénéficie au contraire d'une aura positive. Tout en soignant sa réputation et son ancrage dans des réseaux partisans et sociaux, le maire doit par exemple apparaître comme un homme de terrain, afficher un discours de la proximité, de la concrétude, de l'écoute, de la disponibilité, de la réactivité immédiate, de l'attention à l'individu lambda et à ses difficultés quotidiennes… Christian Le Bart et Rémi Lefebvre (2005, 2005b) ont souligné cette généralisation de la thématique de la proximité comme nouvel instrument de légitimation du personnel politique. Il ne suffit plus d'être un notable traditionnel, c'est-à-dire une personne connue et reconnue de tous en raison de son statut socio-économique, mais il faut également être capable de prendre en compte le réel, d'être proche des préoccupations quotidiennes des gens, d'être prêt à dispenser des services ponctuels à des publics atomisés. Il faut une certaine dose de proximité pour être un notable (être dans le relationnel avec certains individus qui constituent une sorte de clientèle), mais il faut également se montrer proche des préoccupations diverses et variées de tous ses électeurs, et être prêt à adopter des politiques localisées en fonction des demandes ponctuelles (et pas seulement être connu de tous, fort d'une réputation assise) pour être un ou une élu.e légitime. « Notable » ne rime donc pas nécessairement avec « proximité » : avec la professionnalisation croissante des élus, avec leur attachement à adopter des politiques publiques relatives à un intérêt général, être un notable et un professionnel de la politique sont devenus complémentaires, avec simplement l'idée d'une activité relationnelle plus poussée chez le notable (Le Bart, 2005). Mais le maire d'une grande ville peut être un notable sans afficher un discours de proximité, sans être un homme de terrain, prêt à répondre aux multiples demandes sectorielles qui l'assaillent quotidiennement. De même, on peut être dans la proximité sans être un notable à l'image du discours des femmes profanes. Ce qui caractérise la figure traditionnelle du notable, c'est qu'il se constitue une clientèle de fidèles stable quand l'élu qui est dans la proximité n'a de cesse de mettre en place des prestations individualisées, sans relation intégratrice d'attachement, sans fidélisation : « Le néoclientélisme d'aujourd'hui échappe à cette fonctionnalité : il s'épuise en services ponctuels à destination de publics atomisés » (Le Bart, 2005 : 22).

2. Extrait d'un article publié en ligne dans *Le courrier des maires* (publié le 17 juin 2021).

L'investissement du territoire (le travail de terrain), qui passe par une implication personnelle constitue, aux yeux des élus eux-mêmes (dimension de croyance) à la fois une ressource politique qui permet de fonder une légitimité et une contrainte de rôle (il faut « prendre le pouls de la population », être en prise « avec la réalité du terrain). Rémi Lefebvre (2005) a distingué la proximité protocolaire (la présence dans les cérémonies) de la proximité informelle (être au contact quotidien de la population).

La « politique de la présence » (Cadiou, 2009) se déploie à partir d'activités qui réclament et manifestent la présence physique de l'élu dans la vie locale. Il peut s'agir d'une proximité protocolaire lorsque l'élu participe à toute une série de cérémonies plus ou moins ritualisées et qui scandent la vie locale : inauguration, réception, commémoration. La présence se suffit parfois à elle-même, même si ces évènements constituent l'occasion de communiquer. Ici, les élus incarnent une institution, une communauté, endossent le rôle (y compris parfois son costume). La proximité est paradoxalement faite ici de « distance » (sociale) (Douillet, Lefèbvre, 2017), quand la proximité informelle, *a contrario*, rapproche les élus de leurs administrés. Les élus font ainsi régulièrement la démonstration de leur disponibilité en investissant des lieux et des moments de la vie quotidienne de leurs administrés : entreprises, écoles, lieux associatifs, évènements festifs, rencontres sportives (y compris quand on n'aime pas spécialement les sports concernés), marchés… Ils montrent leur proximité avec leurs administrés (dont ils partagent les pratiques) avec lesquels ils peuvent échanger (gage d'écoute) sur un ton non protocolaire. Le médium est souvent le message : ce qui est échangé discursivement a souvent moins d'importance (même si les interpellations peuvent être suivies d'effets) que le fait d'être présent, proche et à l'écoute. Il y a là une part de communication phatique[3] destinée à maintenir le contact, à garder ouverts les canaux de communication.

2.2. Échanges et clientélismes dans le territoire

À cette politique de la présence précitée s'ajoute une proximité de type « clientéliste », faite d'échanges avec des individus et des groupes sociaux. L'histoire, comme la visée scientifique du concept de clientélisme, repose sur l'idée que les rapports politiques locaux ne peuvent être réduits aux institutions formelles, mais qu'il faut s'attacher aux liens politiques informels. Ce qui explique l'importance originelle des travaux anthropologiques pour mettre au jour cette informalité, notamment dans l'étude des sociétés méditerranéennes, avant que la science politique s'y intéresse davantage à partir des années 1970. Le travail politique se nourrit ordinairement de rapports d'interconnaissance, entraînant des échanges, faveurs, aides pour accéder à des informations ou à des services, et débouche sur des obligations et des formes de réciprocité (Combes, Vommaro, 2015). L'inscription dans l'espace local d'un élu passe par sa connexion à des réseaux et milieux sociaux avec lesquels il crée les conditions d'un

3. L'expression « communion phatique » vient de l'œuvre de l'anthropologue Bronislaw Malinowski (1884-1942), qui voulait décrire les fonctions sociales du langage.

échange politique : soutien des élus aux acteurs/groupe sociaux versus soutien des acteurs et groupes sociaux à l'élu. Jean-Louis Briquet et Frédéric Sawicki (1998) rapportent le clientélisme à une distribution de ressources publiques (logement, emplois, avantage divers) résultant d'une relation personnalisée. Cette dimension a été historiquement très présente dans l'étude du *bossism* états-unien, avec une machine politique qui, pour gagner les élections, mobilise des clientèles dans le cadre de relations personnelles et de solidarités ethniques. La fidélisation des clientèles repose alors sur la distribution d'incitations matérielles, et notamment des emplois publics (Bonnet, 2010).

En France, cette dimension clientéliste a été particulièrement analysée dans les recherches que Cesare Matina (2016) a consacrées à la ville de Marseille et dans lesquelles il entendait mettre à jour les pratiques « informelles et officieuses, et souvent cachées à l'observation du chercheur » (p. 37). À partir d'observations ethnographiques, d'explorations archivistiques, d'entretiens, son travail étudie les relations d'échange qui se nouent entre des élus locaux marseillais (le maire et son entourage) et des individus, des familles, voire des groupes sociaux (groupes socioprofessionnels, ethniques, religieux). Cesare Mattina décrit les relations basées sur la distribution par le pouvoir local de biens matériels (emplois dans la fonction publique territoriale, logements sociaux, travaux dans une rue, etc.) ou symboliques (une reconnaissance notabiliaire, des lieux de souvenir pour certaines communautés, etc.). En retour, les récipiendaires de ces biens s'inscrivent dans une relation de loyauté vis-à-vis du maire qui se traduit par un soutien politique. Mais il faut ici distinguer les relations de fidélité à long terme qui se tissent entre notables et clients, et les négociations ponctuelles qui s'établissent entre des hommes politiques et des « courtiers en vote » qui peuvent proposer « des voix en échange de services, mais aussi les faire retirer et les déplacer ailleurs en cas de mésentente, de désaccord ou de rupture » (Mattina, 2016 ; p. 142). Ce type de courtage apparaît davantage comme une composante de la vie politique marseillaise qu'une pratique répandue dans tous les territoires.

Ce courtage a beau s'apparenter à un marchandage utilitariste, le clientélisme défini par Cesare Mattina tient plus souvent du don/contre-don tel que décrit par Marcel Mauss, soit un échange d'obligations morales qui n'est pas strictement réductible à la chose donnée ou reçue, celle-ci apparaissant plutôt comme le support d'une relation sociale basée sur une triple obligation : donner, recevoir et rendre. Ce type d'échange se déploie sur une longue période et construit des liens durables entre des élus, leurs « protégés » et leurs familles, quand le simple courtage de vote n'engage pas les personnes dans un faisceau d'obligations réciproques. La question se pose alors de savoir où tracer les frontières du clientélisme. Autant la distribution de biens divisibles à des individus ou familles (travail, logement, place en crèche), dont on attend en retour un soutien, ne fait pas problème. Autant l'usage du qualificatif « clientélisme » devient incertain et plus contestable lorsqu'il s'agit pour les élus de satisfaire des attentes collectives intermédiées par des figures locales (piétonnisation d'une rue, aménagement de la circulation, mesures de sécurité...).

3. LA PARTICIPATION : UN NOUVEL ART DE GOUVERNER POUR LES ÉLUS LOCAUX ?

Malgré une plus grande proximité avec leurs mandataires, les élus locaux n'ont pas échappé aux critiques générales ordinairement exprimées à l'endroit des démocraties représentatives. Celles-ci apparaissent marquées par une double coupure délégative entre les représentés et les représentants d'un côté, entre les profanes et les experts de l'autre. Dans ce dernier cas, nous avons observé une contestation croissante des systèmes d'experts, adossés aux institutions publiques, auxquels répondent des formes de contre-expertise mobilisées par des groupes sociaux qui cherchent à les contrer sur leur propre terrain de la « crédibilité » technique (Mouchard, 2009). Une nouvelle synergie est recherchée entre science et citoyenneté (Jasanoff, 2004), qui suppose de mieux articuler l'expertise, cherchant à renforcer la pertinence technique des politiques publiques, avec l'action politique, qui requiert la possibilité d'un choix collectivement légitimé de priorités et de modalités d'action. Nous passons du problème en tant qu'il est à résoudre au problème en tant qu'il est à débattre (Ravon, Fritsch, 1997). Qu'il s'agisse d'enjeux techniques ou non, l'action politique semble quant à elle redéfinie en fonction d'un *leitmotiv* participatif, adjoint aux mécanismes traditionnels de la représentation.

3.1. Le leitmotiv de la participation

En démocratie représentative, le leitmotiv participatif soulève une question essentielle : comment faire en sorte que l'élection ne se mue pas en principe intangible de délégation du pouvoir décisionnel le temps du mandat, mettant les élus à distance des citoyens et à proximité des experts et des groupes d'intérêt (Courty, 2019). Il s'agit donc de rompre avec des conceptions formulées de longue date selon lesquelles on reconnaît une légitimité aux citoyens pour choisir leurs représentants, et une forme d'incompétence pour décider.

Dans l'histoire récente de la décentralisation française, il pouvait être tentant d'appréhender la démocratie locale à partir des rapports qui s'introduisent entre les élus locaux et l'État : accroître l'autonomie et les responsabilités des élus locaux, c'est-à-dire rapprocher les centres décisionnels des populations, autoriserait un approfondissement de la démocratie locale par effet mécanique de rapprochement. Or, la démocratie locale engage directement le rapport des élus à la population, cette dernière étant invitée à participer aux délibérations en dehors des temps électoraux. Il y a une forme de continuation avec la conception qu'Alexis de Tocqueville développa à partir de l'étude de la démocratie états-unienne, marquée par la référence mythique des *Town meetings*. Ces deniers consistaient dans des rassemblements, principalement observés depuis le XVIIe siècle – au moment de la fondation des villes – dans le nord-est des États-Unis et plus particulièrement en Nouvelle-Angleterre, ouverts aux membres d'une communauté locale au sein desquels se déployaient des arguments contradictoires autour d'une proposition (délibérer), au même moment et en présence de tous ceux conduits à participer au vote (légiférer). La proposition soumise pouvait être amendée en fonction des objections soulevées au cours du débat organisé avec l'aide d'un modérateur, l'objectif étant ici d'atteindre le consensus. Il y avait là le fondement de la communauté, à une période ignorant alors l'idée de division permanente des opinions (Cossart, Felicetti et Kloppenberg, 2016).

Si cette conception a pu être étrangère à la tradition française, elle est cependant devenue un enjeu politique contemporain. L'idée que l'élection soit le moment à la fois nécessaire et suffisant de la participation, le citoyen étant prié de faire preuve de « patience civique » entre deux scrutins, est mise en cause. Il s'agit ainsi d'imaginer le passage d'une démocratie gouvernée (désigner ceux et celles qui le régiront, et les laisser faire) à une démocratie gouvernante (une telle abdication n'a pas cours). Nous serions passés à une conception où il semble admis que les citoyens non seulement peuvent, mais souhaitent et doivent pouvoir « participer » entre deux élections (Blatrix, 2009).

La promotion et le développement de mécanismes participatifs ressortent comme une perspective internationalement partagée, au sens où elle s'observe dans de nombreux pays mais également parce qu'elle s'est vue encouragée par des instances internationales promotrices de « bonnes pratiques ». Ces dernières s'inscrivent dans la logique du *New Public Management*, que les partisans d'une conception plus radicale de la participation publique critiquent. En assignant à la participation publique la possibilité que puisse s'exprimer l'insatisfaction des usagers à propos des services publics, le NPM privilégie une conception gestionnaire de la participation qui tend à mettre de côté des valeurs d'intérêt général et d'équité. À côté des instances promotrices (Commission économique pour l'Europe des Nations unies – Convention d'Arhus [1998], UE [Livre Blanc], OCDE, Banque mondiale [valorisation des budgets participatifs]), il convient d'ajouter le rôle des réseaux d'acteurs et de réseaux internationaux et nationaux (Observatoire international sur la démocratie participative, Forum des autorités locales, International Association for Public Participation, Association pour la démocratie et l'éducation locale et sociale [ADELS]…). Soulignons par ailleurs le tribut que la démocratie participative doit au développement d'un marché avec des intérêts professionnels référés à l'ingénierie participative (Mazeaud, Nonjon, 2018). Sans méconnaître l'existence d'actions citoyennes visant à élargir la démocratie représentative, d'une participation revendiquée (exemple des luttes urbaines des années 60), l'institutionnalisation des dispositifs participatifs au cours des dernières décennies relève davantage d'une politique de l'offre avec ses arrangements professionnels, politiques et marchands.

Certes, la participation n'est en rien circonscrite à la démocratie locale. Conférences de consensus, conventions citoyennes, ou sondages délibératifs sont autant de dispositifs qui se déploient à des échelles nationales ou internationales. Il n'en demeure pas moins que le local est le terreau privilégié de la participation, au point que la « démocratie locale » a pu être présentée comme celle qui associerait le mieux « proximité » et « participation » dans une sorte de démocratie directe quasi réalisée. Nous retrouvons l'idée de démocratisation de la sphère publique locale (Blondiaux, 2005), d'une valorisation de l'échelon local appréhendé comme la possibilité d'un retour au terrain, aux interactions concrètes, à la démocratisation du processus de délibération politique. Les relations « immédiates » se démarquent de la distance et de l'opacité qui caractériseraient les relations entre les citoyens et le pouvoir politico-bureaucratique national. Au-delà des transferts de compétences, la décentralisation engendre de nouvelles contraintes pour produire localement des référentiels de politiques publiques (Négrier, 2008). Enjeu démocratique, la participation s'apparente pour les collectivités territoriales et leurs élus à un défi d'innovation. Rappelons cependant que « proximité » et « démocratie participative » ne s'équivalent pas, l'expression de « démocratie de proximité » ayant été préférée en 2001 pour désigner la loi du même nom, quand les députés communistes avaient vainement cherché à imposer celle de « démocratie participative » (Sintomer, 2011). La proximité semble plus limitative quant à l'ouverture des processus décisionnels, centrant la démocratie locale autour de la médiation interpersonnelle des élus (Lefebvre, 2005).

Il n'est pas ici question d'investiguer de manière détaillée l'univers participatif, avec ses dispositifs si nombreux et hétérogènes que la nomenclature au plan international n'apparaît que très imparfaitement stabilisée. Nous nous concentrerons en priorité sur les rapports entre élus locaux et participation. Curieusement, malgré l'inflation des travaux français sur la démocratie participative depuis les années 2000, relativement peu prennent pour objet central le rôle et la place des élus (Petit, 2020). Quelles sont leurs dispositions à l'endroit de la participation ? À quelles conditions se rallient-ils à ce *leitmotiv* ?

3.2. Les élus et la participation : adhésion, réticences et tensions

Le fait que la participation ait pu s'imposer comme une figure de plus en plus difficilement contournable pour les élus locaux n'efface en rien leurs fortes réserves et réticences. La participation débouche en effet sur des normes procédurales de prises de décision qui questionnent la légitimité spécifique des représentants élus, traditionnellement enclins à faire de leur légitimité élective l'alpha et l'oméga de l'exercice démocratique. La difficulté à reconnaître et à organiser la participation s'ajoute à la confusion des pouvoirs exécutif et délibératif sur le chef d'exécutif, à sa monopolisation de pouvoirs importants, ainsi qu'à la position d'infériorité faite aux opposants, pour aboutir au final à une forme d'intégrisme de la représentation locale (Paoletti, 2001).

Par ailleurs, il existe une « prétention » à incarner l'intérêt général, là où la participation s'ouvrirait à l'expression d'intérêts plus catégoriels et particuliers, possiblement plus égoïstes. Nous savons combien l'État français et ses serviteurs sont vus et se donnent à voir comme le catalyseur de l'intérêt public ayant vocation à transcender des intérêts particuliers divergents et diviseurs. La difficulté historique à reconnaître, tant sur le plan juridique que politique, la place des groupes et de leurs représentants en témoigne. S'il n'est pas ici question de groupes d'intérêt en tant que tels, il reste l'idée d'une participation comme caisse de résonance des égoïsmes, à rebours d'un intérêt général postulé. Cette posture « républicaine » fut d'ailleurs très présente lors des débats parlementaires sur la loi relative à la démocratie de proximité du 27 février 2002. Le Mouvement des citoyens et une partie du RPR et de l'UDF ont alors exprimé leur scepticisme à l'endroit de l'obligation faite par la loi aux villes de plus de 80 000 habitants de créer des conseils de quartier. Une autre partie de l'UDF reconnaissait, elle, la légitimité d'une expression d'intérêts particuliers et la possibilité pour les participants de dépasser leur propre point de vue, à la condition que les élus locaux maîtrisent le dispositif (présidence, synthèse des débats des conseils, dépositaire de l'intérêt général). Enfin, une variante parlementaire plus participationniste (une partie du PS, du PC, les écologistes) envisageait une forme de co-construction de l'intérêt général, relativisant la division du travail entre représentation et participation. Cette question de la place des intérêts particuliers trouve en réalité une réponse différente selon qu'on se place dans une logique agonistique ou une logique délibérative. La décision finale doit-elle résulter dans le premier cas d'un affrontement entre des personnes qui portent des intérêts différents, faisant des vainqueurs et des vaincus ? Ou faut-il au contraire rechercher autant que possible le consensus ? Ce qui postule la possibilité que les individus changent leur regard en cours de route à mesure qu'ils délibèrent.

Les préventions des élus semblent avoir progressivement reculé depuis ce texte de loi. Au moins en apparence. Les élus réfractaires doivent désormais faire œuvre de prudence lorsqu'ils s'expriment en public vis-à-vis de ce type de dispositif. L'idée d'une « démocratie de participation » a fini par être érigée en véritable « contrainte axiologique » dont dépendrait la légitimité du pouvoir local (Chevallier, 1999). La démocratie participative a cessé d'être la marque des outsiders pour devenir un incontournable de la communication et de l'action publique locale » (Mazeaud, 2020). L'affirmation de ce standard a reposé, entre autres choses, sur une certaine départisanisation. « La démocratie participative est-elle encore de gauche ? » se demande William Arhip-Paterson (2020) en guise de phrase introductive d'un article. Par le passé, la promotion ressortait plus marquée à gauche, notamment avec les expériences de majorités communistes municipales. À l'heure où le communisme municipal du passé, avec des formes d'adhésion, plus ou moins « impliquantes » à la municipalité communiste, avec ses activités partisanes étroitement insérées dans les relations quotidiennes, avec un encadrement de la sociabilité extra-politique par le politique (Biland, 2006) déclinait fortement, la participation a constitué une manière de réinventer une identité collective par la participation (Nez, Talpin, 2010). Mais une identité qui est davantage empreinte de militantisme social que politique. Une participation qui se centre d'abord sur des questions locales et de sociabilité quotidienne, sans intrication forte avec des revendications plus globales. Dans des municipalités anciennement communistes, la participation a pu s'apparenter à une tentative de remplacement d'une identité ouvrière par une quête d'identité par la démocratie participative, même si les contours aussi bien politiques que sociologiques ressortent plus flous (Petit, 2017).

Même si le tropisme de gauche de la démocratie participative locale n'a pas été effacé, la démocratie participative est progressivement devenue apartisane : « Mises en œuvre par des élus de toute la gauche comme d'une fraction de la droite, les politiques participatives reflètent, et accompagnent la neutralisation idéologique et partisane de l'action publique locale et l'indifférenciation des offres politiques (ce que l'on peut appeler la dé-partisanisation dans le sens où l'enjeu participatif est défini comme hors de portée des clivages idéologiques et partisans). La thématique participative ne structure pas la compétition politique locale. En cela, elle ne diffère pas des autres thématiques » (Mazeaud, Nonjon, 2018, p. 331-332). Les budgets participatifs, dispositifs par lesquels les populations décident de l'affectation de tout ou partie des ressources publiques disponibles ou sont associées aux décisions relatives à cette affectation, illustrent cette dé-partisanisation. Dans le sillage de la référence mythique de Porto Alegre[4], ils ont d'abord émergé en France dans la « ceinture rouge » des municipalités communistes en banlieue parisienne au début des années 2000. En 2005, sur les douze expériences de budget participatif alors recensées, huit étaient le fait de municipalités communistes, dont cinq pour la seule en Île-de-France (Sintomer, Herzberg et Röcke, 2008). Après de timides débuts, les budgets participatifs ont connu un regain d'intérêt dans le sillage des élections municipales de 2014 : 6 villes en 2014, 25 en 2016, 47 en 2017, 80 en 2018 (couvrant six millions d'habitants) selon le décompte d'Antoine Bézard (2018), contre 4 à 102 pour Gilles Pradeau (2018). En 2016, 84 % des villes concernées se classaient à gauche (PS, PC, EELV, Parti radical…), mais elles n'étaient plus que 65,5 % en 2017, et seulement 60 % en 2018 (avec 23 % des communes concernées dirigées par Les Républicains ou des maires divers droite) (Bézard, 2018). Au plan international, les budgets participatifs seraient même progressivement passés d'une gauche radicale à une droite néolibérale (Wampler *et al.*, 2018). Les marqueurs partisans ont-ils disparu pour autant ? William Arhip-Paterson (2020) préfère évoquer un déplacement : « Nous en tirons l'hypothèse suivante : la partisanisation de la démocratie participative s'est déplacée. Ce n'est plus dans la réalisation ou non d'un dispositif participatif qu'il faut la lire, mais dans les objectifs, le design et l'intensité du développement de ce dispositif » (p. 138). À cette lecture des rapports des élus à la participation fondée sur les clivages politiques s'ajoutent des travaux de recherche liant offres municipales de participation et trajectoires individuelles des maires (Petit, 2017). Outre ce souci de trouver les clés d'explication du rapport des élus à la participation du côté de leurs profils (partisans et/ou individuels), d'autres chercheurs mettent en exergue une approche plus calculatrice et utilitariste de la participation. Sur la base d'une étude de sept concertations environnementales, Anne Cadoret et Jean-Eudes Beuret (2011) relient ainsi les comportements différen-

4. Le budget participatif a été introduit à Porto Alegre, au Brésil, suite à l'arrivée au pouvoir municipal du Parti des travailleurs à la fin des années 1980. Il s'agissait alors de « démocratiser la démocratie », en faisant davantage participer les exclus et en poursuivant un objectif de justice sociale : redistribuer les richesses vers les quartiers les plus défavorisés.

ciés face à la participation à des analyses coûts-bénéfices, qui visent autant la décision proprement dite que le bénéfice politique pour l'élu.

Quelles que soient les explications causales retenues, force est d'observer que les offres participatives se muent en standards de l'action publique (d'abord locale) selon un schéma d'isomorphisme institutionnel[5]. Ce dernier est de nature coercitive lorsque les collectivités sont contraintes par le législateur, à l'image des conseils de quartier rendus obligatoires pour les villes de plus de 80 000 habitants. Dans la plupart des cas, la diffusion relève d'isomorphismes normatifs et mimétiques. Le premier met l'accent sur les dynamiques normatives exercées par les organisations éducatives, professionnelles et les réseaux associatifs, et qui façonnent la légitimité des choix. Le second souligne la propension des organisations à s'imiter les unes les autres. En imitant le comportement de « semblables », agissant dans des situations jugées similaires, les organisations chercheraient à être perçues comme plus légitimes et à ne pas apparaître comme retardataires. Ce mimétisme peut aussi bien être non intentionnel – en raison de la circulation des individus et des informations – que délibéré – à travers l'activité d'agents de diffusion.

Curieuse concordance, c'est au moment où le politique semble avoir perdu sa capacité à agir sur le monde social (du moins à faire valoir sa capacité de commandement) que ceux qui détiennent le pouvoir sont contraints de le partager, ou du moins de mettre en scène ce partage. Dans les espaces délibératifs, les élus sont des acteurs peu dialogiques faiblement disposés à faire évoluer leurs points de vue et préférences contrairement aux canons idéaux de la délibération (Lefebvre, 2007).

3.3. Institutionnalisation, bureaucratisation et contrôle de la démocratie participative

Les politiques de démocratie participative s'apparentent à des offres politiques plus qu'elles ne répondent à des impératifs réglementaires ou à des pressions sociales. Si de plus en plus d'élus locaux se sont progressivement ralliés au *leitmotiv* participatif, c'est aussi que la participation n'entraîne pas le chaos, ne renverse pas les pouvoirs établis, n'empêche pas – ou très rarement – les projets de s'imposer. En résumé, elle ne remet pas en cause fondamentalement la démocratie représentative (Rui, 2009).

5. L'isomorphisme institutionnel est un concept proposé par Paul Di Maggio et Walter Powell (1983) et développé à partir d'une perspective de néo-institutionnalisme sociologique (courant qui s'intéresse aux phénomènes de diffusion et de convergence des idées et des solutions à adopter). Les deux chercheurs souhaitaient expliquer pourquoi les organisations deviennent similaires. Les organisations présentes dans un même domaine tendraient à se ressembler en raison de l'action croisée de tous les acteurs et de l'homogénéisation des critères de conduite. Les organisations isomorphes deviennent similaires, sans être pour autant plus efficaces, poursuivant des normes sociales sans forcément poursuivre une véritable réflexion rationnelle. Leur comportement est institutionnel au sens où elles adoptent des pratiques jugées incontournables et s'alignent sur les normes sociales en vigueur.

Il y a d'abord une forme de domestication des canaux de participation. Pour rappel, il y eut à partir des années 1950 et 1960 l'émergence d'une « démocratie sauvage ». Dans un contexte d'urbanisation rapide marqué par la construction à la hâte de grands ensembles, créateurs de frustrations (transports, écoles, espaces verts...), des protestations, tournées vers l'État et les logeurs sociaux, mais aussi contre les pouvoirs municipaux, ont émergé. Les protestataires pouvaient se regrouper en associations, par sujet de mécontentement ou par territoire d'appartenance. Des fédérations par commune ou agglomération naissent alors ici et là (Gaudin, 2008). À partir de mouvements sociaux urbains des années 1960 et 1970, ayant la ville et la démocratisation des décisions en matière d'aménagement pour terrain et objet de revendications, se met ainsi en place une véritable tradition associative de protestation (Busquet, 2007). Elle est notamment figurée par l'émergence de « comités de quartier » s'opposant au pouvoir municipal (Gontcharoff, 1999). La protestation épouse parfois des structures d'une nature plus politique, à l'image des Groupes d'action municipale (GAM) qui répondent aux aspirations de l'Association pour la démocratie et l'éducation locale et sociale (Adels), née en 1959 dans le champ de l'éducation populaire. Le projet consiste à rassembler des militants associatifs, des citoyens lambda, des élus ou des membres d'unions de quartier afin d'aider la population à exprimer collectivement ses besoins essentiels et légitimes, ainsi que développer une action locale qui leur permette d'avoir une influence auprès du conseil municipal pour le forcer à prendre position (Roux, 2011). Parallèlement aux GAM, la démocratie locale semble d'abord désigner dans les années 1970 toute action qui se manifeste contre l'imposition d'un pouvoir local ou national.

Après l'alternance politique de 1981, l'idéal participatif est à la fois mis en avant et rapidement circonscrit au secteur de la revitalisation des quartiers sensibles qui s'engage avec la politique de la ville naissante pour laquelle l'expérience grenobloise (où est apparu le premier GAM) a servi de modèle par l'entremise de son maire Hubert Dubedout. Pour le reste, il fallut patienter jusqu'aux années 1990 pour que les expériences locales à caractère expérimental soient prolongées par une institutionnalisation des formes participatives. Là où la démocratie résultait dans les années 1960 et 1970 d'un mouvement ascendant (associations), les années 1990 voient une institutionnalisation par le haut au sens où les autorités municipales sont désormais à l'origine de la grande majorité des expériences qu'elles initient et contrôlent (Gontcharoff, 1999). Les anciennes luttes urbaines fléchissent. De nouveaux acteurs de défense du « cadre de vie » émergent, substituant le « partenariat » à l'ancienne « contestation ». D'une « démocratie sauvage » de la protestation et des actions spontanées, nous sommes passés à une « démocratie d'élevage » organisant l'expression de la société civile (Mermet, 2007). C'est précisément cette domestication qui a nourri la critique suspicieuse, notamment dans le champ académique. Dans la littérature scientifique, le débat sur les liens entre participation et conflit, présente de forts caractères d'ambiguïté parce que s'entremêlent, d'une façon confuse et jamais explicite, deux dimensions ou deux registres différents : d'un côté une dimension analytique et de l'autre une dimension normative (ou de valeur) (Gourgues *et al.*, 2013). Au monde valorisé de la lutte (luttes urbaines historiques) est opposé le monde domestiqué du débat organisé (Neveu, 2011).

En même temps qu'elle s'institutionnalise, la participation tend à se bureaucratiser, avec la constitution de directions, de services, le recrutement d'agents pour lesquels la participation forme un cœur d'activité. Mais paradoxalement, les élus ressortent comme un « point aveugle des études participatives » (Ferran, 2015, p. 18). Au sein du vaste ensemble des élus locaux ressortent plus particulièrement les adjoints municipaux à la participation, devenus une figure quasi incontournable en milieu urbain (Lefebvre, Talpin, Petit, 2020)[6]. Leur délégation peut être unique (avec une forte variété de dénominations) ou s'inscrire dans un cumul de délégations (vie associative, politique de la ville…). Qu'un élu cumulant ait la main sur cette délégation peut aussi bien servir son portage politique que conduire à une domestication des dynamiques participatives (*Ibid.*). Il est fréquent d'observer une sorte de « déconfinement » lorsque des élus adjoints de quartier ont en charge ce volet « participation » sur leur territoire infra-municipal. Si les délégations à la démocratie peuvent se décliner sur le registre de la proximité, notamment dans de petites villes, elles sont souvent exercées dans les grandes villes par des élus davantage acculturés à la démocratie participative telle que formalisée par les sciences sociales. Ces élus bénéficient par ailleurs de ressources administratives spécifiques (*Ibid.*). Rarement en haut de la hiérarchie municipale, la délégation à la démocratie induit en revanche un poste d'adjoint dans une majorité de cas. Ces élus apparaissent vite – et le disent – comme des freins, des poids, des sources de ralentissement au sein de la municipalité. Formaliser l'enjeu de participation sous la forme d'une délégation ne signifie pas nécessairement valoriser cette dernière. Les adjoints peuvent être relativement isolés dans leurs attributions, voire s'effacer derrière un maire prompt à s'attribuer les profits du volontarisme participatif. La cause participative requiert dans tous les cas un soutien du maire et/ou du DGS pour pouvoir peser et gagner des arbitrages (*Ibid.*).

3.4. Une participation décisionnelle limitée, des objectifs politiques connexes

L'ouverture à un pouvoir partagé, par les élus et leurs services, ressort globalement limitée. Interroger la participation en termes de division du travail politique suppose de répondre à la question suivante : à quoi fait-on participer les participants ? Référence internationalement partagée, l'échelle de Sherry Arnstein (1969) a apporté une réponse relativement consensuelle sur la réalité et l'intensité de la participation[7]. Cherchant à clarifier ce qui mérite le nom de participation, Sherry Arnstein fait alors ressortir le caractère rapide et souvent

6. Sur les vingt plus grandes villes françaises, les auteurs en identifient néanmoins cinq, pour la mandature 2014-2020, qui ne disposaient d'aucun élu à la participation (Marseille, Reims, Nice, Nîmes et Toulon).

7. Elle fut élaborée à la fin des années 1960 aux États-Unis, dans un contexte d'expérimentation du « traitement » des centres-villes en voie de paupérisation. Le vaste programme de rénovation des centres urbains affiche alors son ambition d'y d'associer les habitants, de faire de la participation un outil d'affranchissement de groupes sociaux dominés.

factice de la participation des habitants sur laquelle devaient prendre appui les projets de rénovation urbaine ou de lutte contre la « taudification » aux États-Unis. Dans bien des cas, la soi-disant participation se limite à éduquer les participants, à traiter leurs pathologies à l'origine des difficultés du territoire, à obtenir le soutien du public, au travers de techniques relevant de la sphère de la publicité et des relations publiques. Il y a, au-dessus, des « coopérations symboliques » qui engagent une consultation, recueil d'avis et de propositions. Mais on observe bien plus rarement un contrôle citoyen, soit une redistribution du pouvoir par une formule de négociation entre les citoyens et ceux qui le détiennent. Ces partenariats prennent la forme de comités associant ces parties, qui deviennent responsables des décisions et de la planification des opérations. Les citoyens peuvent y occuper le cas échéant une position majoritaire (ou disposent d'un droit de veto) qui leur confère l'autorité réelle sur le plan de la décision, ainsi que la responsabilité de rendre compte publiquement de tout ce qui concerne le programme. Enfin, tout en haut de l'échelle, les tâches de conception, de planification et direction du programme relèvent directement des citoyens (sans intermédiaire entre eux et les bailleurs de fonds du programme).

Alors que les barreaux élevés de la participation sont relativement rares, beaucoup de dispositifs s'arrêtent à une dimension informationnelle ou consultative, au mieux concertative. Le partage de la décision n'est formellement garanti que dans de rares cas, comme les référendums locaux dont le déclenchement est maîtrisé par les élus locaux eux-mêmes en France, à la différence des consultations locales qui prévoient une initiative citoyenne. L'initiative n'est jamais populaire, mais se voit réservée soit à l'assemblée délibérante d'une collectivité territoriale (pour soumettre aux électeurs un projet de délibération), soit à l'exécutif d'une collectivité territoriale (pour soumettre eux électeurs un projet d'acte relevant de ses attributions). Si les élus se trouvent désormais liés sur le fond par le résultat de la votation, l'audace juridique est d'autant plus relative qu'elle est contrebalancée par l'exigence d'un seuil élevé de participation égal à 50 % des électeurs inscrits. L'Assemblée nationale avait dans un premier temps proposé un seuil de 40 %, correspondant au seuil moyen des pratiques référendaires dans le monde. Mais les parlementaires introduisaient là une confusion entre taux de participation et taux d'approbation. En Allemagne par exemple, l'exigence porte sur le taux d'approbation oscillant entre 20 et 30 %, selon les Länder allemands, de l'ensemble des électeurs. Aussi bien le caractère tardif de l'introduction en droit du référendum local (révision constitutionnelle du 28 mars 2003) que les garde-fous précités témoignent des réticences françaises à ouvrir la décision aux habitants. En France, le référendum local s'apparente à un outil de communication au service d'élus locaux qui l'utiliseraient pour consolider leur légitimité et annoncer de futures politiques publiques. Une pratique bien éloignée de l'expérience outre-Rhin où l'outil, rigoureusement encadré par la détermination d'un seuil minimal de représentativité (taux d'approbation), peut contredire les décisions locales (Prémat, 2008).

Si la dimension décisionnelle est également présente dans les budgets participatifs, ceux observés en France dotent le plus souvent les participants d'un impact décisionnel réel mais circonscrit à des projets de portée limitée. Même si le montant d'un budget participatif se chiffre parfois en millions d'euros, ce dispositif dépasse rarement la dizaine d'euros par habitant. En outre, les projets proposés dans le cadre du BP ne portent jamais ou presque sur des projets structurants. Héloïse Nez et Julien Talpin (2010) évoquaient dans un article la commune de Morsang-sur-Orge dans laquelle un cinquième du budget d'investissement de la ville était directement décidé au sein de huit comités de quartier, chacun disposant de soixante mille euros à investir dans des projets locaux. Mais les décisions relatives aux grandes opérations d'urbanisme ou aux logements sociaux demeuraient arrêtées dans d'autres espaces et par les seuls élus. Tout en faisant du budget participatif un outil de partage du pouvoir, les élus communistes n'hésitent pas à privilégier plus généralement des procédures consultatives et peu formalisées au sein desquelles ils continuent d'occuper le centre du jeu décisionnel.

L'étude comparée des budgets participatifs lycéens est heuristique pour penser l'importance du portage politique, avec les cas contrastés du dispositif pionnier et d'ampleur en Poitou-Charentes et du dispositif plus tardif et bien plus modeste déployé dans le Nord-Pas-de-Calais. Dans le premier cas, il s'est agi de faire discuter au sein de tous les lycées picto-charentais – la moitié la première année – l'affectation de 10 millions d'euros sur un budget régional des lycées de 110 millions d'euros, avec des investissements et projets pouvant monter jusqu'à 150 000 euros. Après un voyage d'étude en Région Poitou-Charentes en 2008 (élus régionaux, fonctionnaires territoriaux, proviseurs, parents d'élèves), le conseil régional du Nord-Pas-de-Calais expérimenta à son tour les BPL dans 5 lycées sur 297 la première année (0,15 % de la population lycéenne y participe), pour s'étendre l'année suivante à 25 lycées (0,38 % de la population lycéenne y participe). Alors que la population-cible ressort très réduite, le budget d'investissement s'élève la première année à 555 900 euros, puis décolle à 2 080 560 euros la seconde année (soit cinq fois moins qu'en Poitou-Charentes, bien que la région soit plus peuplée).

Derrière l'inégale ampleur des BPL observée entre les deux régions se profilent des portages politiques eux-mêmes contrastés. Lors de la campagne régionale de 2004 en Poitou-Charentes, l'équipe de gauche avait en effet mis au premier plan de son programme la « démocratie participative » (Talpin, Sintomer, 2011). Élue à la présidence, Ségolène Royal décidait d'initier un « budget participatif des lycées » (BPL) à côté d'autres démarches consultatives sur les champs de compétence régionale. Tout ceci devait lui permettre de se démarquer par rapport à l'ex majorité de droite, tout en satisfaisant le critère de faisabilité (une seule administration est concernée) (Sintomer, Röcke, Talpin, 2009). La force du portage politique permet au dispositif de prévenir ou surmonter en partie les inévitables résistances et contournements, qu'il s'agisse des services régionaux ou des établissements concernés. À ce volontarisme présidentiel de Ségolène Royal répond un faible portage politique dans la région Nord-Pas-de-Calais, du fait de l'isolement de la vice-présidente écologiste « développement durable, démocratie participative et évaluation ». Les adeptes convaincus de la participation sont minoritaires dans le champ politique, et à moins d'occuper des positions de leadership, la probabilité est forte que leur voix soit étouffée. L'étroitesse de ses marges de manœuvre et l'injonction à mettre en scène la complémentarité entre démocratie participative et démocratie représentative la privent d'autorité, et expose le dispositif aux volontés des services régionaux internes et des acteurs externes sur le terrain (O'Miel, Mongy, 2014).

Les élus peuvent être à l'initiative de démarches participatives sans nécessairement s'impliquer trop fortement, craignant de voir leurs marges de manœuvre réduites pour rejeter ou amender des propositions qui ne leur conviendraient pas, ou partiellement. Telle est l'analyse que proposent Klijn, Koppenjan (2000, p. 369) tirée de leur étude de deux expériences municipales néerlandaises : les élus sont à la fois des *playmakers* (« meneurs du jeu ») et des *institutional spoilsports* (« rabat-joie institutionnels »).

4. TERRITOIRES ET ACTION PUBLIQUE : LE (RE)POSITIONNEMENT DES ÉLUS LOCAUX

L'organisation de dispositifs de participation poursuit des objectifs très politiques, intimement liés aux élus. Mais elle soulève également la question de l'action publique territoriale, aussi bien parce qu'elle a été érigée en offre politique spécifique (un *output*) que parce qu'elle est censée associer les populations et groupes locaux à la définition de politiques locales (une méthode). C'est précisément cette question de l'action publique locale que nous souhaitons désormais étudie : dans quelle mesure et comment l'action publique (re)définit l'activité des élus au sein des territoires dont ils sont les représentants et des gouvernants ?

4.1. Quand la décentralisation interroge la posture et le rôle des élus locaux

Avant la réforme décentralisatrice contemporaine, une part essentielle du rôle et de la légitimité des élus locaux se jouait dans leur capacité à solliciter les acteurs extérieurs en vue d'obtenir des « ressources » pour leur territoire (financements, équipements...). C'est ce qui ressort de la définition même du notable dans les travaux du CSO (cf. Chapitre 5). De manière assez proche, l'idée d'une intercession pour leur territoire auprès de l'État est présente dans la figure des courtiers (*policy-brokers*) mobilisée par Sidney Tarrow (1977) pour décrire les maires français et italiens : les premiers – activistes administratifs – déployaient leurs efforts dans l'arène administrative *via* les relations tissées avec les services de l'État, quand les seconds – entrepreneurs politiques – s'impliquaient dans l'arène politique *via* le canal partisan (système de partis et contacts politiques personnels).

Cette activité centrale de mise en relation et de coordination par les élus locaux, nécessaire pour rendre possibles les projets locaux et utile au personnel politique pour asseoir son pouvoir, n'a pas disparu. Les activités de courtage peuvent ressortir plus développées dans les situations où la multipositionnalité des élus à différents niveaux de gouvernement les autorise à drainer les ressources d'un niveau vers un autre. Une multipositionnalité que le cumul des mandats a favorisée en France (Douillet, Lefebvre, 2017). Sans disparaître, cette activité première de courtage a cependant quelque peu perdu de sa centralité. Si l'action publique locale implique généralement plusieurs niveaux d'autorités publiques, plaçant les élus dans des situations de contingences et d'interdépendance, les ressources juridiques, budgétaires et humaines procurées par la décentralisation contemporaine les ont sommés de démontrer leur capacité à produire de l'action et des projets (Le Bart, 2009). Ils endossent ainsi un habit de décideurs, d'entrepreneurs, de gestionnaires, qui va bien au-delà de celui de courtier ou d'intercesseur. C'est aussi à eux que sont imputés des décisions ou des problèmes publics. Ils doivent s'impliquer *a minima* dans la conduite des politiques publiques (Douillet, Lefebvre, 2017).

La place occupée par l'investissement dans les projets de développement et par le suivi des dossiers d'action publique dans l'activité des élus locaux demeure cependant concurrencée par d'autres occupations chronophages. Rémi Lefebvre (2014) estimait à un tiers le temps d'activité des élus locaux accaparé par les « activités de proximité » (visites, présences protocolaires). Leur agenda, largement élaboré par d'autres, les prive souvent de la disponibilité nécessaire pour suivre et arbitrer régulièrement les dossiers (*Ibid.*). Si les élus peuvent tenir une place décisive dans la mise à l'agenda d'enjeux locaux, en particulier à l'occasion des campagnes électorales (*agenda setters*), leur rôle dans la suite du *policy process* ressort plus indéterminé. Leur moindre omniprésence n'est pas seulement liée à des conflits d'agenda entre des activités de différentes natures. Elle résulte aussi d'une procéduralisation et d'une technicisation de l'action publique locale (Gaudin, 1999) qui requièrent des compétences expertes, et aménagent ainsi une place prépondérante à d'autres acteurs. Stéphane Cadiou a par exemple évoqué une « pente technocratique dans le gouvernement des villes ». Si des élus urbains se muent eux-mêmes en techniciens, ces derniers prennent surtout appui sur des « équipements humains et organisationnels ». Antérieurement, Jean-Pierre Gaudin (1999) avait introduit la notion de *technotable* : dans un contexte où les élus étaient invités à changer de posture (connaissance des procédures, mobilisation des ressources, portage de projets) et pouvaient alors changer de profil (technicisation du politique), des acteurs administratifs dotés d'une forte légitimité technicienne se voient placés au cœur du gouvernement local (politisation du technique).

Parmi les nombreuses activités que prennent en charge les élus locaux, nous pouvons observer une sorte de schéma dichotomique entre les activités consistant à « faire de la politique », engageant une forte activité relationnelle et de communication, et celles qui s'inscrivent dans un registre technicien et gestionnaire articulé à la conduite des politiques publiques. Ces deux exigences, comme leur équilibre, diffèrent selon le niveau de responsabilité politique exercé, mais aussi en fonction du type et de la taille de la collectivité territoriale.

Par exemple, la plus grande distance institutionnelle qui s'ajoute à la pratique du scrutin de liste, par définition moins personnalisé et ancré dans un territoire, conduit les conseillers régionaux à ne pas investir aussi fortement ces « activités de proximité » que les élus municipaux ou départementaux.

Le cas des maires des petites communes engagés dans les responsabilités communautaires illustre bien l'enjeu de conciliation entre ces deux facettes du métier d'élu local (Vignon, 2019). Permettant d'exercer le contrôle des lieux de décision de l'action publique locale, les mandats (présidents, vice-présidents) au sein des EPCI à fiscalité propre (communautés et métropoles) sont en effet de plus en plus dignes d'intérêt pour les maires des petites communes. L'immersion au cœur du système politique et administratif communautaire permet de constituer ou de consolider des réseaux relationnels que les édiles pourront mobiliser tant au niveau de leurs EPCI que de leurs communes dans la mise en forme politique de projets de grande ampleur. S'ils retirent des rétributions de leur engagement au sein de l'espace intercommunal (mener des projets de très grande envergure sur des territoires élargis), ils doivent cependant faire face aux multiples contraintes de rôle qui pèsent sur eux. En effet, ils doivent investir du temps dans les multiples registres et espaces d'action permettant à la fois de s'acquitter des pratiques politiques communautaires (expertise des dossiers, management des commissions de travail et des équipes administratives, etc.) tout en donnant des gages de leur attachement à leurs administrés (écoute, médiation, disponibilité). Beaucoup de maires se trouvent également dans l'obligation de déléguer à leurs adjoints les activités « relationnelles » (permanences de mairie notamment). L'alourdissement considérable de la charge de travail des élus nécessite, pour certains, la réorganisation de leur « emploi du temps » municipal ou professionnel (cessation progressive d'activité, temps partiel...). L'enjeu pour les élus intercommunaux consiste à articuler les différentes dimensions du métier politique résultant de leur position au sein de la sphère intercommunale – nécessitant de détenir des savoir-faire professionnalisés – et de la sphère municipale où les attentes des administrés tournent principalement autour de la « proximité ».

Dans des communes où le marché des éligibles est restreint et lorsque les maires sortants sont quasiment assurés de ne pas voir émerger d'opposants politiques, ils peuvent s'acquitter de certains registres constitutifs du « métier politique » local et surinvestir leur mandat intercommunal, qui valorise leurs compétences de gestionnaires et leur vision stratégique des enjeux locaux. La compétition électorale étant plus disputée dans les territoires périurbains que dans les communes rurales (Ripoll, Rivière, 2010), les responsables intercommunaux sortants doivent alors redoubler d'efforts pour que leurs concurrents au pouvoir municipal ne se saisissent pas de leur manque de disponibilité pour mettre en cause leur « grandeur domestique » (Boltanski, Thévenot 1991), c'est-à-dire leur capacité à privilégier la proximité par des liens familiers avec la population et à prendre en charge les problèmes quotidiens des administrés. D'où la réticence des élus détenant les postes clés des EPCI à fiscalité propre à dévoiler pendant les campagnes électorales municipales une position institutionnelle susceptible de les faire passer pour des « carriéristes » ou des « cumulards » auprès de leurs électeurs, les indemnités perçues à l'échelle des EPCI pouvant constituer un apport financier non négligeable dans les revenus des élus (Lehingue, Vignon, 2021).

Les élus locaux sont donc conduits à apprendre et à maîtriser différents types de savoir-faire. Outre l'acquisition d'une compétence technique *stricto sensu*, dans un contexte d'élargissement de leurs responsabilités, la capacité d'action des élus doit composer avec la complexité des systèmes locaux, la multitude d'acteurs impliqués, l'interdépendance des ressources et des moyens d'action, la recherche de convergences et de consensus (Kerrouche, 2006). Les élus locaux se retrouvent ainsi placés au centre d'une gouvernance locale.

4.2. La gouvernance territoriale : un usage parmi d'autres

« [...] avec la reconnaissance de ces interlocuteurs mis tous sur le même pied que l'État, acteurs locaux par la grâce de la décentralisation, opérateurs privés avec le concours du libéralisme économique, acteurs associatifs par l'appel à la citoyenneté, les dispositifs décisionnels semblent devenus plus fragmentés et multicentrés qu'il y a une génération. À cette situation correspondraient une façon concertée de gouverner et un art indirect de coordonner qui, pour certains, répond au joli nom de « gouvernance » (Gaudin, 2007, p. 10). Ce terme « gouvernance », qui constitue aussi bien une notion pour analyser qu'un discours performatif – tenu par des organisations diverses – sur ce vers quoi il faudrait tendre, permet de questionner utilement le rôle et la place des élus locaux au sein des territoires qu'ils gouvernent. La gouvernance est un terme polysémique (Bertrand, Moquay, 2004) qui se définit davantage au regard de ses sites, de ses modes ou de ses circonstances d'emploi que de contenus clairement affectés. Une telle multiplicité ne va pas sans encombrer son utilisation scientifique, la gouvernance étant « associée à tout et n'importe quoi » (Pitseys, 2010, p. 207). Outre la gouvernance locale, la gouvernance peut aussi bien recouvrer la gouvernance d'entreprise, la bonne gouvernance, la gouvernance mondiale, ou des mécanismes prescrits par le *New Public Mangement*, entre autres principaux usages (Encadré 2 *infra*). De manière plus diffuse, la gouvernance renvoie aux modes de coordination qui, dans des systèmes pluriels et fragmentés, se différencient des mécanismes traditionnels utilisés par les autorités publiques fondés sur le droit et la coercition. Pour faire (inter)agir des acteurs nombreux et de nature différente, la gouvernance passe par des formes d'action collective – pas uniquement dans le domaine de l'action publique – dans lesquelles la coordination se soustrait à la mise en ordre hiérarchique d'acteurs impliqués par un acteur politique placé en surplomb. Crowley (2001) évoquait une logique idéal-typique d'autorité, de distance, de majesté et hiérarchie. Désormais, sur un mode tout aussi idéal-typique, un nouveau type de modes d'action transiterait par les réseaux, les partenariats ou encore les formes délibératives.

Encadré 2

Quelques usages de la notion de gouvernance

Avant d'explorer ce que recouvre plus spécifiquement la gouvernance locale, rappelons quelques-uns des principaux usages du terme « gouvernance ». L'expression « gouvernance d'entreprise » (*corporate governance*), apparue dès les années 1930, avant de disparaître et de réapparaître dans les années 1970, qui interrogeait alors la forme la plus efficiente de la firme (arbitrage entre faire et administrer, ou faire faire en recourant contractuellement au marché), a été redéfinie dans les milieux d'affaires américains à partir des années 1980. L'objectif consistait désormais à fixer de nouvelles règles du jeu entre les dirigeants et les actionnaires, en soulignant les devoirs des premiers vis-à-vis des seconds. Ils doivent être à la fois transparents et loyaux, et promouvoir leurs intérêts dans la conduite des affaires (améliorer la rentabilité de l'entreprise pour mieux rétribuer le capital). Dans les années 1980, l'expression émergente de « bonne gouvernance », forgée par des institutions internationales, recouvre le fait de fixer des critères d'une bonne administration publique dans les pays qui, en échange des secours, se voient soumis à des programmes d'ajustement structurel jugés nécessaires à la réussite des programmes économiques. Les préconisations dérivées de la « bonne gouvernance », souvent teintées de néo-libéralisme, visent généralement à limiter l'action de l'État dans certains domaines (éducation, santé), à favoriser les privatisations de services publics, à presser l'État de créer les conditions minimales pour que les marchés fonctionnent. L'expression de « gouvernance mondiale » (*Global governance*) émerge à partir des années 1990 dans le cadre d'une réflexion sur les interdépendances mondiales. Palliatif à l'utopie d'un gouvernement mondial, la gouvernance mondiale recouvre le fait de gouverner certains problèmes transnationaux dans le cadre d'une « gouvernance sans gouvernement »[8]. Elle soulève des questions génériques relatives à la gestion de problèmes complexes dans des contextes d'interdépendances et de pluralité des sources de l'autorité, qui circonscrivent plus étroitement l'autonomie et la responsabilité politique des décideurs politiques (Pinson, 2008). Dans une perspective rattachée au *New Public Management*[9], la gouvernance renvoie à l'ensemble des instruments qui vont permettre au pouvoir politique et aux consommateurs d'influer sur la qualité des services produits par des opérateurs, dans une situation où le contrôle hiérarchique n'est plus envisageable ou du moins efficace (contractualisation, développement d'un *ethos* concurrentiel).

Bien qu'ils ne traitent pas spécifiquement du local, les différents usages précités de la « gouvernance » n'en soulèvent pas moins des questions et problématiques également présentes à l'échelle territoriale liées à la manière de régler les relations entre plusieurs acteurs : enjeux de transparence et de contrôle ;

---

8. Reprise du titre de l'ouvrage fondateur *Governance without Government* dirigé par James Rosenau et Ernst-Otto Czempiel (1992).

9. Arrière-plan de nombreuses réformes de l'administration entreprises à la fin des années 1980 et durant les années 1990 au sein des pays de l'OCDE, le *New Public Management* est un « puzzle doctrinal à vocation générique » davantage qu'une théorie forte (Bezès, 2005, p. 28), qui repose sur un diagnostic négatif du fonctionnement traditionnel du secteur public. À côté du projet radical de faire reculer la place de l'État au profit du marché (courant économiste) prend place un courant visant à importer les méthodes du privé dans la gestion publique (courant gestionnaire), au risque d'en faire un employeur comme les autres. Certains auteurs restreignent le périmètre du NPM à la seule réorganisation interne du secteur public (excluant ainsi les transferts « secs » au privé).

équilibres dans la régulation sociale entre institutions publiques, marché et société civile ; gestion de problèmes complexes dans des contextes d'interdépendances et de pluralité des sources de l'autorité, qui soulève des questions relatives à la responsabilité politique ; capacité d'influence des pouvoirs politiques sur des acteurs sur lesquels ils n'ont pas la possibilité de faire jouer la coercition ; manières renouvelées de faire agir ensemble les parties prenantes, publiques et privées, d'une politique, et de construire la légitimité des choix collectifs.

Prégnante dans le monde anglo-saxon, la bonne gouvernance propose une lecture a-spatiale et néo-classique, subordonnant la politique de l'État aux contraintes de l'économie et du marché. Il est en revanche possible de repérer une tentative d'endogénéisation de l'espace dans les recherches françaises, un projet d'analyse de la (ré)articulation des rapports entre autorités publiques et société civile autrement que par la seule coordination marchande. Les rapports sont fondés sur des constructions sociales qui émergent dans le cadre d'interactions concrètes et spécifiques aux configurations territoriales, notamment locales et en particulier urbaines. Avant de se généraliser à l'ensemble des territoires, la gouvernance locale a en effet d'abord été pensée à partir de la « gouvernance urbaine ». À l'origine, il s'agissait d'un chantier de recherche britannique guidé par le souci de réfléchir à la recomposition du gouvernement local entreprise sous le gouvernement Thatcher, avant que la « gouvernance urbaine » soit un chantier de recherche importé dans d'autres pays, en s'émancipant de la configuration analytique de départ. Historiquement, l'État-nation s'était imposé comme la matrice territoriale et institutionnelle de la sphère du politique, faisant primer règles et catégories nationales, au détriment de l'autonomie politique des villes notamment (Le Galès, 2011). Avec la démocratisation des sociétés et la consécration du principe représentatif, l'élection est érigée en modalité essentielle de sélection d'un personnel politique « légitime » placé en situation hégémonique par rapport à l'ensemble des acteurs de la société civile. Cette double hégémonie, aussi bien étatique que politique, se voit remise en cause. Saisie dans sa double dimension d'espace physique et politique, la ville (re)devient un nouveau territoire de référence pour repenser le politique en dehors des rapports de coercition, pour agir sur la crise de gouvernabilité des sociétés modernes et pour résoudre tout un ensemble de problématiques.

Au-delà des villes, les travaux sur la gouvernance territoriale mettent en exergue la multiplicité et l'interdépendance des parties prenantes dans la fabrique des projets collectifs sur le territoire. L'ensemble des acteurs qui ont trouvé un intérêt à agir ensemble pour traiter un enjeu (la maîtrise d'ouvrage) forment une communauté d'intérêts. Celle-ci délègue le pouvoir d'agir (la maîtrise d'œuvre) à une communauté d'action. Même si elles sont souvent sécantes, l'une et l'autre communauté ne rassemblent pas forcément les mêmes acteurs. Le territoire s'apparente à un objet autour duquel la communauté d'action va agir en mettant en commun les représentations des acteurs. Mais la seule proximité géographique est impuissante à générer l'interaction et les synergies locales au sein des tissus locaux. Davantage qu'un échelon spatial, qu'une circonscription administrative, le territoire est un construit social, un système dynamique complexe (Leloup *et al.*, 2005), un lieu d'intersection de réseaux (physiques ou humains, formels ou informels), de stratégies et d'interdépendances entre partenaires reliés entre eux, le lieu de production, de négociation, de partage d'un devenir commun. L'une des particularités fortes de l'approche par les territoires est de mettre l'accent sur l'unité et la cohésion, sans mésestimer pour autant les impératifs de compétitivité et de développement : « La poussée du marché conduirait paradoxalement à une forme de retour du politique sur des territoires infra-étatiques comme les villes. » (Bagnasco, Le Galès, 1997, p. 37).

4.3. Du gouvernement à la gouvernance : agir dans des contextes fragmentés

Une approche politique de la gouvernance entend rendre compte de l'articulation de régulations, de « processus politiques et sociaux d'intégration, d'élaboration de projets collectifs, d'agrégation de différents intérêts recomposés et représentés sur une scène extérieure » (Caillosse *et al.*, 1997, p. 24). Le questionnement porte alors sur l'exercice du pouvoir et de la domination, prenant ses distances avec la notion traditionnelle de gouvernement. Si le substantif « gouvernance » a pu historiquement être utilisé comme un synonyme de gouvernement, désormais, cette notion fonctionne au contraire comme une démarcation. Métaphore de la politique conçue comme un système en réseau régissant les relations d'acteurs réunis avec l'objectif d'engendrer des projets, elle situe le pouvoir dans un lieu d'échange à l'intersection de la sphère économique, la sphère publique et la sphère associative (Pitseys, 2010).

Traditionnellement, la notion de « gouvernement » renvoie à une construction politique et institutionnelle fondamentalement centrée sur les décideurs politiques, auxquels sont associés un pouvoir de commandement et une capacité de mise en ordre hiérarchique de la société. Dans le cas des élus locaux français, cette capacité a été à la fois stimulée par le processus de décentralisation, au sens d'un transfert de compétence, tout en restant étroitement encadrée par la loi. Face au modèle politique traditionnel confiant la responsabilité de la gestion des affaires publiques aux seules autorités politiques et gouvernementales, les investissant d'une capacité à prendre des décisions et à les faire appliquer en vertu d'un pouvoir coercitif légitime monopolistique (Chappoz, Pupion, 2013), émerge celui de la gouvernance territoriale. Celui-ci conduit à envisager un système décisionnel plus large que les seules institutions publiques locales qui préside à l'action (Le Galès, 1995). « [...] La construction institutionnelle en surplomb centrée sur une activité de contrôle et de commandement est remise en cause au profit d'une approche plurale et interactive du pouvoir » (Gaudin, 1998, p. 51). Dès lors, le politique est moins affaire de domination que de mobilisation de groupes sociaux, d'institutions, d'acteurs publics et privés qui bâtissent des coalitions et élaborent des projets collectifs (Bagnasco, Le Galès, 1997). La gouvernance altère en quelque sorte les prétentions volontaristes, avec des logiques d'action publique devant intégrer une diversité d'acteurs et de contraintes et allongeant les processus décisionnels (Cadiou, 2014).

Au-delà de la légitimité procurée par le mandat, la capacité d'agir des décideurs politiques et leurs services doit être construite dans une relation avec l'ensemble (ou du moins une partie) des acteurs susceptibles de contribuer à la mise en œuvre des actions envisagées (Stone, 1993). Parce que la capacité d'action collective détermine la qualité de l'action publique (Duran, 2010), la gouvernance renvoie à des « nouvelles formes interactives de gouvernement dans lesquelles les acteurs privés, les différentes organisations publiques, les groupes ou communautés de citoyens, ou d'autres types d'acteurs, prennent part à la formulation de la politique » (Marcou *et al.*, 1997, p. 140). L'approche organisationnelle voit les acteurs politico-administratifs, à différentes échelles, se saisir d'enjeux de mobilisation et de coordination finalement proches d'autres types d'organisations (entreprises, associations) (Pinson, 2015). Dans les systèmes productifs, il s'est historiquement agi de sortir des héritages fordien et tayloristes afin de promouvoir un pilotage de l'entreprise échappant au modèle hiérarchique (Marcou, 2006). Il s'agit toujours, dans le cas du fonctionnement démocratique et de la conduite des politiques publiques, de s'émanciper d'un modèle gouvernemental fondé sur le commandement pour envisager d'autres modes de coordination entre des entités autonomes. La gouvernance attire notre regard sur la redistribution des responsabilités entre les institutions publiques de gouvernement, la société civile et les forces du marché.

Lorsqu'on raisonne en termes de gouvernance territoriale, soit un mode particulier de régulation économique et sociale caractérisant un territoire, et qui répond à la situation où aucun acteur ne peut seul maîtriser les mécanismes de décision, la place des élus ressort inégalement centrale. Dans les formes de gouvernance privée, les acteurs privés sont dominants. Ils impulsent et pilotent les dispositifs de coordination et de création de ressources selon un but d'appropriation privative. Il y a par ailleurs des formes de gouvernance publique lorsque des acteurs publics, dont les collectivités territoriales, pilotent les dispositifs de coordination à travers la production de biens et de services publics ou collectifs. Dans leurs relations aux organisations privées, les collectivités territoriales se prévalent d'un pouvoir de médiation, d'arbitrage ou de décision. La gouvernance mixte associe quant à elle les formes de gouvernance privée et publique à des degrés variables (Amisse *et al.*, 2013).

4.4. Des instruments pour faire agir ensemble

Bien que la gouvernance soit une manière de penser l'action publique davantage qu'un dispositif précis (Pitseys, 2010), évoquant une définition plus flexible de l'exercice du pouvoir, une plus grande ouverture du processus de décision, elle emprunte des formes d'action publique qui permettent d'établir des relations partenariales et négociées entre divers acteurs publics (État, collectivités territoriales) et privés (acteurs économiques, groupes d'intérêts, société civile organisée), dans le but d'instituer des référents collectifs et d'engager des projets et des actions (Moquay, 2005). Là où le droit classique impose une contrainte extérieure aux individus et organisations, la gouvernance entend orienter de l'intérieur leur comportement par une dynamique d'inclusion (Pitseys, 2010).

Une première manière d'inclure passe par une formalisation des coordinations au moyen des contrats d'action publique. Depuis les années 1980, la floraison des contrats a structuré une gouvernance multi-niveaux impliquant principalement l'État et les collectivités territoriales, voire l'Union européenne le cas échéant. *Via* ces politiques contractuelles, aussi bien l'État que les collectivités territoriales publiques planifient et formalisent leurs relations avec divers partenaires publics ou privés. Dans le cadre de la décentralisation, les contrats sont ressortis comme un instrument privilégié pour opérationnaliser l'approche partenariale, pour répondre à une grande diversité de situations et d'enjeux, pour développer des stratégies et des actions diverses, traversant les découpages en blocs de compétences. Ils s'ajustent à l'objectif de flexibilité poursuivi par la décentralisation, avec le passage de normes et de règles définies par les administrations centrales à des objectifs et actions négociés localement avec les élus et leurs services (passage de l'arrangement implicite à la négociation explicite de normes dans le cadre de projets territoriaux). Ils permettent de mieux maîtriser la fragmentation de l'action publique tant horizontale (entre secteurs) que verticale (entre échelons institutionnels et territoriaux). La multiplication des contrats et leur emboîtement permettent à l'État et aux collectivités territoriales, élus locaux en tête, de se doter de scènes de débats sur lesquelles peuvent se négocier des stratégies et interventions d'entités politiques distinctes, voire concurrentes (Gaudin, 1993). Mais ces contrats ont également connu une forme de normalisation institutionnelle et d'affadissement (Gaudin, 1996), se transformant parfois en simple procédure administrative, bien plus qu'un accord de gouvernance fixant des orientations de développement partagées. Elles deviennent alors des moyens classiques d'accéder aux financements, au détriment de la qualité des démarches privilégiant dialogue, collaboration et innovation. Ces contrats recouvrent aussi bien une grande diversité d'enjeux sectoriels d'action publique (contrats de villes, contrats locaux de sécurité, contrats éducatifs locaux, contrats locaux de santé…) qu'ils correspondent à des dispositifs à vocation transversale et à ancrage territorial à l'image des contrats de plan État-Région (CPER) ou de contrats passés entre différents niveaux de collectivités et d'établissements intercommunaux, comme les contrats de Pays ou les contrats de territoires des conseils départementaux (Frinault, 2013). Les élus locaux, avec leurs « équipements humains et organisationnels » (Cadiou, 2013), participent ainsi à codéfinir et à cofinancer des politiques et des stratégies pour le territoire, en interaction et en accord avec d'autres acteurs institutionnels. Le schéma décentralisateur d'une répartition claire des responsabilités par blocs de compétences ressort un peu plus comme un mirage.

Une autre manière d'incarner les principes de la gouvernance transite par le projet, recherchant une participation plus large d'acteurs dans la définition des projets d'aménagement et de développement des territoires. Poursuivant une rationalité interactionniste et processuelle, les démarches par projet suscitent la mise en place de dispositifs d'échanges dont on attend généralement qu'ils produisent une vision partagée et commune des normes et des règles d'action, qu'ils fassent émerger des accords sur les stratégies de développement à mettre en œuvre et qu'ils renforcent l'action collective et les réseaux d'acteurs. Gilles Pinson (2006) voit dans le projet l'instrument privilégié, dans l'arsenal des acteurs urbains, d'une mise en ordre pluraliste du territoire. Alors que la mobilisation sociale était un enjeu marginal dans les formes traditionnelles de planification, elle devient ici centrale, aussi bien pour produire le projet que pour produire de l'identité locale (Pinson, 2009). Le projet s'apparente à un vecteur d'association de plusieurs types de ressources, de conciliation d'objectifs hétérogènes, de coordination opérationnelle, et d'adaptation itérative au gré des contraintes. Avec le projet, l'activité gouvernementale des élus locaux se voit en quelque sorte redéfinie dans le sens d'une capacité de mobilisation et de gestion de l'action collective. Ces enjeux recouvrent la notion de management territorial au sens où elle a été définie par l'école suisse du management territorial, notamment depuis la parution en 1996 de l'ouvrage collectif *Le management territorial*, c'est-à-dire le management de l'ensemble des interrelations humaines contribuant à la production de territoires. Il s'agit, pour une collectivité publique et ses élus, d'orienter, dans la mesure du possible et grâce aux politiques dont elle a la responsabilité ou l'initiative, la production des territoires. La spécificité du management territorial réside dans l'attention particulière qu'il accorde aux manières d'intégrer la multiplicité des acteurs aux logiques différentes impliquées dans la production des territoires. L'activité politique se voit ici redéfinie à mesure que l'approche réglementaire du territoire se voit circonscrite.

Au croisement des enjeux de gouvernance multiniveaux d'un côté et de développement des projets de l'autre prennent place les appels à projets dont la montée en puissance est observable depuis les années 2000. Leur étude s'inscrit dans une série de travaux autour de l'instrumentation dans l'action publique et de leur portée transformatrice. Affranchis d'une logique de *hard power* prescriptif, ces appels empruntent les habits d'un pilotage plus soft en apparence, mais dont les effets disciplinaires sont bien réels. Les appels à projets ont pu parfois correspondre à des stratégies de glocalisation (*glocalization strategy*) pour reprendre l'expression de Neil Brenner (2003), soit une manière pour l'État central d'allouer prioritairement ses moyens à certains territoires et projets, jugés les plus aptes, au détriment de tous les autres. À l'inverse d'une stratégie de redistribution spatiale (keynésianisme spatial), il s'agit ici d'une stratégie spatialement sélective visant à privilégier certains sites en y concentrant les aides et les investissements, de manière à les insérer dans des circuits économiques globalisés au détriment d'autres espaces jugés moins « stratégiques ». Les États occidentaux ont initié des stratégies de *rescaling* visant à faire émerger des « champions territoriaux » à même de s'insérer et de briller dans une compétition globalisée. Pour répondre à ce contexte concurrentiel, certains territoires peuvent, qu'ils y soient incités par l'État ou pas, s'engager dans des formes de « coopétition territoriale » (Nalebuff, Brandeburger, 1996), ce terme désignant des alliances entre organisations concurrentes pour mieux s'imposer dans un contexte compétitif. En France, l'instrument « appels à projets » a ainsi été utilisé pour ce qui concerne des enjeux forts de développement et d'attractivité des territoires comme les pôles de compétitivité – 5e phase d'appel à projets en 2022 – qui visaient à développer des synergies et des coopérations autour d'un secteur d'activité précis au sein d'un territoire[10], ou encore les appels à projets Idex, pour Initiatives d'excellences, déclinaisons des « investissements d'avenir » dans le champ de l'enseignement supérieur et de la recherche. Mais ces appels à projets ont également concerné d'autres politiques, bien plus dégagées des enjeux de pressions concurrentielles entre territoires : rénovation urbaine, pôles d'excellence rurale, maisons de l'emploi, dispositifs de réussite éducative…

Les appels à projets font supporter des contraintes inédites aux élus locaux par rapport à la démarche contractuelle classique, en plaçant leurs collectivités et territoires dans des configurations ouvertement concurrentielles et sélectives. Il ne s'agit plus tant de négocier au mieux l'architecture d'un contrat d'action publique, selon ses propres objectifs et ses intérêts, que d'imaginer les projets en maximisant les chances d'être retenus. Ainsi, les élus locaux doivent intégrer les attendus de l'institution qui arbitre et administre les primes, incitant sans contraindre. Cette logique a été mise en exergue par Renaud Epstein (2005) à partir de la politique de rénovation urbaine qui s'est engagée avec la création de l'Agence nationale de rénovation urbaine. Conceptualisant l'idée d'un gouvernement à distance, soit un État central qui arbitre et alloue depuis Paris (quitte à court-circuiter l'État local), il soulignait l'existence d'une doctrine qui ne dit pas son nom, mais est intégrée par les édiles locaux. En l'espèce, les élus étaient pressés d'intégrer des stratégies de démolition et de résidentialisation dans leurs projets urbains pour maximiser leurs chances de succès. Ces appels à projets représentent une mode de gouvernement par l'incitation de l'État en direction des collectivités, et s'inscrivent dans la décentralisation de « deuxième type » théorisée par Michael Keating (1998) selon laquelle il ne s'agit pas tant d'octroyer des prérogatives supplémentaires aux collectivités, et donc aux élus locaux, que de reprendre le contrôle sur les choix locaux.

Avec la gouvernance, le modèle clair – bien qu'illusoire et souvent défaillant – de participation politique est revisité, qu'il s'agisse d'étudier l'État ou les collectivités territoriales. Véhiculant un principe de légitimité concurrent de celui qui fonde les institutions démocratiquement élues, la gouvernance semble faire la part belle aux acteurs privés et laisse entrevoir une érosion de la capacité de commandement politique, un projet de dissolution de la souveraineté politique selon le chercheur Jean-Gustave Padioleau (Tribune publiée dans le journal *Libération*, 1er juin 2000). Le paradigme de la gouvernance représenterait, en l'appréciant ou en le critiquant, « le triomphe d'une rationalité anti-étatiste puisqu'elle puise son effectivité du côté des individus, des communautés locales et des marchés : la gouvernance disqualifie l'État tout en privatisant la délibération politique », résume John Pitseys (2010, p. 220). La dilution du politique et de ses centres de commandement vise certes l'État en premier lieu, mais elle englobe également les gouvernements locaux et leurs représentants. Peut-on

10. En 2022, 54 pôles de compétitivités avaient été labellisés en France, rassemblant 2 000 laboratoires et Établissements d'enseignement supérieur et 10 000 entreprises innovantes, accompagnant 2 000 projets d'innovation. 7,5 milliards d'euros avaient été investis dans des projets d'innovation.

néanmoins ignorer le fait que la complexité des processus sociaux affaiblit la possibilité d'un contrôle politique de l'évolution des territoires ?

Une manière plus optimiste d'envisager la gouvernance, naïve ou enchantée diraient certains, est de déceler une voie ouverte à la démocratisation du pouvoir, à la mobilisation civique et aux initiatives locales et citoyennes. La légitimité des élus se réinvente, s'adossant à leur capacité à mobiliser, à connecter des porteurs de ressources entre eux, à favoriser un intérêt commun, plutôt que sur leur capacité à tout contrôler et à monopoliser les médiations entre acteurs. Mais il faut aussi considérer comment les logiques de mobilisation et de coordination à l'œuvre n'effacent nullement l'existence des rapports traditionnels de domination, tant les inégalités de ressources perdurent (Pinson, 2015).

Alors que la gouvernance se construit pour une très large part à côté de la participation citoyenne, et que la littérature centrée sur la participation ignore ou laisse de côté la problématique de la gouvernance, rappelons que l'arsenal des dispositifs participatifs n'est pas étranger à la gouvernance, à son objectif de travailler à l'unité sociale et à la cohésion d'un territoire. L'expression de « gouvernance participative » est utilisée et définie par Archon Fung et Erik Olin Wright comme un processus décisionnel combinant « participation populaire, décentralisation des prises de décisions, pragmatisme, implication et délibération permanente, coopération entre secteurs et intérêts normalement divergents en matière d'objectifs politiques et sociaux » (Fung, Olin Wright, 2005 : 53).

La question reste de savoir jusqu'où ce que désigne la gouvernance est fondamentalement nouvelle. La littérature offre deux points de vue antagoniques (Simoulin, 2003). D'un côté, la gouvernance se réduirait à un mode de coordination des acteurs parmi d'autres, qui revêt une dimension a-historique et sert à décrire des pratiques déjà anciennes. Le modèle de l'élu local intermédiaire et médiateur montrait déjà comment ce dernier établissait une communication entre différents segments ou réseaux de la société locale (Garraud, 1994). De l'autre côté, la gouvernance s'apparenterait au contraire à un phénomène radicalement (in)novateur, un nouveau référentiel d'action qui brouille les frontières entre les sphères publique et privée. L'hégémonie politique s'affiche en recul. La gouvernance est alors indexée à une situation historique particulière qu'il s'agirait de décrire, plus qu'elle ne représente une théorisation (Duran, 2001).

Bibliographie

Abélès M., 1989, *Jours tranquilles en 89. Ethnologie politique d'un département français*, Paris, Odile Jacob.

Acabo M., 2022, « La "liste citoyenne" comme entreprise de discrétion. Enquête sur la campagne des municipales de la liste "Strasbourg Écologiste & Citoyenne" », *Politix*, vol. 138, n° 2, p. 71-98.

Acar B. *et al.*, 2020, *La formation des élus locaux*, Rapport de l'Inspection Générale des Affaires Sociales et Administratives. IGAS-IGA.

Achin C. *et al.*, 2007, *Sexes, genre et politique*, Paris, Economica.

Achin C., Lévêque S., 2014, « La parité sous contrôle. Égalité des sexes et clôture du champ politique », *Actes de la recherche en sciences sociales*, n° 204, 2014, p. 118-137.

AdCF, *La gouvernance politique des intercommunalités en France, l'émergence d'une culture du compromis fondée sur une gouvernance partagée*, octobre 2019.

Agulhon M., 1988, *Les réveils politiques 1830-1848*, La Découverte.

Aldrin P., Vannetzel M., 2019, « Dans les lisières. Une sociologie des acteurs secondaires de la politique dans deux petites villes françaises », *Politix*, vol. 4, n° 128, p. 31-63.

Allinne J.-P., Carrier R., 2002, *Préfet et développement local*, Paris, Dalloz.

Amar M., 1999, *Le piège de la parité : arguments pour un débat*, Paris, Hachette littératures.

Amiraux V., Simon P., 2006, "There are no Minorities Here: Cultures of Scholarship and Public Debate on Immigrants and Integration in France", *International Journal of Comparative Sociology*, vol. 47, n° 3-4, p. 191-215.

Amisse S. *et al.*, 2013, « Les réseaux de communautés de pratique dans la dynamique de la gouvernance territoriale horticole : le cas de l'Anjou », *Géographie, économie, société*, vol. 15, n° 3, p. 183-203.

Anderson C.J., Ward D.S., 1996, « Barometer elections in comparative perspective », *Electoral Studies*, 15, p. 447-60.

Arhip-Paterson W., 2020, « Les budgets participatifs sont encore partisans. (Dé-)partisanisation des budgets participatifs parisiens (2014-2020) », *Participations*, vol. 26-27, n° 1-2, p. 135-164.

Arrignon M., Frinault T., 2021, « Des frontières sur le métier. La réforme territoriale ou la réactivation des processus fusionnels », in C. Arambourou, E. Négrier, M. Paoletti, V. Simoulin (dir.), Politique de la fusion : organisations, services, territoires, Paris, LGDJ, p. 163-178.

Arstein S.R., 1969, "A Ladder of Citizen Participation", *Journal of American Institute of Planners*, 35/4, p. 216-224.

Avanza M., 2010, « Qui représentent les élus de la "diversité"» ? Croyances partisanes et points de vue de "divers" », *Revue Française de Science politique*, vol. 60, n° 4, p. 745-767.

Bach L., 2009, « Faut-il interdire le cumul des mandats ? », Miméo disponible http://www.jourdan.ens.fr/~lbach/documents/Cumul_Bach.pdf

Bach L., 2011, « Should Multiple Office-Holding be Forbidden to Politicians? Evidence from France », Miméo disponible : http://www.jourdan.ens.fr/~lbach/documents/OfficeHolding_Bach.pdf.

Bach L., 2012, *Faut-il abolir le cumul des mandats ?*, Paris, Rue d'Ulm.

Bages R., Drulhe M., Nevers J.-Y., 1976, « Fonctionnement de l'institution municipale et pouvoir local en milieu rural », *Études rurales*, n° 63-64, p. 31-53.

Bagnasco A., Le Galès P. (dir.), 1997, « Les villes européennes comme société et comme acteur », in A. Bagnasco, P. Le Galès (dir.), *Villes en Europe*, Paris, la Découverte, p. 7-46.

Barbet D., 2007, « Quand les mots de l'abstention parlent des maux de la démocratie », *Mots*, vol. 83, n° 1, p. 53-67.

Barone S., Troupel A., 2008, « Les usages d'un mode de scrutin particulier. Les élections municipales dans les très petites communes », *Pôle Sud*, n° 29, p. 95-109.

Barone S., Troupel A. (dir.), 2010, *Battre la campagne. Élections et pouvoir en milieu rural*, Paris, L'Harmattan.

Barral P., 1968, *Les agrariens. De Méline à Pisani*, Paris, Armand Colin.

Bedock C., 2017, « When Electoral Competition Determines Disproportionality. Majority Bonus and Regional Elections in France and Italy », *Les Cahiers du Cevipol*, vol. 1, n° 1, p. 4-27.

Bellanger E., 2014, « Le maire au xxe siècle, ou l'ascension d'une figure « sympathique » et « intouchable » de la République », *Pouvoirs*, n° 148, p. 15-29.

Berger S., 1975, *Les paysans contre la politique*, Paris, Le Seuil.

Béréni L., Jaunait A., 2009, « Usages de la diversité », *Raisons politiques*, 35, p. 5-10.

Béréni L., Révillard A., 2007, « Des quotas à la parité : « féminisme d'État » et représentation politique (1974-2007), *Genèses*, n° 67, p. 5-23.

Bertrand N., Moquay P., 2004, « La gouvernance locale, un retour à la proximité », *Économie Rurale*, 280, 77-95.

Beuret J.-E., Cadoret A., 2011, *Retour d'expériences sur la concertation vue par les acteurs environnementaux et les élus locaux*, [Rapport de recherche] ADEME.

Bezard A., 2018, *Budgets participatifs : la nouvelle promesse démocratique*, Fondation Jean Jaurès, 02/10/2018.

Bezès P., 2005, « Le renouveau du contrôle des bureaucraties. L'impact du New Public Management », *Informations sociales*, n° 6, vol. 126, p. 26-37.

Bidégaray C., 2004, « Quels présidents pour les Régions ? Les effets pervers des modes de scrutin », *Revue française de science politique*, 54 (4), p. 595-620.

Biland E., 2006, « La démocratie participative en banlieue rouge. Les sociabilités politiques à l'épreuve d'un nouveau mode d'action publique », *Politix*, n° 75, p. 53-74.

Bilella M., 2019, « Prôner la participation, chercher la distinction. Petite bourgeoisie culturelle et innovation politique », *Études rurales*, 204 (2), p. 146-167.

Blatrix C., 2009, « La démocratie représentative en représentation », *Sociétés contemporaines*, 2009-07, vol. 74 (2), p. 97-119.

Bloch M., 1988 (éd. originale : 1931), *Les caractères originaux de l'Histoire rurale française*, Paris, Colin.

Blondiaux L., 2005, « L'idée de démocratie participative : enjeux, impensés et questions récurrentes » in Y. Sintomer, M.-H. Bacqué (dir.), *Gestion de proximité et participation démocratique*, Paris, La Découverte, 2005, p. 119-138.

Bodiguel J.-L., 1966, « Les commissions de développement économique régional : composition, bilan et perspectives. L'exemple des Pays de la Loire », *Revue française de science politique*, vol. 16, n° 3, p. 472-492.

Boltanski L., Thévenot L., 1991, *De la justification. Les économies de la grandeur*, Paris, Gallimard.

Bonhomme *et al.*, 2018, *Faciliter l'exercice des mandats locaux : la formation et la reconversion*, Rapport sénatorial fait au nom de la délégation aux collectivités territoriales, n° 642, Tome IV (2017-2018). URL : https://www.senat.fr/rap/r17-642-4/r17-642-41.pdf).

Bonnet F., 2010, « Les machines politiques aux États-Unis. Clientélisme et immigration entre 1870 et 1950 », *Politix*, vol. 4, n° 92, p. 7-29.

Borgel C., 2013, Rapport n° 1174 fait au nom de la commission des lois, déposé le 26 juin 2013.

Borraz O., 1998, *Gouverner une ville : Besançon 1959-1989*, Rennes, Presses Universitaires de Rennes.

Bouchard L.-P. 2000, *Schumpeter. La démocratie désenchantée*, Paris, Michalon.

Bourdieu P., 1979, *La Distinction. Critique sociale du jugement*, Paris, Minuit.

Bourdieu P., 1980, *Questions de sociologie*, Paris, Minuit.

Bourdieu P., 1981, « La représentation politique. Éléments pour une théorie du champ politique », *Actes de la recherche en sciences sociales*, n° 36-37, p. 3-24.

Bourdieu P., 1984, « Questions de sociologie, Éditions de Minuit, 1984 » (reprise d'un entretien avec Anne-Marie Métailié, paru dans *Les jeunes et le premier emploi*, Paris, Association des Âges, 1978, p. 520-530).

Bourdieu P., 1986, "The Forms of Capital" in G. Richardson (ed.), *Handbook of Theory Research for the Sociology of Education, Greenwood Press*, New York, p. 241-258.

Bourjol M., 1994, *Intercommunalité et union européenne*, Paris, LGDJ.

Bozon M., Chamboredon J.-C., 1980, « L'organisation sociale de la chasse en France et la signification de la pratique », *Ethnologie Française*, vol. 10, n° 1, p. 65-88.

Braconnier C., Coulmont B., Dormagen J.-Y., 2017, « Toujours pas de chrysanthèmes pour les variables lourdes de la participation électorale. Chute de la participation et augmentation des inégalités électorales au printemps 2017 », *Revue française de science politique*, vol. 67, n° 6, p. 1023-1040.

Brenner N., 2004, *New state spaces, Urban Governance and the Rescaling of Statehood*, Oxford, Oxford University Press.

Brennetot A., De Ruffray S., 2014, « Découper la France en régions », Cybe.geo : European Journal of Geography [En ligne], Débats, Quel découpage régional pour la France ?, mis en ligne le 23 juillet 2014.

Briquet J.-L., 1994, « Communiquer en actes. Prescriptions de rôle et exercice du métier politique », *Politix*, vol. 4, n° 28, p. 16-26.

Briquet J.-L., 2017, « Notables et processus de notabilisation dans la France des xixe et xxe siècles », *Politika*, notice publiée le 13 juin 2017 (https://www.politika.io/fr/notice/notables-processus-notabilisation-france-xixe-xxe-siecles).

Briquet J.-L., Sawicki F. (dir.), 1998, « Introduction » in J.-L. Briquet, F. Sawicki (dir.), *Le clientélisme politique dans les sociétés contemporaines*, Paris, Presses Universitaires de France, p. 1-5.

Busquet G., 2007, *Idéologie urbaine et pensée politique dans la France de la période 1958-1981*, Thèse d'urbanisme et aménagement (Paris 12).

Bussi M., Fourquet J., Ravenel L., 2004, « Élections régionales de 2004 : notabilités traditionnelles et nouvelles maîtrises des territoires électoraux », *Revue française de science politique*, 54 (4), p. 639-667.

Burns J., 1978, *Leadership*, Harper Colins.

Cadiou S., 2009, « La politique locale : une affaire de techniciens », in C. Bidégaray *et al.* (dir.), *L'élu local aujourd'hui*, Grenoble, PUG, p. 213-226.

Cadiou S., 2009b, *Le Pouvoir local en France*, Presses universitaires de Grenoble.

Cadiou S., 2014, « Le maire et les paris (risqués) de l'action publique », *Pouvoirs*, vol. 148, n° 1, p. 43-55.

Cadiou S., Desrumaux C., 2023, « Le scrutin métropolitain lyonnais : des élections de premier ordre ? Construction et hiérarchisation des élections », in R. Lefebvre et S. Vignon (dir.), *Politiser l'intercommunalité ? Le cas des élections locales de 2020*, Villeneuve d'Ascq, Presses universitaires du Septentrion, p. 57-86.

Caillosse J. *et al.*, 1997, « Les sociétés d'économie mixte locales », *Le gouvernement des villes. Territoires et pouvoir*, Paris, Éd. Descartes et Cie.

Caillosse J., 2012, « Oui, encore la différenciation ! mais de quoi s'agit-il donc ? », *Pouvoirs locaux*, n° 93, p. 44-52.

CAMUS P., 2022, « Le recours des élus locaux à la formation à l'aune des déterminants institutionnels », *Formation emploi*, n° 160, p. 85-101.

CATLLA M., 2014, *Le travail des maires de petites communes : une activité débordante. Les mondes du travail politique. Les élus et leurs entourages*, Rennes, Presses universitaires de Rennes, p. 71-87.

CATLLA M., TROUPEL A., 2021, « Une grande région, de petits élus. Le travail politique dans un contexte de fusion », in E. Négrier (dir.), *La fusion des régions. Le laboratoire d'Occitanie*, Grenoble, Presses universitaires de Grenoble, p. 71-88.

CHAMOUARD A., FOGACCI F., 2015, « Les notables en République : introduction », *Histoire@Politique*, n° 25, p. 1-11.

CHAPPOZ Y., PUPION P.-C., 2013, « Une nouvelle gouvernance et de nouvelles politiques publiques territoriales », *Gestion et management public*, n° 2, vol. 2, p. 1-4.

CHEVALIER P., 2021, « Scrutin binominal et redécoupage des cantons : genèse de la réforme de 2013 », *Revue française d'administration publique*, vol. 180, n° 4, p. 1057-1070.

CHEVALLIER J., 1999, « Synthèse » in L. Blondiaux, G. Marcou, F. Rangeon (dir.), *La démocratie locale. Représentation, participation et espace public*, Paris, Presses Universitaires de France / CURAPP, p. 405-415.

CHIGNIER-RIBOULON F., CONORD F., 2009, « La carte cantonale française, un quart de siècle d'immobilisme (1982-2009) », *L'information géographique*, n° 4, p. 35-47.

COLANGE C., MANTERNACH S., 2021, *Élections départementales et régionales 2021 : une analyse cartographique*, Étude pour la Fondation pour l'innovation politique (Fondapol), décembre 2021.

COMBES H., VOMMARO G., 2015, *Sociologie du clientélisme*, Paris, La Découverte.

COURTY G., 2019, *Le lobbying en France. Invention et normalisation d'une pratique politique*, Bruxelles, Peter Lang.

COSSART P., FELICETTI A., KLOPPENBERG J., 2016, « Les town meetings, mythe fondateur de la démocratie américaine », *Participations*, n° 15, p. 5-45.

CROWLEY J., 2003, « Usages de la gouvernance et de la gouvernementalité », *Critique internationale*, n° 4, vol. 21, p. 52-61.

CROZIER M., THOENIG J.-C., 1975, « La régulation des systèmes organisés complexes. Le cas du système de décision politico-administratif local en France », *Revue Française de sociologie*, 16-1, p. 3-32.

DAMMAME D., 1999, « Professionnel de la politique, un métier peu avouable » in M. Offerlé (dir.), *La profession politique, XIXe-XXe siècles*, Paris, Belin, p. 37-67.

DAUVIN P., 1999, « Être élu dans une commune rurale, paroles croisées sur le métier politique » in P. Mazet, Y. Poirmeur (dir.), *Le métier politique en représentations*, Paris, L'Harmattan, p. 37-67.

DE BLIC, D., 2020, « La révolution municipale », *Projet*, vol. 374, n° 1, p. 34-35.

DELALANDE N., 2008, « Émile-Justin Menier. Un chocolatier en République », *Politix*, n° 84, p. 9-33.

DELAMARRE A., 1989, « La carte des 36000 communes », *Mappemonde*, n° 4, p. 12-16.

DELAPORTE A., PETITFILS A.-S., SÉGAS S., 2024, « Introduction », in A. Delaporte *et al.* (dir.), *Les partis font-ils encore la campagne ? Les coulisses des élections municipales de 2020*, Presses du Septentrion, p. 9-28.

DELAPORTE A., SÉGAS S., 2020, « Élections municipales et accords interpartisans : une bipolarisation toujours aussi structurante ? », *Pouvoirs locaux*, n° 118, p. 55-62.

DEMAZIÈRE D., 2009, « Les élus locaux débutants. Découverte du travail politique et production des professionnels » in D. Demazière, C. Gadéa (dir.), *Sociologie des groupes professionnels. Acquis récents et nouveaux défis*, Paris, La Découverte, p. 197-207.

DEMAZIÈRE D., LE SAOUT R., 2021, « Vivre de la politique. Rémunération des élus et indemnisation des mandats », *Revue française de science politique*, vol. 71, n° 1, p. 7-28.

DENQUIN J.-M., 2003, « Gaullisme et décentralisation », in C. Boutin, F. Rouvillois (dir.), *Décentraliser en France. Idéologies, histoire et prospective*, Paris, Éd. François-Xavier de Guibert, p. 237-247.

DESAGE F., 2005, « Une commune résidentielle suburbaine en pleine campagne. Contraintes de notoriété, clôture des enjeux et disqualification sociale de l'adversaire », in J. Lagroye, P. Lehingue, F. Sawicki (dir.), *Mobilisations électorales*, Paris, Presses Universitaires de France/CURAPP, p. 59-87.

DESAGE F., GUÉRANGER D., 2011, *La Politique confisquée. Sociologie des réformes et des institutions intercommunales*, Bellecombe-en-Bauges, Éditions du Croquant.

DI MAGGIO P.J., POWELL W.W., 1983, « The Iron-Cage Revisited : Institutional Isomorphism and Collective Rationality in Organizational Field », *American Sociological Review*, 48, p. 147-160.

DINKEL R. H., 1977, Der Zusammenhanf zwischen Bundes- und Landtagswahlerergebnissen, Zeitschrift für Parlementsfragen 18, p. 348-360.

DOLEZ B., 2004, « À la recherche de l'abstentionnisme différentiel. Actualité d'une vieille question », *Revue française de science politique*, vol. 54, n° 4, p. 669-680.

DOLEZ B., 2015, « Réforme territoriale et transformation du personnel politique local. Les élections départementales de mars 2015 », in J.-C. Némery (dir.), *Quelle organisation pour les grandes régions en France et en Europe ?*, Paris, L'Harmattan, p. 143-153.

DOLEZ B., HASTINGS M. (dir.), 2003, *Le parachutage politique*, Paris, L'Harmattan.

DOMPNIER N., 2019, « La participation politique : des modalités d'action diversifiées et cumulatives », in P. Bréchon (dir.), *La France des valeurs. Quarante ans d'évolutions*. Presses universitaires de Grenoble, p. 260-264.

DOUILLET A.-C., LEFEBVRE R., 2017, *Sociologie politique du pouvoir local*, Paris, Armand Colin.

DOWNS A., 1957, « An Economic Theory of Political Action in a Democracy », *The Journal of Political Economy*, vol. 65, n° 2, p. 135-150.

DUBOIS V., DULONG D., 1999, *La question technocratique. De l'invention d'une figure aux transformations de l'action publique*, Strasbourg, Presses universitaires de Strasbourg.

DUPOIRIER É., 2004, « La régionalisation des élections régionales ? Un modèle d'interprétation des élections régionales en France », *Revue française de science politique*, vol. 54, n° 4, p. 571-594.

DURAN P., 2001, « Action publique, action politique. Quelques remarques critiques sur la notion de gouvernance », in P. Leresche (dir.), *Gouvernance urbaine et action publique*, Paris, Pedone, p. 369-389.

DURAN P., 2010, *Penser l'action publique*, Paris, LGDJ.

EHRHARD T., 2016, « Penser les politiques électorales. L'objet électoral saisi par les politiques publiques », *Gouvernement et action publique*, vol. 5, n° 1, p. 9-33.

EPSTEIN R., 2005, « Gouverner à distance. Quand l'État se retire des territoires », *Esprit*, 11, p. 96-111.

EPSTEIN R., FRINAULT T., PINSON G., 2021, « Le crépuscule de l'autonomie locale – sur les régionales et départementales », AOC, 7 juillet 2021 (https://aoc.media/analyse/2021/07/06/le-crepuscule-de-lautonomie-locale-sur-les-regionales-et-departementales/).

ERIKSON R.S., FILIPPOV M. G., 2001, « Electoral balancing in federal and subnational elections: the case of Canada », *Constitutional Political Economy*, 12, p. 313-331.

Études rurales, 2019, *Élus locaux et notabilités*, 2019/2, n° 204.

FASSIN É., 2010, « Les couleurs de la représentation. Introduction », *Revue française de science politique*, vol. 60, n° 4, p. 655-662.

FAURE A., 1991, « Les maires ruraux. De la gestion des symboles à la symbolique gestionnaire », *Politix*, 15, p. 68-72.

FAURE A. *et al.*, 2000, « Le pouvoir local en débat. Pour une sociologie du rapport entre leadership et territoire », *Pôle Sud*, 13, p. 103-119.

FAURE A., 2015, « Les passions de l'élu local, du notable au médiateur », *Histoire@Politique*, vol. 25, n° 1, p. 197-211.

FERRAN N., 2015, *La démocratie de proximité dans les exécutifs municipaux Montpellierains (1977-2011). (Re)configurations clientélaires d'une offre municipale*, thèse pour le doctorat de science politique, Université de Montpellier/Universitat Autònoma de Barcelona.

FONTAINE J., LE BART C., 1994, *Le métier d'élu local*, Paris, L'Harmattan.

FOUCAULT M., 2006, « How useful is the cumul des mandats for being re-elected? Empirical evidence from the 1997 legislative election », *French Politics*, 4, p. 292-311.

FRANÇOIS B., 1998, *Le régime politique de la Ve République*, Paris, La Découverte.

FRANÇOIS A., 2006, « Testing the "Baobab Tree" Hypothesis: The Cumul des Mandats as a Way of Obtaining More Political Resources and Limiting Electoral Competition », *French Politics*, 4, p. 269-291.

FRANÇOIS A., PHELIPPEAU E., RAGOUET P., 2012, « Campaign Financing and Politicians' Careers : A Dynamic Perspective », in J. Mendilow (dir.), Money, Corruption, and Political competition in established and emerging democracies, Lexington Books.

FRANÇOIS A., WEILL L., 2014, « Le cumul de mandats locaux affecte-t-il l'activité des députés français ? », *Revue économique*, vol. 65, n° 6, p. 881-906.

FRETEL J., 2004, « Le parti comme fabrique de notables. Réflexions sur les pratiques notabiliaires des élus de l'UDF », *Politix*, n° 65, p. 45-72.

FRETEL J., 2017, « La crise du militantisme », *Pouvoirs*, vol. 163, n° 4, 2017, p. 71-81.

FRINAULT T., 2013, « Du guide des aides aux contrats de territoire : un triple repositionnement départemental », *Politiques et management public*, 30 (2), p. 199-219.

FRINAULT T., 2021, « De la dé-centralisation à la réforme territoriale : un nouveau projet de l'État pour la Périphérie ? », in T. Frinault, C. Le Bart et E. Neveu (dir.), *Nouvelle sociologie politique de la France*, Paris, Armand Colin, p. 69-80.

FRINAULT T., GOSME A., LE BART C., 2010, « Quand l'intercommunalité s'invite aux élections municipales : le contre-exemple de Rennes », in R. Le Saout (dir.), *L'intercommunalité en campagne*, Rennes, Presses Universitaires de Rennes, p. 139-158.

FRINAULT T., MAZEAUD A., SAINTY J., 2020, « Citoyennisation(s) des élections municipales. Quel renouvellement ? », *Pouvoirs locaux*, n° 188, p. 63-67.

FUNG A., WRIGHT E.O., 2005, « Le contre-pouvoir dans la démocratie participative et délibérative », in M.-H. Bacqué *et al.* (dir.), *Gestion de proximité et démocratie participative. Une perspective comparative*, Paris, La Découverte, p. 49-80.

GARBAYE R., 2005, *Getting Into Local Power. The Politics of Ethnic Minorities in British and French Cities*, Oxford, Blackwell.

GARRAUD P., 1989, *Profession homme politique. La carrière politique des maires urbains*, Paris, L'Harmattan.

GARRAUD P., 1994, « Le métier d'élu local. Les contraintes d'un rôle » in C. Le Bart, J. Fontaine (dir.), *Le métier d'élu local*, Paris, L'Harmattan, p. 29-54.

GARRIGOU A., 1992, *Le vote et la vertu. Comment les Français sont devenus électeurs*, Paris, Presses de la F.N.S.P.

GASPARD F., BATAILLE P., 1999, *Comment les femmes changent la politique et pourquoi les hommes résistent*, Paris, La Découverte.

GASPARD F., SERVAN-SCHREIBER C., LE GALL A., 1992, *Au pouvoir, citoyennes ! Liberté, égalité, parité*, Paris, Seuil, 1992.

GAUDIN J.-P., 1993, *Les nouvelles politiques urbaines*, Paris, Presses Universitaires de France.

GAUDIN J.-P., 1996, « Négocier d'abord ? », *Pôle Sud*, n° 4, p. 19-32.

GAUDIN J.-P., 1998, « La gouvernance moderne, hier et aujourd'hui. Quelques éclairages à partir des politiques publiques françaises », *Revue internationale des sciences sociales*, n° 155, p. 51-62.

GAUDIN J.-P., 1999/2007 (2e édition), *Gouverner par contrat. L'action publique en question*, Paris, Presses de Sciences Po.

Gaudin J.-P., 2008, « Dispositifs participatifs et démocratie » in O. Giraud et P. Warin (dir.), *Politiques publiques et démocratie*, Paris, La Découverte, p. 263-280.

Gaxie D., 1978, *Le cens caché. Inégalités culturelles et ségrégation politique*, Paris, Le Seuil.

Gaxie D., 1983, « Les facteurs sociaux de la carrière gouvernementale sous la Cinquième République de 1959 à 1981 », *Revue française de sociologie*, 24 (3), p. 441-465.

Gaxie D., 1993, *La démocratie représentative*, Paris, Montchrestien.

Gaxie D., Lehingue P., 1984, *Enjeux municipaux. La constitution des enjeux politiques dans une élection municipale*, Paris, Presses Universitaires de France/CURAPP.

Geisser V., Soum El Y., 2008, *Discriminer pour mieux régner. Enquête sur la diversité dans les partis*, Paris, L'Atelier.

Germain S., 2008, *Les politiques locales de sécurité en France et en Italie : une comparaison des villes de Lyon, Grenoble, Bologne et Modène*, Thèse de science politique soutenue à l'université Pierre-Mendès France de Grenoble.

Girard V., Rivière J., 2013, « Grandeur et décadence du "périurbain". Retour sur trente ans d'analyse des changements sociaux et politiques », *Métropolitiques* (mis en ligne le 3 juillet 2013).

Godmer L., 2009, *Des élus régionaux à l'image des électeurs ? : L'impératif représentatif en Allemagne, en Espagne et en France*, L'Harmattan, Logiques politiques, 240 p.

Godmer L., 2015, « Les élus régionaux : un personnel politique entre notabilisation, dénotabilisation et renotabilisation », *Histoire@Politique*, vol. 25, n° 1, p. 131-144.

Godmer L., Marrel G., 2014, « La production de l'agenda. Comment se fabrique l'emploi du temps d'une vice-présidente de conseil régional » in D. Demazière, P. Le Lidec (dir.), *Les mondes du travail politique. Les élus et leurs entourages*, Rennes, Presses Univesitaires de Rennes, p. 37-52.

Gontcharoff G., 1999, « Le renouveau des comités de quartier » in L. Blondiaux, G. Marcou, L. Blondiaux (dir.), *La démocratie locale. Représentation, participation, espace public*, Paris, Presses Universitaires de France/CURAPP, p. 305-325.

Gourgues G., Rui S., Topcu S., 2013, « Gouvernabilité et participation. Lectures critiques », *Participations*, n° 6, p. 5-33.

Gourgues G., Lebrou V., Sainty J., 2020, « L'essor des listes participatives. Autour de la campagne des élections municipales 2020 », *La vie des idées*, 31 mars 2020 : https://laviedesidees.fr/L-essor-des-listes-participatives.html

Gregory M.-A., 2011, « Changer de nom pour changer d'image. Le cas des modifications de dénomination de département », *Mots*, n° 97, p. 15-29.

Gregory M.-A., 2014, *La cause départementaliste. Genèses et réinventions d'une controverse politique française*, Thèse de science politique, université Aix-Marseille Université.

Gremion P., 1976, *Le pouvoir périphérique*, Paris, Seuil, 1976.

Guéranger D., 2008, « L'intercommunalité, créature de l'état : Analyse socio-historique de la coopération intercommunale. Le cas du bassin chambérien ». *Revue française de science politique*, vol. 58, n° 4, p. 595-616.

Guéranger D., 2020, « Interpréter le « blues des maires ». Communication institutionnelle et crise de l'engagement politique bénévole », *Métropolitiques* (mise en ligne le 17 février 2020, URL : https://www.metropolitiques.eu/Interpreter-le-blues-des-maires.html).

Guionnet C., 1996, « Élections et apprentissage de la politique. Les élections municipales sous la monarchie de Juillet », *Revue française de science politique*, vol. 46, n° 4, p. 555-579.

Halevy D., 1994, *La République des comités. Essai d'Histoire contemporaine de 1895 à 1934*, Paris, Grasset.

Hamidi C., 2012, *La politique sans en avoir l'air. Aspects de la politique informelle,* XIX-XXIe *siècles*, Rennes, Presses Universitaires de Rennes.

Hamidi C., 2021, « Les minorités doivent-elles être représentées par des minorités ? Une color line dans les représentations ordinaires de la représentation en France », *Participations*, vol. 2., n° 30, p. 65-96.

Hochschild J., Mollenkopf J.H. (dir.), 2009, *Bringing Outsiders In Transatlantic Perspectives on Immigrant Political Incorporation*, Ithaca, Cornell University Press.

Huron D., Spindler J., 1998, *Le management public local*, Paris, LGDJ, 1998.

Jasanoff S., 2004, « Science and Citizenship: A New Synergy », *Science and Public Policy*, n° 2, vol. 31, p. 90-94.

Jégouzo Y., 1993, « Communes rurales, décentralisation et intercommunalité », in G. Gilbert, A. Delcamp (dir.), *La décentralisation, dix ans après*, Paris, LGDJ.

Joana J., 2000, « La sociologie historique face au local. Enjeux problématiques d'une analyse de l'action publique municipale sous la IIIe République » in M. Bachir (dir.), *Les méthodes au concret*, Paris, Presses Universitaires de France/CURAPP, p. 299-319.

Jobert B., 1993, « Une non-décision exemplaire : les pouvoirs publics face aux problèmes des personnes âgées dépendantes », in O. Kuty, M. Legrand, *Politiques de santé et de vieillissement*, Liège, École de santé publique, Université de Liège, p. 41-51.

Jospin Lionel (rapport de), 2012, *Pour un renouveau démocratique*, La documentation française, p. 61.

Katz R.S., Mair P., 1995, "Changing Models of Party Organizations and Party Democracy, the Emergence of the Cartel Party", *Party Politics*, vol. 1, n° 1, p. 5-28.

Keating M.,1998, « Principes et problèmes du gouvernement asymétrique », *Politique et sociétés*, vol. 57, n° 3, p. 93-111.

Kern H., Hainmüller J., 2006, « Electoral balancing, divided government, and midterm loss in German state elections », *Journal of Legislative Studies*, 12, p. 127-49.

Kerrouche E., 2006, « Les maires français, des managers professionnels ? », in *Annuaire des collectivités locales* (Tome 26), Éditions du CNRS, p. 83-98.

Kerrouche E., 2008, *L'intercommunalité en France*, Paris, Montchrestien.

Kerrouche E., Lavignotte E., 2000, « Vers un statut professionnel des élus municipaux en Europe ? », *Pouvoirs*, n° 95, p. 103-115.

Kerrouche E., Lavignotte E., 2020, *Profession élu-e locale-e, La fin d'un mythe républicain, pour un renouveau démocratique*, Paris, Berger-Levrault.

Keslassy E., 2009, *Ouvrir la politique à la diversité*, rapport pour l'Institut Montaigne, Paris.

Kesselman M., 1972, *Le consensus ambigu, étude sur le gouvernement local*, Paris, Cujas (éd. Or. 1967).

Klijn E.H., Koppenjan J.F.M., 2000, « Politicians and Interactive Decision Making: Institutional Spoilsports or Playmakers », *Public Administration*, 78 (2), p. 365-387.

Koebel M., 2012, « Les élus municipaux représentent-ils le peuple ? Portrait sociologique », *Métropolitiques*, 3 octobre 2012.

Koebel M., 2013, « Les hiérarchies du pouvoir local », *Savoir/Agir*, vol. 25, n° 3, p. 31-37.

Koebel M., 2014, « Le profil social des maires de France », *Pouvoirs*, n° 148, p. 123-138.

Koebel M., 2014b, « Dans l'ombre des maires. le poids des hiérarchies dans le choix des adjoints des villes moyennes françaises », *Métropolitiques*, 20 janvier (url : https://metropolitiques.eu/Dans-l-ombre-des-maires.html).

Koebel M., 2017, « La division sexuée du travail dans les exécutifs locaux en France » in HCE, *Quel partage du pouvoir entre les femmes et les hommes élu.e.s au niveau local ? État des lieux de la parité aux niveaux communal, intercommunal, départemental et régional*, Rapport n° 2017-01-27-PAR-026, publié le 02 février 2017, p. 56-59.

Lacroix I., Lardeux L., 2022, *Jeunes et déjà maires. Le prix de l'engagement dans la politique municipale*, Presses universitaires du Septentrion, Villeneuve d'Ascq.

Laferté G., 2018, *L'embourgeoisement : une enquête chez les céréaliers*, Paris, Raisons d'agir.

Lagroye J., 1994, « Être du métier », *Politix*, 28, p. 5-15.

LAHIRE B., 2006, La culture des individus. Dissonances culturelles et distinction de soi, Paris, La Découverte.

LAPORTE P., 1965, « L'organisation régionale en France », *Notes et études documentaires*, 3212.

LAWSON K., 1996, « Partis politiques et groupes d'intérêt », *Pouvoirs*, n° 79, p. 36-51.

LAZARDEUX S., 2005, « "Une question écrite, pour quoi faire ?" The Causes of the Production of Written Questions in the French Assemblée Nationale », *French Politics*, 3, p. 258-281.

LE BART C., 2003, *Les maires. Sociologie d'un rôle*, Villeneuve-d'Ascq, Presses du Septentrion.

LE BART C., 2009, « Administration et pouvoir local » in A. Cohen, B. Lacroix, P. Riutort (dir.), *Nouveau manuel de Science Politique*, Paris, La Découverte, p. 299-310.

LE BART C., LEFEBVRE R., 2005, Proximité, *Mots*, 77.

LE BART C., LEFEBVRE R. (dir.), 2005, *La proximité en politique : usages, rhétoriques, pratiques*, Rennes, Presses universitaires de Rennes.

LE BART C., RANGEON F., 2006, « Le néo-féodalisme politique : L'éternel retour des fiefs politiques ? », in José Lefebvre (dir.), *L'hypothèse du néo-féodalisme. Le droit à une croisée des chemins*, Paris, Presses universitaires de France, p. 115-136.

LE BART C., SÉGAS S., 2020, « Introduction : de nouveaux territoires du politique ? Interroger les évolutions du répertoire de la territorialité dans les domaines de l'action collective, des politiques publiques et de la compétition politique », *Pôle Sud*, 52 (1), p. 7-19.

LE GALÈS P., 2011, *Le retour des villes européennes*, Paris, Presses de Sciences Po.

LE GOFF T., 2005, « L'insécurité « saisie » par les maires. Un enjeu de politiques municipales », *Revue française de science politique*, vol. 55, n° 3, p. 415-444.

LE LIDEC P., 2012. « Travail politique » in A. Bevort, A. Jobert, M. Lallement, A. Mias (dir.), *Dictionnaire du travail*, Paris, Presses universitaires de France, p. 804-809.

LE SAOUT R. (dir.), 2010, *L'intercommunalité en campagne. Rhétoriques et usages de la thématique intercommunale dans les élections municipales de 2008*, Rennes, Presses universitaires de Rennes.

LE SAOUT R., 2019, *La rémunération du travail politique en Europe*, Paris, Berger Levrault.

LE SAOUT R., VIGNON S. (dir.), 2015, *Une invitée discrète. L'intercommunalité dans les élections municipales de 2014*, Paris, Berger-Levrault.

LE SAOUT R., VIGNON S., 2015, « Le "troisième tour" pouvait-il surprendre ? À propos de la sélection des exécutifs communautaires après les élections municipales de 2014 » in R. Le Saout, S. Vignon (dir.), *Une invitée discrète. L'intercommunalité dans les élections municipales de 2014*, Paris, Berger-Levrault, p. 273-291.

LECA J., 1996, « La "gouvernance" de la France sous la Cinquième République », in F. d'Arccy & L. Rouban (dir.*), De la Cinquième République à l'Europe. Hommage à Jean-Louis Quermonne*, Paris, Presses de Sciences Po, p. 359-360.

LEFEBVRE R., 2001, « Le conseil des buveurs de bière » de Roubaix (1892-1902). Subversion et apprentissage des règles du jeu institutionnel », *Politix*, 53, p. 87-115.

LEFEBVRE R., 2004, « Quand légitimité rime avec proximité », *Mouvements*, n° 32, mars-avril, p. 135-138.

LEFEBVRE R., 2005, « La proximité à distance. Typologie des relations de proximité », in C. Le Bart, R. Lefebvre (dir.), *La proximité en politique : usages, rhétoriques, pratiques*, Rennes, Presses universitaires de Rennes , p. 103-127.

LEFEBVRE R., 2007, « Les élus : des acteurs peu dialogiques du débat public », in M. Revel, C. Blatrix, L. Blondiaux, J.-M. Fourniau, B. Hériard Dubreuil, R. Lefebvre (dir.*), Le débat public : une expérience française de démocratie participative*, Paris, La Découverte, p. 207-218.

LEFEBVRE R., 2007b, « Qu'est le socialisme municipal devenu ? », in L. Arnaud, C. Le Bart, R. Pasquiee (dir.), *Idéologies et action publique territoriale*, Rennes, Presses universitaires de Rennes, p. 51-80.

LEFEBVRE R., 2011, « L'élu local, homme pluriel », *Pouvoirs Locaux*, n° 88, p. 52-56.

LEFEBVRE R., 2014, « Les élus comme entrepreneurs de temps. Les agendas des cumulants » in D. Demazière, P. Le Lidec (dir.), *Les mondes du travail politique. Les élus et leurs entourages*, Rennes, Presses Universitaires de Rennes, p. 53-70.

LEFEBVRE R., 2018, « Vers un nouveau modèle partisan ? Entre déclassement des partis de gouvernement et avènement des partis-mouvements », *Cahiers de la recherche sur les droits fondamentaux*, n° 16, p. 21-30.

LEFEBVRE R., 2020, « Municipales 2020 : les partis politiques, invisibles et omniprésents », *La Vie des idées*.

LEFEBVRE R., 2021, « Les tensions et arbitrages au cœur de la professionnalisation politique intermédiaire. Le cas des adjoints des villes », *Revue française de science politique*, vol. 71, p. 51-72.

LEFEBVRE R., TALPIN J., PETIT G., 2020, « Les adjoint·es à la démocratie participative. Une catégorie d'élu·es entre spécialisation fonctionnelle et misère positionnelle », *Participations*, vol. 26-27, n° 1-2, p. 41-75.

LEFEBVRE R., VIGNON S., 2020, « Vers un dé-confinement politique de l'intercommunalité dans les campagnes municipales ? », *Pouvoirs locaux*, n° 118, p. 81-85.

LEFEBVRE R., VIGNON S. (dir.), 2023, *Dépolitiser l'intercommunalité ? Le cas des élections locales de 2020*, Villeneuve d'Ascq, Presses universitaires du Septentrion, 2023.

LE GALES P., 1995, « Du gouvernement des villes à la gouvernance urbaine », *Revue française de science politique*, 45 (1), p. 57-93.

LE GALES P., 2011, *Le retour des villes européennes*, Paris, Presses de la Fondation Nationale des Sciences Politiques.

LEHINGUE P., 2009, « L'inégale dignité des terrains d'étude. La sociologie électorale et l'analyse des scrutins locaux » in C. Bidégaray, S. Cadiou, C. Pina (dir.), *L'élu local aujourd'hui*, Grenoble, Presses Universitaires de Grenoble, p. 163-186.

LEHINGUE, P., 2010, « Les singularités des élections régionales en France », *Savoir/Agir*, vol. 11, n° 1, p. 47-53.

LEHINGUE P., VIGNON S., 2021, « Les rapports problématiques aux indemnités des « petits » élus dans les mondes ruraux. Une régulation par la modestie et sous contrôle local », *Revue française de science politique*, vol. 71, n° 1, p. 73-95.

LELOUP F. *et al.*, 2005, « La gouvernance territoriale comme nouveau mode de coordination territoriale ? », *Géographie, économie, société*, n° 4, vol. 7, p. 321-332.

LÉPINARD É., 2006, « Faire la loi, faire le genre : conflits d'interprétations juridiques sur la parité », *Droit et société*, vol. 62, n° 1, p. 45-66.

LOCHAK D., 1996, « Comment définir la citoyenneté ? », in B. Delemotte et J. Chevallier (dir.), *Étranger et citoyen. Les immigrés et la démocratie locale*, Paris/L'Harmattan, Amiens/La Licorne, p. 13-25.

MABILEAU A., 1991, *Le système local en France*, Paris, Montchrestien.

MABILEAU A., 1992, « L'élu local, nouveau professionnel de la République », *Pouvoirs*, 60, p. 67-78.

MABILEAU A., 1997, « Les génies invisibles du local. Faux semblants et dynamiques de décentralisation », *Revue française de science politique*, 47, 3-4, p. 340-376.

MARCOU G., 2006, *La gouvernance : innovation conceptuelle ou artifice de présentation ?*, Annuaire des collectivités locales – Tome 26, Éditions du CNRS.

MARCOU G., RANGEON F., THIÉBAULT J.-L., 1997. « Le gouvernement des villes et les relations contractuelles entre collectivités publiques », in F. Godard (dir.), *Le gouvernement des villes. Territoire et pouvoir*, Paris, Éd. Descartes, p. 137-211.

MARMONT T., 2010, « Devenir "amateur" en politique. Les ressources politiques des élus ruraux », in S. Barone et A. Troupel (dir.), *Battre la campagne. Élections et pouvoir municipal en milieu rural*, Paris, L'Harmattan, p. 115-139.

Marneur V., 2019, « Ces femmes maires de petites communes », *Études rurales*, 204 | 2019 (mis en ligne le 02 janvier 2022).

Marrel G., 2003, *L'élu et son double. Cumul des mandats et construction de l'État républicain en France du milieu du* XIX*e* *au milieu du* XX*e* *siècle*, Thèse de doctorat en science politique, Université de Grenoble.

Marrel G., 2011/2020 (2e éd.), « Cumul des mandats », in R. Pasquier, S. Guigner et E. Cole (dir.), *Dictionnaire des politiques territoriales*, Paris, SciencesPo. Les Presses, Gouvernances, p. 113-120.

Marrel G., 2021, « Cumul des mandats : la fin d'une institution ? », in T. Frinault, C. Le Bart et E. Neveu (dir.), *Nouvelle sociologie politique de la France*, Armand Colin, p. 83-95.

Martin P., 1996, « Existe-t-il en France un cycle électoral municipal ? », *Revue française de science politique*, vol. 46, n° 6, p. 961-995.

Mattina C., 2016, *Clientélismes urbains. Gouvernement, hégémonie politique à Marseille*, Paris, Presses de Science Po.

Maxwell R., 2009, "Political Participation in France among Non-European-Origin Migrants: Segregation or Integration?", *Journal of Ethnic and Migration Studies*, vol. 36, n° 3, p. 425-443.

Mazaud C., 2010, « Le rôle du capital d'autochtonie dans la transmission d'entreprises artisanales en zone rurale », *Regards sociologiques*, n° 40, p. 45-57.

Mazeaud A., 2020, « Démocratie participative : que faut-il attendre de la collection "municipales 2020" ? », *Mouvements*, 17 février.

Mazeaud A., Nonjon M., 2018, *Le marché de la démocratie participative*, Vulaines-sur-Seine, Éditions du Croquant.

Mendras H., 1956, « Structures écologiques et sociales des régions considérées », *Économie rurale*, n° 29, p. 17-22.

Mény Y., 1983, « Le maire, ici et ailleurs », *Pouvoirs*, n° 24, p. 19-28.

Mény Y., 1992, *La Corruption de la République*, Paris, Fayard.

Mermet L., 2007, « Épilogue. Débattre sans savoir pourquoi : la polychrésie du débat public appelle le pluralisme théorique de la part des chercheurs », in M. Revel (dir.), *Le débat public : une expérience française de démocratie participative*, Paris, La Découverte, p. 368-380.

Mischi J., 2010, *Servir la classe ouvrière. Sociabilités militantes au PCF*, Rennes, Presses Universitaires de Rennes.

Mischi J., 2012, « Protester avec violence. Les actions militantes non conventionnelles des chasseurs », *Sociologie*, 3 (2), p. 145-162.

Mischi J., Rénahy N., 2008, « Pour une sociologie politique des mondes ruraux », *Politix*, vol. 83, n° 3, p. 9-21.

Monin P., Ben Fathallah O., Vaara E., 2005, « Conflits de normes de justice distributive dans les fusions entre égaux. Le cas de BioMérieux-Pierre Fabre », *Revue française de gestion*, 158 (5), p. 145-162.

Moquay P., 2005, « L'État territorialisé, ou l'arroseur arrosé : les ambiguïtés de l'État face aux recompositions territoriales en France » in L. Bherer, J.-P. Collin, E. Kerrouche, J. Palard (dir.), *Le gouvernement des territoires au Québec et en France, Sainte Foy*, Presses Univesitaires de Laval, p. 85-116.

Mossuz-Lavau J., 1999, « La parité entre dans la Constitution », *Regards sur l'actualité*, n° 2522, p. 3-7.

Motte B., 1964, « L'organisation régionale », *Revue des Deux Mondes*, 15 juillet, p. 180-191.

Mouchard D., 2009, « Expertise », in O. Fillieule (dir.), *Dictionnaire des mouvements sociaux*, Presses de Sciences Po, p. 235-242.

Mugnier M., 2024, *Le système électoral. Fonctionnement et enjeux du vote*, Paris, La Documentation française.

Muxel A., 2001, *L'expérience politique des jeunes*, Paris, Presses de Sciences Po.

NADEAU R., FOUCAULT M., JÉRÔME B. et V. JÉRÔME-SPEZIARI, 2018, *Villes de gauche, villes de droite. Trajectoires politiques des municipalités françaises de 1983 à 2014*, Paris, Presses de Sciences Po.

NALEBUFF B.-J., BRANDENBURGER M., 1996, *La co-opétition, une révolution dans la manière de jouer concurrence et coopération*, Paris, Village Mondial.

NAVARRE M., 2014, « Les inégalités dans la formation des élus locaux », *Formation Emploi*, nº 128, p. 65-79.

NÉGRIER E., 2008, « Du local sans idée aux idées territoriales en action », in O. Giraud, P. Warin (dir.), *Politiques publiques et démocratie*, La Découverte, p. 163-177.

NÉGRIER E., 2021., « L'analyse électorale à l'épreuve de la décomposition politique. Le cas des élections municipales 2020 en Occitanie et à Montpellier », *Pôle Sud*, vol. 54, nº 1, p. 13-30.

NÉGRIER E., SIMOULIN V., 2018, « Fusionner des politiques régionales. La recomposition des régions françaises au prisme de l'Occitanie », *Droit et société*, nº 98, p. 91-110.

NEVERS J.-Y., 1992, « Entre consensus et conflits. La configuration des compétitions aux élections municipales dans les communes rurales », *Revue française de sociologie*, 33-3, p. 391-416.

NEVEU C., 2011, « Démocratie participative et mouvements sociaux. Entre domestication et ensauvagement », *Participations*, 1, p. 186-209.

NEZ H., TALPIN J., 2010, « Généalogies de la démocratie participative en banlieue rouge : un renouvellement du communisme municipal en trompe-l'œil ? », *Genèses*, vol. 79, nº 2, p. 97-115.

OFFERLÉ M., 1985, « Mobilisation électorale et invention du citoyen : l'exemple du milieu urbain français à la fin du XIXe siècle » in D. Gaxie (dir.), *Explication de vote. Un bilan des études électorales en France*, Paris, Presses de Science Po, p. 149-174.

OHNET J.-M., 1997, *Histoire de la décentralisation française*, Paris, LGF - Livre de poche.

OLIVIER L., 2015, « Nouveaux territoires, nouveaux élus ? L'impact de la réforme relative à l'élection des conseillers départementaux », *Civitas Europa*, vol. 35, nº 2, p. 161-175.

O'MIEL J., MONGY A., 2014, « Réformer par l'expérimentation : la réception du budget participatif des lycées en Région Nord-Pas-de-Calais », *Participations*, vol. 9, nº 2, p. 207-237.

OZOUF-MARIGNIER M.-V., 1989, *La Formation des départements, la représentation du territoire français à la fin du XVIIIe siècle*, Paris, Presses de l'EHESS.

PANEBIANCO A., 1988, *Political Parties: Organization and Power*, Cambridge, Cambridge University Press.

PAOLETTI M., 2001, « Renouvellement de l'élu médiateur », *Projet*, nº 265, p. 89-97.

PETIT G., 2017, *Pouvoir et vouloir participer en démocratie. Sociologie de l'engagement participatif : la production et la réception des offres institutionnelles de participation à l'échelle municipale*, thèse pour le doctorat de science politique, Paris, Université Paris 1 Panthéon Sorbonne.

PETIT G., 2020, « Les élu·es aiment-elles et ils la démocratie ? », *Participations*, vol. 26-27, nº 1-2, p. 7-40.

PHÉLIPPEAU E., 1996, *Le baron de Mackau en politique : contribution à l'étude de la professionnalisation politique*, thèse de science politique, Université Paris X.

PIERRU E., SPIRE A., 2008, « Le crépuscule des catégories socioprofessionnelles », *Revue française de science politique*, vol. 58, nº 3, p. 457-481.

PINSON G., 2006, « Projets de ville et gouvernance urbaine. Pluralisation des espaces politiques et recomposition d'une capacité d'action collective dans les villes européennes », *Revue française de science politique*, nº 4, vol. 56, p. 619-651.

PINSON G., 2008, « Encore un effort pour rendre la gouvernance démocratique ! », *Place publique* (Nantes), p. 18-24.

PINSON G., 2009, *Gouverner la ville par projet. Urbanisme et gouvernance des villes européennes*, Paris, Presses de Sciences Po.

Pinson G., 2015, « Gouvernance et sociologie de l'action organisée. Action publique, coordination et théorie de l'État », *L'Année sociologique*, n° 2, vol. 65, p. 483-516.

Pinson G., 2019, « Politiser et dépolitiser la métropole : dimensions et modes de politisation de l'intercommunalité bordelaise », *Métropoles* [En ligne], n° 25.

Pitseys J., 2010, « Le concept de gouvernance », *Revue interdisciplinaire d'études juridiques*, 65, p. 207-228.

Politix, 2008, *Mondes ruraux*, vol. 21, n° 83.

Portier N., 2009, « Conclusion », in R. Le Saout (dir.), *L'Intercommunalité en campagne. Rhétoriques et usages de la thématique intercommunale dans les élections municipales de 2008*, Rennes, Presses Universitaires de Rennes, p. 193-197.

Pradeau G., 2018, « A third wave of Participatory Budgeting in France », in N. Dias (dir.), *Hope for Democracy. 30 years of Participatory Budgeting Worldwide*, Faro, Epopeia Records/ Oficina.

Prémat C., 2008, « Les effets de l'institutionnalisation du référendum local en France et en Allemagne », *Revue française de science politique*, vol. 58, n° 2, 2008, p. 257-283.

Qazbir H., 2015, « Le mandat parlementaire face au nouveau régime du cumul », *Revue française de droit constitutionnel*, vol. 103, n° 3, p. 633-656.

Quantin P., 1987, « La région à l'heure du suffrage universel », *Annuaire des collectivités locales 1987*, p. 5-11.

Rangeon F., 2016, « La fin du cumul entre les fonctions exécutives locales et un mandat parlementaire », in P. Demaye-Simoni (dir.), *Le renforcement de la limitation du cumul des mandats et des fonctions, Regards sur les lois ordinaire et organique du 14 février 2014*, Arras, Artois Presses Université, p. 121-132.

Ravon B., Fritsch P., 1997, « Du problème en tant qu'il est à résoudre au problème en tant qu'il est à débattre » in CRESAL (dir.), *Les raisons de l'action publique entre expertise et débat*, Paris, L'Harmattan, p. 339-347.

Regards sociologiques, 2010, « Mobilité/autochtonie : sur la dimension spatiale des ressources sociales », n° 40.

Regourd S., 2015, « La génétique de la décentralisation. Tabous, métaphores et autres occultations », in N. Kada (dir.), *Les tabous de la décentralisation*, Paris, Berger-Levrault, p. 15-29.

Reif K., Schmitt H., 1980, « Nine second-order national elections: a conceptual framework for the analysis of European election results », *European Journal of Political Research*, 8, p. 3-44.

Renahy N., 2005, *Les Gars du coin. Enquête sur une jeunesse rurale*, Paris, La Découverte.

Renahy N., 2010, « Classes populaires et capital d'autochtonie. Genèse et usages d'une notion », *Regards sociologiques*, n° 40, p. 9-26.

Retière J.-N., 1991, « La sociabilité communautaire, sanctuaire de l'identité communiste à Lanester », *Politix*, n° 13, p. 87-93.

Retière J.-N., 1994, *Identités ouvrières. Histoire sociale d'un fief ouvrier en Bretagne 1909-1990*, Paris, L'Harmattan.

Retière J.-N., 2003, « Autour de l'autochtonie. Réflexions sur la notion de capital social populaire », *Politix*, n° 63, p. 121-143.

Ripoll F., 2023, « Du « capital d'autochtonie » au « capital international ». Penser la structuration scalaire des capitaux et des espaces sociaux », *Sociologie*, 14 (1), p. 71-87.

Ripoll F., Rivière J., 2010, « Il y a campagne et campagne. Approche statistique des élections municipales de 2008 dans des communes périurbaines », in S. Barone, A. Troupel (dir.), *Battre la campagne. Élections et pouvoir en milieu rural*, Paris, L'Harmattan, p. 47-74.

Riker W.H., Ordeshook P.C., 1968, « A Theory of the Calculus of Voting », *American Political Science Review*, 62, p. 25-42.

Rondin J., 1985, *Le sacre des notables. La France en décentralisation*, Paris, Fayard.

Rosanvallon P., 2006, *La contre-démocratie, la politique à l'âge de la défiance*, Paris, Seuil.

Rosenau J., Czempiel E. O. (dir.), 1992, *Governance without government: order and change in world politics*, Cambridge University Press.

Rouban L., 2015, « Les sommets de l'exécutif urbain : les maires des villes de plus de 30 000 habitants entre 1983 et 2014 », *Revue française d'administration publique*, 2015/2, n° 154, p. 377-390.

Roux A., *50 ans de démocratie locale. Comment la participation citoyenne s'est laissée endormir, pourquoi elle doit reprendre le combat*, ADELS/Yves Michel.

Rui S., 2009, « Quand l'individu (se) débat avec le citoyen. Langages de l'engagement et effets de perception institutionnalisée » in M. Carrel , C. Neveu, J. Ion (dir.), *Les intermittences de la démocratie. Formes d'action et visibilités citoyennes dans la ville*, Paris, L'Harmattan, p. 77-87.

Sadran P., 1989, « La limitation du cumul des mandats. Hypothèses sur un lifting nécessaire », *Pouvoirs locaux*, n° 2, p. 80-85.

Sadran P., 2015, *La République territoriale. Une singularité française en question*, Paris, la Documentation française.

Sawicki F., 1997, *Les réseaux du parti socialiste. Sociologie du* milieu partisan, Paris, Belin.

Schakel A.H., Jeffery C., 2012, « Are regional elections really "secondorder" elections ? », *Regional Studies*, first published online June, 15, 2012.

Schwartz O., 1989, *Le monde privé des ouvriers*, Paris, Presses Universitaires de France.

Scott W.J., 2005, *Parité ! L'universel et la différence des sexes*, Paris, Albin Michel.

Ségas S., 2015, « Du centre à la périphérie de Rennes Métropole – Le déplacement de la question intercommunale durant la campagne municipale », in R. Le Saout, S. Vignon (dir.), *Une invitée discrète. L'intercommunalité dans les élections municipales de 2014*, Paris, Berger-Levrault, p. 195-215.

Sénac R., 2008, *La parité*, Paris, Presses Universitaires de France.

Schakel A., Jeffery C., 2012, "Are regional elections really 'second-order' elections", Regional Studies, vol. 47, n° 3, p. 323-341.

Sharpe L.J. (ed.), 1995, *The Government of Wolrd Cities: the Future of the Metro model*, Wiley, Chichester.

Schnapper D., 1994, *La communauté des citoyens. Sur l'idée moderne de nation*, Paris, Gallimard.

Siegfried A., 1930, *Tableau des partis en France*, Paris, Grasset.

Simon D.M., Ostrom C.W. Jr. and Marra R.F., 1991, « The president, referendum voting, and subnational elections in the United States », *American Political Science Review*, 85, 1177-1192.

Simon P., Escafré-Dublet A., 2009, « Représenter la diversité en politique : une reformulation de la dialectique de la différence et de l'égalité par la doxa républicaine », *Raisons politiques*, vol. 3, n° 35, p. 125-141.

Simoulin V., 2003, « La gouvernance et l'action publique : le succès d'une forme simmélienne », *Droit et Société*, 54, p. 307-328.

Sineau M., 2011, *Femmes et pouvoir sous la Ve République. De l'exclusion à l'entrée dans la course présidentielle*, Paris, Presses de Sciences Po.

Sintomer Y., 2011, *Petite histoire de l'expérimentation démocratique*, Paris, La Découverte.

Sintomer Y., Herzberg C., Rocke A., 2020, *Les budgets participatifs en Europe. Des services publics au service du public*, Paris, La Découverte.

Sintomer Y., Röcke A., Talpin J., 2009, « Démocratie participative ou démocratie de proximité ? Le Budget Participatif des Lycées de Poitou-Charentes », *L'Homme et la Société*, 172-173, p. 212-233.

Sorbets C., 1983, « Est-il légitime de parler d'un présidentialisme municipal ? », *Pouvoirs*, n° 24, p. 115-116.

Steeck W., Thelen K., 2005, *Beyond continuity : institutional change in advanced political economies*, Oxford, Oxford University Press.

Stone C. N., 1993, "Urban Regimes and the Capacity to Govern. A Political Economy Approach", *Journal of Urban Affairs*, vol. 15, 1, p. 1-28.

Strudel S., 2003, « Polyrythmie européenne : le droit de suffrage municipal des étrangers au sein de l'Union, une règle électorale entre détournements et retardements », *Revue française de science politique*, vol. 53, n° 1, p. 3-34.

Subra P., 2016, *Géopolitique locale. Territoires, acteurs, conflits*, Paris, Armand Colin.

Tanguy G., 2005, « À propos des luttes de définitions de la politique locale : discours et représentations des maires ruraux et périurbains en Ille-et-Vilaine », in L. Arnaud et C. Guionnet (dir.), *Les frontières du politique. Enquêtes sur les processus de politisation et de dépolitisation*, Rennes, Presses universitaires de Rennes, p. 145-176.

Talpin J., 2017, « Le clientélisme en campagne : la fragile mobilisation des réseaux socialistes lors des municipales de 2014 dans une ville du nord de la France », in S. Levêque, A.-F. Taiclet, (dir.), *À la conquête des villes : sociologie politique des élections municipales de 2014 en France*, Villeneuve-d'Ascq, Presses du Septentrion, p. 209-228.

Talpin J., Bonnevalle P., 2023, « Financements associatifs et pouvoir local. Enquête sur les subventions aux associations dans une ville du Nord », *Gouvernement et action publique*, vol. 12, n° 2, p. 37-64.

Talpin J., Sintomer Y., 2011, « Introduction. Équiper ou dépasser la proximité ? Les pratiques participatives régionales à la lumière de l'expérience du Poitou-Charentes », in J. Talpin, Y. Sintomer (dir.), *La démocratie participative au-delà de la proximité. Le Poitou-Charentes et l'échelle régionale*, Rennes, Presses Universitaires de Rennes, p. 11-25.

Tarrow S., 1977, *Between Center and Periphery. Grassroots Politicians in Italy and in France*, Yale University Press.

Taylor C., 1992, *Multicultualism and "The Politics of Recognition"*, an Essay, Princeton, Princeton University Press.

Tiberj V., 2018, « Le vote décentré ? Renouvellement générationnel et rapport à la participation électorale en France », *Revue française de science politique*, vol. 68, n° 5, p. 821-845.

Troupel A., 2002, « Disparités dans la parité. Les stratégies de contournement de la parité dans le département des Alpes-Maritimes », *Politix*, n° 60, janvier 2002, p. 147-166.

Troupel A., 2006, *Disparités dans la parité. Les effets de la loi du 6 juin 2000 sur la féminisation du personnel politique local et national*, thèse soutenue à l'Université de Nice Sophia-Antipolis.

Troupel A., 2006b, « Raccourcir le mandat pour durer ! Les faux-semblants de l'auto-limitation de la durée des fonctions sénatoriales », *Pôle Sud*, n° 25, II, p. 25-38.

Troupel A., 2007, « La loi du 31 janvier 2007 sur la parité politique », *Regards sur l'actualité*, n° 331, p. 93-99.

Troupel A., 2009, « La valeur des mandats aujourd'hui : cumul et évolution » in C. Bidégaray, S. Cadiou, C. Pina (dir.), *L'élu local aujourd'hui*, Grenoble, Presses Universitaires de Grenoble, p. 187-203.

Troupel A., 2012, « Des candidats aux élus : portrait des derniers conseillers généraux (2008-2014) », *Pouvoirs Locaux*, n° 93, p. 15-19.

Troupel A., 2013, « Entre consolidation et remise en cause : les tribulations de la loi sur la parité (2000-2010), *Modern and contemporary France*, vol. 21, p. 17-36.

Troupel A., 2015, « Les conquérant(e)s des nouveaux super-cantons », Journée d'étude « *Territoire d'élection(s)* », MISHA Strasbourg, 19 novembre 2015.

Troupel A., 2018, « Les élus font-ils aussi la région ? Perspectives et rétrospectives à partir des élus régionaux de 2015 », in T. Kernalegenn, R. Pasquier (dir.), *30 ans de démocratie régionale. Des régions, pour quoi faire ?*, Éditions Berger Levrault, p. 51-68.

Troupel A., 2021, « Le vote blanc comme seule alternative ? Retour sur les conséquences du changement de mode de scrutin dans les petites communes (1000-3499 hab.) », in C. Granger, L. Le Gall, S. Vignon (dir.) *Voter au village. Enquêtes sur les formes locales de la vie politique, xx*e*-xxi*e* siècles*, Presses Universitaires du Septentrion, p. 101-124.

Vandelli L., 2000, « La cellule de base de toutes les démocraties », *Pouvoirs*, n° 95, p. 5-17.

Verpeaux M., 2005, *La région*, Paris, Dalloz.

Vigier P., 1973, « Élections municipales et prise de conscience politique sous la monarchie de Juillet », in *La France au xixe siècle. Études historiques. Mélanges offerts à Charles Hyppolite Pouthas*, Paris, Publications de la Sorbonne, p. 278-290.

Vignon S., 2004, « Les rétributions inégales de l'intercommunalité pour les maires ruraux. Les improbables retours sur investissement(s) politique(s) » in R. Le Saout, F. Madoré, *Les effets de l'intercommunalité*, Rennes, Presses universitaires de Rennes, p. 17-38.

Vignon S., 2005, « La dynamique des marchés électoraux périphériques : le cas des communes rurales de la Somme », in J. Lagroye, P. Lehingue, F. Sawicki (dir.), *Mobilisations électorales. L'exemple des élections municipales de mars 2001*, Paris, Presses Universitaires de France/CURAPP, p. 145-167.

Vignon S., 2005b, « Les secrétaires de mairie des communes rurales. La professionnalisation inachevée de collaborateurs politiques » in G. Courty (dir.), *Le travail de collaboration avec les élus*, Paris, Michel Houdiart éditions, p. 197-217.

Vignon S., 2010, « Les élus des petites communes face à la démocratie d'expertise intercommunale. Les 'semi professionnels' de la politique locale », in S. Barone et A. Troupel (dir.), *Battre la campagne. Élections et pouvoir municipal en milieu rural*, Paris, L'Harmattan, p. 189-224.

Vignon S., 2014, « Les élections municipales au village : un scrutin consensuel ? Quelques éléments à partir du département de la Somme », *Métropolitiques* (mis en ligne le 24 mars 2014).

Vignon S., 2016, « Des maires en campagne(s) Transformations des répertoires de mobilisation électorale et des registres de légitimité politique dans les mondes ruraux », *Politix*, 2016/1 n° 113, p. 17-42.

Vignon S., 2019, « Des rôles politiques en tension ? Les « petits cumuls » des maires ruraux sur la scène intercommunale », *Études rurales*, n° 204, p. 122-144.

Vignon S., 2021, « Les usages politiques intéressés d'un label : l'apolitisme des maires ruraux » in C. Robert (dir.), *Confiner la démocratie. Les dépolitisations de l'action publique*, Villeneuve d'Ascq, Presses universitaires du Septentrion, p. 133-160.

Vignon S., 2021b, « Vers une dé-singularisation tendancielle des communes rurales en matière de participation électorale ? Le cas des élections municipales en Picardie », in S. Vignon, C. Granger, L. Le Gall (dir.), *Voter au village. Les formes locales de la vie politique, xxe-xxie siècles*, Villeneuve d'Ascq, Presses universitaires du Septentrion, p. 53-84.

Voilliot C., 2005, *La candidature officielle. Une pratique d'État de la Restauration à la Troisième République*, Rennes, Presses Universitaires de Rennes.

Wagner A.-C., 2010, « Le jeu de la mobilité et de l'autochtonie au sein des classes supérieures », *Regards sociologiques*, n° 40, p. 89-98.

Wampler B., McNulty S., Touchton M., 2018, « The Global Spread and Transformation of Participatory Budgeting », in N. Dias (dir.), *Hope for Democracy, 30 years of participatory budgeting worldwide*, Faro, Epopeia/Oficina, p. 55-72.

Weber M., 1971 [1921, 1re éd.], *Économie et Société*, Paris, Plon.

Weber E., 1983 (1976), *La fin des terroirs. La modernisation de la France rurale, 1870-1914*, Paris, Fayard.

Worms J.-P., 1966, « Le Préfet et ses notables », *Sociologie du travail*, 8-3, p. 249-275.

FABRIQUÉ EN FRANCE

Achevé d'imprimer en novembre 2024 par
Sepec Numérique en France
Éditions De Boek Supérieur – N° d'édition : DBSSI20210164
Dépôt légal : novembre 2024

PEFC 10-31-3532